（前新潟市立新津第二中学校校長）
貝塚 敦

峠
そこに子どもがいるから登るんだ

～はみだし校長の学校だより～

文芸社

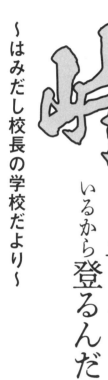

目次

まえがき

〈北海道〉
塩狩峠、石北峠、旭峠、三国峠、清里峠、幌鹿峠、日勝峠、金山峠、日高峠、釧北峠、津別峠、美幌峠、幌見峠、白樺峠、冷水峠、中山峠、朝里峠、カネラン峠、オロフレ峠、倶知安峠、狩勝峠、知床峠、シソノスケ林道、黒岳、南暑寒別岳、羊蹄山、徳舜瞥山
〈東北〉
傘松峠、猿越峠、平庭峠、早坂峠、石峠、名無峠、龍ヶ飲水峠、矢向峠、小友峠、地蔵峠、山毛欅峠、蕨峠、見坂峠、長野峠、仙人峠、山谷峠、松ノ木峠、大師峠、十部一峠、刈田峠、白布峠、船坂峠、鳩町峠、弘西林道、丸泉寺林道、真昼岳林道、田代相馬林道、田沢スーパー林道、朝日スーパー林道、荒川林道、南本内川林道、八甲田山、岩手山、岩木山、早池峰山、鳥海山、朝日岳、栗駒山、駒ケ岳、羽黒山、湯殿山、蔵王山
〈関東〉
顔振峠、正丸峠、和田峠、山王峠、刈場坂峠、城峰峠、大垂水峠、三国峠、天目指峠、安ヶ森峠、三平峠、沼山峠、明神峠、枝折峠、渋峠、大峠、笹子峠、焼山峠、二十曲峠、箱根峠、御坂峠、飯盛峠、犬越路、志津林道、山王林道、鋸山林道、妙義荒船スーパー林道、榛名山、浅間山、鋸山、筑波山、

加波山

〈中部〉

三国峠、地蔵峠、杖突峠、北沢峠、女沢峠、折草峠、木賊峠、大弛峠、焼山峠、雁坂峠、大菩薩峠、柳沢峠、籠坂峠、伝付峠、三ツ峠、夜叉神峠、坤六峠、鳩待峠、安房峠、月夜沢峠、野麦峠、平湯峠、小鳩峠、境峠、麦草峠、扉峠、ぶどう峠、保福寺峠、車坂峠、碓氷峠、和美峠、武石峠、万座峠、権兵衛峠、鞍掛峠、坂本峠、椿坂峠、乗鞍スーパー林道、南アルプススーパー林道、駒越林道、井川雨畑林道、八ヶ岳、奥穂高岳、高ボッチ山、御岳、富士山

〈近畿〉

五社峠、天引峠、箕峠、茶屋峠、伯母峰峠、千尋峠、蟻越峠、八斗蒔峠、白谷林道、引牛越、大塔峠、大台ケ原、高野山

〈山陽・山陰〉

帆坂峠、生山峠、法華沢峠、中峠、物見峠、人形

大学３年時の「早稲田大学サイクリングクラブ」（W.C.C）山陰合宿での集合写真。（中央が筆者）

峠、地蔵峠、新小屋峠、野原峠、桑平峠、君山峠、無名峠、四十曲峠、野土路峠、草峠、王居峠、亀谷峠、水越峠、滑峠、市倉峠、桃観峠、蒲生峠、氷ノ山越、三十人ヶ仙越、八頭中央林道、道後山林道、亀谷林道、十方山林道、石鎚山、羅漢山、三瓶山、道後山、蒜山、大山

〈四国・九州〉

根曳峠、猫峠、金辺峠、仁田峠、軍谷岳、国見峠、不土野峠、椎矢峠、輝嶺峠、堀切峠、久七峠、清水峠、入来峠、剣山スーパー林道、五家荘椎葉林道、内大臣林道、輝峰岳、由布岳、九重山、普賢岳、阿蘇山、韓国岳、霧島山、開聞岳

〈海外〉

中部横貫公路、南部横貫公路（台湾）、アンナプルナ内院（ネパール）、キリマンジャロ、ケニア山（タンザニア・ケニア）

これは、私が大学時代に、自転車で走破した主

大学４年時にアフリカへ。ケニアからタンザニアに行く途中、キリマンジャロを目指す。

な峠や林道、及び自転車の旅の途中等で登山・トレッキングをした山々である。

1986年、早稲田大学入学後すぐに、早稲田大学サイクリングクラブ（W.C.C.）に入部した。以来、自転車での旅に憑りつかれ、大学の講義そっちのけで、休日という休日のほとんどを、日本国内や海外を自転車で駆け巡ることになる。

同クラブは創部60年以上の歴史をもつ大学公認の準体育会の組織である。私の在籍時代は70人超の部員が所属していた。サイクリングと聞くと爽やかな印象をもつ人もいるかもしれないが、我々は全く違った。

峠道、林道、ダート道を主体に自転車を走らせるアドベンチャー志向が強く、人と自然をこよなく愛する、アウトドア派の野武士集団。特に年間の活動のメインとなる2週間ほどの夏合宿は、自転車に大テント、大鍋、食料、自身の生活用品等を満載させて、自転車で一日中峠道を日に何本も越え、林道を縦横無尽に駆けながら集団で移動し、風呂も入らずに野宿しながら旅をするのだ。そんな集団だからか、当時も今も女性部員は存在しない（というより会則として入部を認めていない？）。

そして、我々の活動の象徴的なフレーズこそが「峠」であった。「峠」は、喜怒哀楽の織り成す人生をたとえる如き言葉であり、「峠」は私の大学時代の標《しるべ》だった。

正規のクラブ合宿以外は、私も含めたクラブの人間のほとんどが、アルバイトで資金をつくっては、単独または少人数で、日本全国の峠や林道を走りに出かけたり、日本国内や世界中を旅していた。私も、国内の全都道府県はもとより、台湾、中国（雲南省）、チベット、ネパール、ケニア、タンザニアにも自転車とともに旅をした。気が付くと、大学時代に400日以上を旅し、自転車で走った距離は地球1周分ほどにもなる。ペダルを回した数は計り知れない。

当時は銀行・証券会社が隆盛を極めるバブル全盛期。卒業後、クラブの先輩の誘いもあり信託銀行に就職した。5年ほど頑張ったが、自分には銀行は不向きな上に能力不足と痛感し、バブル崩壊とともに約140人の同期入社で1番に退職し教職の道に進んだ。

茨城の出だが、結婚を約束した大学時代の彼女が新潟出身で既に故郷で中学校の教員になっていたので、自分も新潟で教員になる道を選んだ。

どんな仕事でもそうだろうが、教員という生業《なりわい》も決して楽な仕事ではない。ただ、大学時代に学問を疎かにしてはいたが、それまで出会ったことのないような半端なく強烈な個性の人間的魅力にあふれたクラブの猛者《もさ》連中や、国内外を旅した際の人や自然との出会いは、かけがえのない経験であり、自分の人格形成に大いなる影響をもたらした。

また、力不足の銀行員時代ではあったが、有名人・芸能人や政治家などから年金生活者まで、多種多様な職種や社会的立場の人間との関わり、大企業から零細企業にわたる多業種

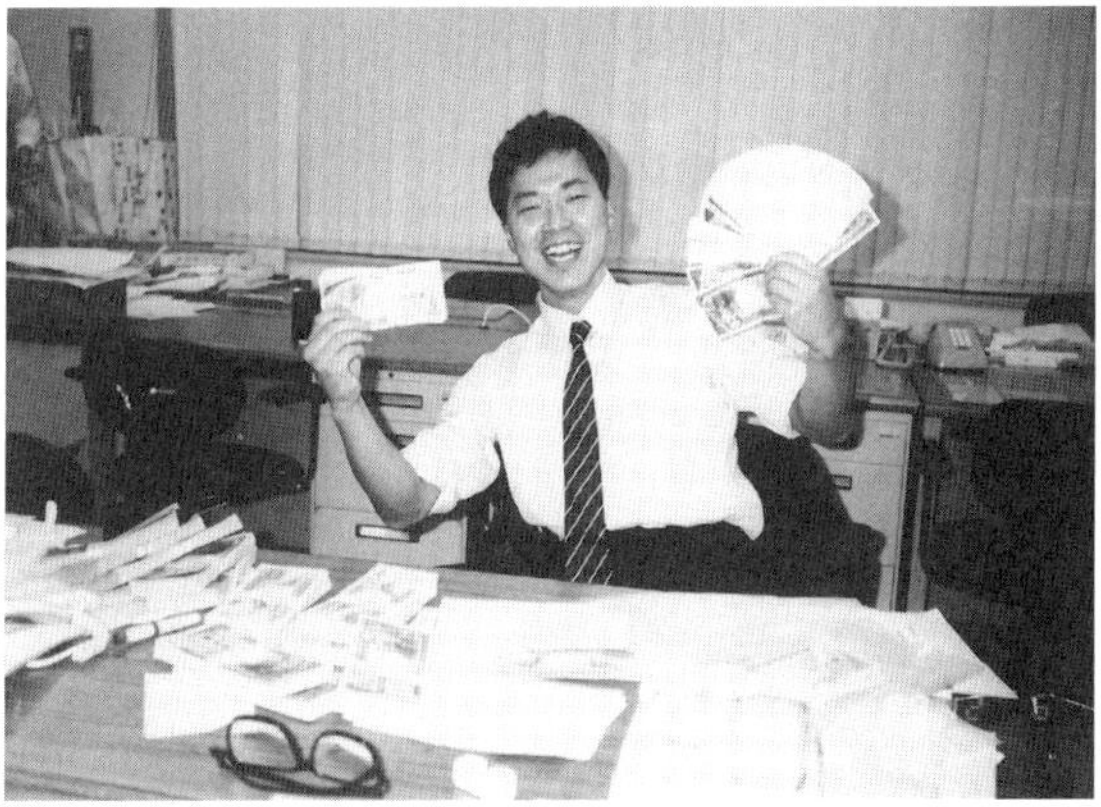

安田信託銀行新潟支店時代

の業界や組織を垣間見ながらの、お金を取り巻く様々な人間模様に触れられたことも、その後の教員人生に大いにプラスに働いたものと受け止めている。

教員が相手にするのは常に生徒や保護者などの人間である。語弊はあろうが、世の中で最も貴重で扱いが難しいナマモノを相手にしている。辛いこと、苦しいこと、切ないこと、悲しいことは山ほどあった。それに伴う人間ドラマも数々あった。自分は決して生徒にとっていい先生ではなかったと思うが、これまで何とか教員人生を全うできたのは、何物にも代え難い大きな喜びがあったからだ。

それは、子どもたちと喜怒哀楽を共有できる喜び。子どもたちから感動をもらえる喜び。そして子どもたちとともに自分自身も成長できる喜び。この3つだ。

かの著名な登山家ジョージ・マロリーは、なぜ山に登るんだと問われ、「そこに山があるからだ」との名言を残した。教員としての自分も、いささかキザな言い方をすれば、「そこに子どもがいるから登るんだ」という気概で、どんな困難にも負けまいと思って必死で働いてきたつもりでいる。教師として、数多くの峠道を、来る日も来る日も、登っては下り、下っては登り続けてきた。

本書は、教員人生の最後に校長として2年間勤務した新潟市立新津第二中学校（ラグビーの稲垣選手の母校）で、保護者にメール配信し、ホームページにアップしてきた校長だより「ようこそ校長室へ！」をまとめ直して整理したものである。

自己満足の権化たるお粗末な代物だが、教員人生の総決算として、自分と同世代を生きた人間からの共感を期待し、また、同じ組織や職場で同じ時間と空間をともにした同僚、友人、生徒、保護者、地域住民の皆さんへの感謝の気持ちを込めて、そして、後進の現場の先生方の励みや、世の保護者の皆さんの子育てのヒントの一助になればと、ここに刊行を決意した。教育を取り巻く環境は今後も益々厳しい峠道が続くだろう。憂慮すべき事態だ。しかし、日本の子どもたちはまだまだ捨てたものではない。子どもたちの可能性への期待と未来への希望もこの一冊に込めた。

そして何よりも、この本を、自分が生きてきた証、これからもまだまだ続く自分の人生の応援歌として座右におき新たな峠をめざすつもりでいる。

末筆ながら、砂川様、原田様をはじめとする株式会社文芸社様のご尽力により、ここに自分の教員人生の集大成を形にできたことに深く謝意をあらわすものである。また、タイトルを書いていただいた笹川剛大兄、あとがきを寄せていただいた鷲尾達雄大兄に、日頃のご厚誼も含め、心から感謝申し上げたい。そして何よりもこれまで支えてくれた家族のみんなに心から「ありがとう」と。

貝塚　敦

体育祭フィナーレ（吉田中学校）

ニューヨーク補習授業校赴任時の家族旅行（ネバダ州・デスバレー国立公園）

卒業証書授与式（新津第二中学校）

1

R5（4／1 令和5年度 第1回職員会議にて）

私を嫌いになっても 私たちの学校を嫌いにならないでください！

春が来ました。またやってきました。いよいよ新年度です。よろしくお願いします。

この年度替わりのクラス編成に伴う学級の組織づくりや行事等のグループ決めには、子どもたちの特に人間関係や相性等にもいろいろ気を遣いますので、クラスや班の編成にかなり頭を悩ませます。その傾向は年々大きくなっているような気がします。

それだけ、子どもたちの人間関係形成能力やコミュニケーション力、人間関係構築の経験則が低下しているのでしょうし、それが我々の指導の課題であるととらえています。

そこにいくと、私が教師になって担任したあるクラスのH君はありがたかった。

「男女の人数のバランスが悪いんで、こっちの班に動いてもらってもいい？」「いいっすよ！」

「君と仲がいい友達がいないグループになるけど」「いいっすよ！」

「今度中国から来た転校生と一緒にＵＳＪ回ってくれる？」「いいっすよ！」

「クラスの○○がいつも昼休みひとりぼっちだから、今度体育館にでも誘って」

「いいっすよ！」

「このクラス俺が担任になっちゃって本当に悪いね」「全然いいっすよ！」

勉強も運動もからきしダメな彼だったけど、

「俺、誰と組んでも楽しくやっていけるんで。大丈夫っす。誰でもいいっすよ。何でもいいっすよ！」

愛すべき気のいいキャラクターでした。彼自身がそうだったように、逆に彼と同じ班やグループになることを拒む者は誰一人としていませんでした。いつしか、私にとっての「育てたいと思う生徒の理想像、不動のNo1の座」を彼が占めるようになったのです。

新津第二中学校を（今以上に）いい学校にしたいと強く思っています。いい学校をつくるにはどうすればいいか、いつも真剣に考えています。多分、先生方も同じだと思います。

いい学校の定義は先生方にとってそれぞれ違うでしょうが、私が考えるいい学校とは、一言であえて言うならば、『居心地のいい』学校です。生徒にとっても、職員にとっても、保護者、地域住民にとっても。居心地を良くするためには何が必要か。『人の融和』です。『集団としてのまとまり』です。生徒、職員、保護者、地域住民、我が新津第二中学校に直接的・間接的に関わるすべての『人間の輪と和』です。

自分が嫌いなタイプの人間もいるでしょう。相性や反りが合わない人間もいるでしょう。価値観が大きく異なる人間もいるでしょう。苦手なタイプもいるでしょう。私もいます。私がそう思うように、私をそう思っている相手もきっといるはずです。そのような中で、人間の輪と和を築くことが求められます。居心地のいい学校にするためには。

『自主 協働 向上』、『自己有用感』、『所属感』、『社会とのつながり』、『コミュニケーション能力』、『支持的風土』、『愛され・応援され・励まされる人間』、『感謝・謙虚・モラル』、『認め合い・助け合い・期待をかけ合い・高め合い』等々、これらは新潟市や新津第二中学校の教育目標、ビジョンや経営方針、そして普段から私が開示しているキーワードです。

これらが大切なのは、生徒以上に、ひょっとすると我々教職員集団の方かもしれません。なぜなら、我々は生徒のモデルであるべきだからです。モデルだからといって、品行方正・聖人君子である必要もありません。魅力ある人間性や強烈なキャラクターは、生徒の成長にも大きな影響をもたらしてくれるはずですから。まあ、それを許容できる範囲と受け止める保護者や同僚のスタンスについては、また別問題だとは思いますが。

というわけで、我々が教材研究をたくさんやって、職員研修を必死にやって、授業力をつけても、それだけでは一朝一夕に学力は伸びないと思います。めちゃくちゃハードな特訓をしても、長時間練習したところで、それだけでは簡単には強いチームにはならないし勝てないものです。

成果を上げるには、人の融和、人間関係、居心地のよさ、雰囲気等々を良くすることが一番です。教職員がまとまれば生徒がまとまる、教職員がまとまれば保護者や地域もまとまる。教職員がまとまれば学力は必ず上向く。教職員がまとまれば、生徒指導や保護者対応で大きく傷口を広げるような事態は起きないはずなのです。

みんなお手々つないで仲良くということではありません。過剰に仲良くなり過ぎて、その人が客観的に見て悪いことや間違ったことをした時に、しっかり注意や指摘ができなくなるような、いわば、「馴れ合い」の関係ではいけません。逆に、相性が合わない、気に入らないからといって、他人を安易に批判したり評価できるほど、我々一人一人はパーフェクトな存在ではないということです。誰にでも、短所もあれば長所もある。好き嫌いとは別に誰にでも公平公正に、その人間のいいところを見つけてつき合うことに意義があると思うのです。

今回のクラス編成にしろ、我々教職員がいろいろ悩みに悩んでベストと思って編成したつもりでも、いざ蓋を開けてみたらどうなるかはわかりません。人と人が織り成す人間関係の化学反応は、それを組織し形成する当事者の手に委ねられているのです。

我々生徒・教師・保護者・地域住民は、私にとって大切な家族です。家族であっても、もちろん怒りたいこともあるし、「しっかりしてよ」と思うこともあります。でも、みんな大事なかけがえのない存在です。家族がせつない思いをしていれば自分もせつない思いになりますし、何とか力になりたいと思います。

ということで、これまでの未熟な自分を振り返り、自戒の念と先生方へのお願いを込めて……。

【自戒7箇条】

①好きになる必要はない。でも理解するように努めよ！
②人の噂はしてもいい。でも悪口は言うな！
③怒ってもいい。でも、どなるな・キレるな・傷つけるな！
④保護者の気持ちは、自分がその親子の立場になって考えろ！
⑤外部の人間を大事に扱え！（電話・接客対応）
⑥自分第一・家庭大事でOK。でも、勤務時間内は全力疾走・全力投球！
⑦凡時徹底・一点集中！「あいさつ」が人としての一丁目一番地

2 「愛され・応援され・励まされる」人間・集団をめざして！

R5（4／13 令和5年度始業式 校長講話）

春ですね。いよいよ令和5年度がスタートします。

私が学校の先生になってから、教え子のみんなに言い続けてきたキーワードや、大切にしてもらいたい考え方があるので、このような全校で話す機会があれば、それを継続して皆さんの前で言い続けていこうと思っています。

今日は、3点話します。最初の2つについては、今日の午後からの入学式で、新入生にも話す内容です。

まず1つ目は、みんなは学校になぜ来るのか、何のために学校に来るのかです。それは、幸せになるためです。「学校は幸せになるために来るところ」なのです。

では、幸せな学校生活、ひいては幸せな人生を送るにはどうしたらいいか。2つ目のキーワードです。それは、皆さん一人一人が、常に周囲から自然に「愛され・応援され・励まされる」ような人間・集団を目指すことです。

常に周囲から自然に「愛され・応援され・励まされる」ような人間・集団と言っても、それは他人に気に入られようと周囲のご機嫌をとったり、忖度したり、要領よく調子よく立ち回ったり、大勢の考えや意見に流されることではありません。

どんなことにも誠実にひたむきに、どんな困難や失敗にもくじけず、他人と協力し合い、他人に迷惑をかけずに、真摯にまじめな生き方をすれば、必ずやあなたのことを、周囲の人たちは自ずと、愛し応援し励ましてくれるはずです。そしてそのことが、あなたに新たな勇気と元気をもたらしてくれるはずです。その繰り返しこそが、人として幸せな生き方だと考えています。

もう一度言います。常に周囲から自然に「愛され・応援され・励まされる」ような人間・集団をめざしてください。


時間というのは刻々と時を刻んでいきますが、学校というところは、4月にスタートし3月が終わると、ストップウオッチのごとく一度リセットがかけられる場所。生きる上では、とても便利で都合のいいところですよね。


よく人生の節目節目のスタート時は、3つの「C」の時だと言われます。3つの「C」。これまでの自分を変える（Change）ことに挑戦（Challenge）できる大きなチャンス（Chance）の時なのだと。これまでの自分を変えて新たな目標に向かって挑戦できる最大の好機。つまり、心を入れ替えようと思ったら、それが「今」なのです。

もしかしたら、昨年度まで、勉強がわからない、つまらない、部活で疲れていてなどと言って、ついつい授業中居眠りしてしまった人間もいるかもしれません。ネットの世界がおもしろくて、人が傷つくようなことを安易に投稿したり、SNSのやりとりをいたずら半分で繰り返してたかもしれません。いろんな不満や不安から、友達に嫌なことを言ったりやったり、先生や家の人に反発したり、ルールを無視したことをしていた人もいたかもしれません。部活動をさぼって、早く家に帰ってゲーム三昧になっていた人もいたかもしれません。

そんな決して自分のためにならない生き方をリセットしようと決意できる最高最大の時が、今日だと思うのです。

これからの目標として、人それぞれ、学習も部活も進路もいろいろあるでしょうが、まずは同じ新津第二中学校の仲間として、今日の午後に入学してくる新人生から「あんな先輩になりたい」「あんな先輩を見習いたい」と目標やあこがれにされる、よきモデルとしての人間であり続けてほしいと願っています。

では、さしあたって、そのために、何から自分を変えればいいのか。今日3つ目のキーワードです。それは「あいさつ」です。「あいさつ」は人としての基本、生きる上での根幹です。「おはようございます」「こんにちは」「ありがとうございました」などを、継続して当たり前にできる人間に。

習慣を変えれば、人生が変わるはずです。みんなが「あいさつ」を当たり前にできる、真のルーティンにできるようであれば、あなたも学校も必ず大きく成長します。

今日は、私から、この一年間皆さんの心の中でずっと温めておいてもらいたい3つの考えについて話をしました。

①学校は幸せになるためにに来るところ
②周囲から「愛され　応援され　励まされるような人間」を目指そう！
③「あいさつ」は人としての基本・生きる上での根幹

3

母がくれる玉手箱

R5（4／20）

県外出身の自分が東京の大学進学のために実家を出てから、かれこれ40年近くの年月が経過しました。新潟に居を構えて30年以上が経過します。実家とは隣町に行くように往来できる距離ではありませんので、この頃は、年に1、2度の帰郷に限られます。父は既に他界し、90歳近い母への顔見せが主たる目的の里帰り。

年老いた母は、足腰や耳や眼はかなり弱り、今はやや認知症気味ですが、数年前までは、まだまだ口だけは達者で、私が生家に着くなり、昔話や近隣の人や景色の移り変わり、ご近所・親類縁者の噂話や悪口、同居家族や外孫・ひ孫の話題など、まさに機関銃の如く一方的にまくしたて、同じ内容を何度も何度もリピートする始末。年々その傾向は激しさを増すばかりです。

私は、毎度毎度同じ話を聞くことに辟易し、生返事と相槌を繰り返し、馬耳東風を決め込むのが常です。ところが、帰郷の度に、そのよもやま話の途中で母親から発せられる「おまえの小学校の同級生のY君、今でも幸せに暮らしているよ」という言葉を耳にした瞬間だけは、決して無視することのできない大きな衝動を覚え、すぐさま小学校5年生にタイムトリップすることになるのです。

転校生のY。

時は高度経済成長時代。極めて保守的・牧歌的な田舎の村の全校児童130名余りの小学校にとって、転校生自体珍しいものでしたが、Yの登場は、静まり返った池の水面に岩が投げ落とされた如き、まさに大きな波紋をもたらすものでした。

彼は、父親と幼い妹の3人で、親戚を頼ってわが村に引っ越してきました。住居や身なりや持ち物から、彼の家庭が経済的にそれほど恵まれていないことが、子どもなりに容易に想像できました。

父親は、春の運動会で、泥酔しながら上半身裸で運動会のグラウンドに現れ、進行席のマイクを取り上げ意味不明な言葉を連発。その場に居合わせたすべての人間が唖然としたものです。彼の背中には見事な〝彫り物〟がほどこされ、一目で〝ただ者ではない〟ということもすぐわかりました。その時自分の隣にいたYの顔は、トマトのように真っ赤に変色し、彼のナイフのような鋭い目つきのまま硬直した姿は、今でも脳裏にはっきりと焼き付いています。

彼自身も、校内外でいろいろな問題行動を起こしたり、女の子や弱い者に嫌なことを言ったりしたりすることも多々あったのでした。おのずと、周囲の雑音は日増しに大きくなっていきます。「あんな子とは絶対につきあうな」、「あの家族に関わるな」と、親や地域の者たちは一斉に自分の子や地域の人間に言い聞かせるように叫び始めたのです。

我が母親の話は続きます。

「あの時な、あの子と仲良くしているお前のことが私もちょっと心配になって、『どうしてあの子とつきあってるんだ?』ってお前に聞いたら、『俺、Yの奴やあいつの親父が、みんなが言うほど悪い人間には思えないんだ。いいところだっていっぱいあるよ』って言ったんだよ。我が子ながら感心したよ」

当時も今も、自分は正義感が強く品行方正な人間だとは決して思いません。当時の彼の境遇に深い同情を抱いたわけでもありません。ただ、担任の先生から事前に「今度来る転校生の面倒をみてやってくれ」と直々に頼まれていたので、〝先生から頭下げて頼まれたからには〟と子どもながらに意気に感じたことと、新参者に先輩風をふかしていい格好を見せたかっただけのことなのです。自分に子分ができたような気分になっていたかもしれません。だからといって特別親切にしたわけでもありません。意識して仲良くしたわけでもありません。他のみんなと同様に接していただけなのです。

田舎の典型的なガキ大将で、クラス内でもそれなりの存在感や発言力があり、上級生にも下級生にもある程度顔が利く自分が、Yと自然体で付き合ったり、普通に一緒に遊んだりいたずらをしたりしているうちに、クラスや学校での彼自身の居場所が少しずつできてきて、周囲からも徐々に受け入れられるようになってきたのは確かだと思います。そして、彼自身もいい方向に変容していったような気がします。そして、知らず知らずに、周囲の彼や彼の家族に対する態度や偏見も和らいでいきました。

自分や自分の周囲とは明らかに何かが違う彼と、彼の登場がもたらした周囲のとまどいやざわめき、そして数々の人間模様を、私はこの時にたくさん感じ取ることができました。学校にも社会にも、いろいろな人がいる、様々な考えの人がいる、差別や偏見もある。そう初めてはっきりと自覚できた時だったのかもしれません。

教師になって様々な子どもと出会いました。生育歴やその子を取り巻く環境は、もちろんその子の成長にとって無視することのできない大きな要素です。そして、様々な人との出会いが互いの人間形成にもたらす影響は計り知れないものです。

でも、はじめから悪くなろうと思って生まれてきた子なんて一人もいないはずです。また、はじめから悪意の塊で人に迷惑をかけることや人が嫌がることをする子や、失敗や愚かな行為を犯す子もいないはずです。その子を取り巻くあらゆる環境や要因がその子を形成し、その子の行為や言動には必ずやその原因となる理由や背景が存在しているはずなのです。

学級や学校にはいろいろな子がいます。自分と相性の悪い相手もいれば、価値観の正反対の子も反りが合わない人間もいるはずです。しかし、人との出会いとは、目の前の損得や打算で成り立つものであってはなりません。教科書やタブレットよりも、生身の人間こそ、我々に与えられた最高・最大の教材・教具と受け止めるべきです。

いろんな人間がいて、いろんな見方や考え方をする人間がいて、だれとでも公正・公平に接する努力をし、互いを理解するように努めること、そして、認め合い・助け合い・期待をかけ合い・高め合うところ。それが教室であり学校なのです。

小学校を卒業し同じ中学校に進んで別のクラスになってから、特にYと親しくつき合うことは自然に無くなりました。また、これまで数少ない同窓会の機会もありましたが、再会することもありませんでした。ただ、Yが、我々の同級生の妹と結婚して幸せな家庭を築いていることは、風の噂で聞いていました。そんな彼と今後も一生会うことはないかもしれません。

「おまえの小学校の同級生のY君、今でも幸せに暮らしているよ」

これが、私が里帰りするたびに、母が私に与えてくれる大切な大切な玉手箱。この玉手箱を開けるたびに、なぜか懐かしく清々しい気持ちに覆われ、新たな勇気と元気が湧いてきます。

母、齢《よわい》88歳。この玉手箱を母からもらえる回数も、残りわずかかもしれません。小さな片田舎の実家での静寂に包まれた夜、一人布団にくるまりながら、遠い日の懐かしい少年時代の思い出を胸に、最愛なる母の長寿を願い、いつもなぜか目頭が熱くなる、これが我が帰郷の夢一夜なのです。

4

R5（4／25）

傘のごとく！　橋のごとく!!

　私が幼い時分、演歌好きの近所のおじさんが、酒を飲んでほろ酔い気分になると、「森進一の『おふくろさん』（＊）はいい歌だよなあ」とよく言っていたものです。

「♪　お前もいつかは世の中の傘になれよと教えてくれた、あなたのあなたの真実、忘れはしない……♪　あそこがいいんだよ、あそこが……人が困っていたら黙って手をさしのべる、そんなカッコいい人間にならなくちゃなあ……」

　と、見た目にはちっともカッコよくないおじさんが、まるで自分にいい聞かせるようにつぶやいていました。

　子どもたちをどのような人間に育てたいのか、人それぞれに様々な信念や教育観をお持ちだと思います。私が教職についた頃、我が意を得たりと思わず涙し、自分の教師としてのスタンスを代弁しているが如きエピソードに出会いました。それは、佐藤道夫氏の『検事調書の余白』に出てくるある結婚披露宴での話です。

　新進気鋭の若き法曹関係者である新郎の父親が、あいさつで自分の故郷である宇和島市内を流れる辰野川にかかる『穂積橋《ほづみばし》』の話をします。この橋の名は、明治の法学者で、日本で最初の法学博士の学位を授けられ、「法学の祖」、「民法の父」と称えられた「穂積陳重《のぶしげ》」に由来します。宇和島ではこの郷土の英雄の栄光を末永く後世に伝えたいと、銅像建立の話が自然に持ち上がります。しかし、郷党有志の熱心な懇願に対し、穂積陳重はこう答えたというのです。

「銅像にて同郷万人に仰ぎ見らるるよりは、橋となりて、公衆に踏んで渡るるをもって、無上の光栄とする」

穂積は、銅像建立の予算があるならば、民衆の利益のために利用してもらいたい、それが自分の願いであると自分の銅像の建立を断ったのです。そこで宇和島は穂積の志を受け入れ、昭和5年、多くの人が利用する辰野川の老朽化した木橋を丈夫なコンクリート製の橋に架け替え「穂積橋」と名付けたのでした。

父親は、法曹の道を志すという決意を抱いた我が子を「穂積橋」に連れて行き、その名前の由来を言って聞かせたそうです。それは、「法律家として名利を求めず、富貴を追わず、世人の気づかぬところで、さながらこの橋のごとく、黙々と社会を支え人のために働く、そういう気概をもって法律家として生きてほしい」という親としての思いからでした。そしてその場で、そういう法律家になることをまだ子どもだった息子に誓わせました。深い感動が静かに会場に流れたそうです。

私はこう思うのです……。

当然のことながら、私たち一人一人の価値観や教育観は異なります。しかし、「信念」のないところに「成果」は生まれません。子どもをこういう風に育てたい、子どもにこんな人間になってほしい。その強い思いこそが、子どもを成長させるのだと思います

因みに、私の座右の銘は次の名言です。

「船を正しく導く灯台が、自らを照らすことは決してない」

（＊）「おふくろさん」＝歌：森進一　作詞：川内康範　作曲：猪俣公章　１９７１年

5 R5（5／2 令和5年度）

生まれてきたのはなぜさ？

我が昭和の少年時代の青春ドラマ「われら青春！」（中村雅俊主演）のテーマ曲「帰らざる日のために」の歌い出しはこうでした。

♪♪ 生まれて来たのは なぜさ　教えてぼくらは 誰さ
遠い雲に聞いてみても 何も言わない……♪♪

まさにコテコテの昭和青春歌謡曲、我が懐かしのヒットソング。実にいい歌でした。「生まれて来たのはなぜ？」と遠い雲に聞いてみたところで、雲が答えてくれるはずはありません。当たり前です。

それはさておき、生まれてきたからには充実した人生を誰しもが望むはずで、子どもたちにも豊かな人生を歩んで欲しいが故に、我々はいろいろな教育的目標を掲げます。そこで今回は、学校教育で、というより生きていく上で大切な感情とされている「自己肯定感」と「自己有用感」について考えたいと思います。

新潟市教育ビジョンでは、「これからの社会をたくましく生き抜く力の育成」の重要な視点として、『子どもの自己肯定感を高めましょう』と謳っています。

子どもが様々な悩みを抱えていたり、いろんな問題行動を起こすのも、その子の「自己肯定感」が低いからだとよく言われます。「自己肯定感」を高めることがその子を成長させ、問題行動を減らせるという論理です。

一方で、生徒の「自己有用感」を育むことも大切だとも言われています。

近年の傾向では、特に「自己肯定感」の重要性を謳っている学校や社会的風潮が目立ちます。さらに「自己有用感」が「自己肯定感」と同じものとして考えている人や、同一の概念として学校で扱われている傾向も見受けられます。でも本当に同じものなのでしょうか？

一体、その違いは何なのか、わかりやすく明確に答えられる人は少ないと思いますが、私は、読んで字の如く、似て非なるものとだと思います。その言葉通りに解釈すれば、次のような意味だととらえています。

「自己肯定感」：様々な自分を認め、何事もポジティブにとらえ、自分をリスペクトできる感情

「自己有用感」：自分の存在が周囲の人に役立っている、周囲に貢献していると認識できる感情

あるチームスポーツの運動部に所属している中学生をモデルに、具体的に次の4パターンで考えてみましょう。

	自己肯定感	自己有用感	自分自身の感情
1	低い	低い	自分は体力も運動能力も低くてセンスもない。先生やチームのみんなからは、きっと役立たずだと思われているのに違いない。このチームに居続けることは周囲に迷惑をかけるだけだ。
2	低い	高い	自分は体力も運動能力も低くてセンスもない。でも、自分なりに目標を立てて成長していると実感している。それは先生やチームに恵まれ、こんな自分でも必要されているからだ。本当に感謝している。

3	高い	低い	自分は体力や運動能力も高くセンスもある。努力もしている。でも、自分なりの目標がなかなか達成できない。そもそも練習環境が悪いし、指導者やチームにも恵まれていない。
4	高い	高い	先生やチームのみんなのおかげで自分は結果を出せたし、自分の能力を高めることもできた。だから、これからもチームメートの力になれると思う。もっとチームのために頑張りたい。

当然のごとく、「自己肯定感」「自己有用感」のどちらも低い（パターン1）状態だと、「♪♪生まれて来たのはなぜさ♪♪」と思わず口ずさみながら嘆き悲しみたくなるかもしれません。理想としてはどちらも高い（パターン4）に越したことはありません。家庭でも学校でも（パターン4）をめざして努力するべきです。

ただ、「自己肯定感」「自己有用感」のどちらの優先順位が高いかというと、私は個人的に「自己有用感」の方だと思うのです。

「自己有用感」は『過程・環境・集団・他との関わり』とリンクし、「自己肯定感」は『結果・達成感・個・自分を見つめる・自信』とリンクしていると考えられるからです。

結果よりも過程を大切にすることこそが教育の本質だと考えれば、「自己有用感」を高めることの方が優先されるべきだと思います。自分自身を認めてくれる場所、自分を受け入れてくれる環境を手に入れることで、自分の思考パターンを徐々に変化させながら「自己肯定感」を得られる方が自然の流れです。

また、「自己肯定感」が高いのに「自己有用感」が低い人間（パターン3）は、謙虚さの欠けた不遜な人間になる危険性があることも憂慮されます。

いずれにせよ、優先順位云々が本質ではなく、どちらの感情も子どもの成長には重要な要素であり、その両立が求められます。だからこそ、我々は子どもを愛し・応援し・励ましてあげられる存在として努力し、子どもは周囲から愛され・応援され・励まされる存在として努力する必要があるのです。

そして、私はこう思うのです……。

Q1 なぜ、あなたは生まれてきたのか？
A1 あなたが周囲や世の中から必ず必要とされる存在だから。

Q2 教えてぼくらは誰さ？
A2 わかりません。いろんな人と出会って様々な経験をして「自分は何者？」だと悩み苦しみながら追い求め続ける。それこそが人生。ダサい、クサいと言われようと生徒に人生を語れる、いつまでも青春を語れる教師であり続けたいと思います。

6 R5（5／11 PTA総会に向けて）

「ALL FOR ONE」のONEの正体

私が住む地域の小学校の運動会では、自治会ごとに観覧・応援席が割り当てられ、各自治会が各自治会所有のテントを、主にお父さん方が中心となって、早朝の6時前頃から総出で運搬し組み立てていました。

その準備活動に、多くのお父さん方が参加していましたし、もちろん15年くらい前に保護者であった自分も、毎年参加していました。

運動会には必要不可欠な活動として誰からも認知され、参加することに誰も疑問も抱かず、それが「当たり前」の活動として定着していたわけです。

準備が終われば缶ジュースを飲みながら、わずかな時間よもやま話に花を咲かせ、互いの交流を深める貴重な場であり、さながらミニ親父の会でした。

しかし、その「当たり前」はいとも簡単にあっけなく打ち砕かれました。言わずもがな、「コロナ禍」の影響です。保護者や地域の運動会の参観は制限され、ソーシャルディスタンスをとることが余儀なくされ、自治会テントが不要となったばかりか、おじいちゃんやおばあちゃんも含めて家族が楽しみにしていた子どもたちの運動会の姿や、あのお祭りのような雰囲気を近所のみんなと共有する機会は、失われました。

世の中では、そして当校の各種教育活動においても、その当時は有意義な活動として「当たり前」と受け止められていた様々なことが、コロナ禍を契機に、途切れたりなくなったり見直されたり改善されたりするケースが、多々見受けられるようになったのです。

今、コロナが落ち着いた状況下、アフターコロナ・ウィズコロナとしての新たな教育活動を模索する時代が訪れました。それは、すべてをコロナ前に戻すことではなく、今回のコロナ禍を契機に、各種教育活動や学校行事を、精選・重点・集中・見直し・改善、つまりスクラップ&ビルドの契機にするということです。

もちろん、その中にはPTA活動も含まれます。コロナ禍だったからではなく、コロナ前からPTA活動にはいろいろな意見がありました。PTA不要論はもちろんのこと、「仕事が忙しくて時間に余裕がない」「役につくのが重荷だ」「不公平を感じる」「小学校とは違うのだから学校に任せていればいい」「やれる人がやればいい」「時代は変わった」「今までやっていた活動がなくても学校は動く」などなど、そういう声があるのは、またそう言った意見そのものを、ごくごく当然のものだと受け止めています。

時代とともにPTA活動も変化すべきだと思いますし、旧態依然、前例踏襲は、現状維持ではなく後退を意味するものです。

当校でも、PTA活動のあり方や運営のシステムは、これからみんなで合意形成を図りながら、大胆かつ慎重に改善・見直していく必要性を強く感じています。

一方で、生徒という「ヒト」も、校地・校舎・校具などの「モノ」も、教育活動が生み出す目で見えない雰囲気や活動の充実を担保する「ソフト」面も、教師の所有物ではありません。保護者や地域との共有財産です。したがって、学校運営は、そして子どもたちの成長は、これまでも今後も、保護者や地域の理解と協力なしには成り立たないのです。いや表面上成り立ったとしても、実のあるものにはなりません。

昨年度から、学校と地域が「子どもを育てる」パートナーとしてさらなる連携と協力を図る「地域とともにある学校づくり」の核となる「コミュニティ・スクール（学校運営協議会制度）」がスタートしました。同様に、学校は常に「保護者とともにある学校づくり」を目指すべきだと考えます。

このような社会や学校の情勢が変化する中でも、不易なものがあります。それは、お父さんやお母さんや家族が自分のために汗をかいてくれているという姿を、子ども自身が見たり接したりすることの意義です。

それは、生業としている日々の仕事であれ、PTA活動であれ、地域と学校パートナーシップの応援活動であれ、その他多くの学校や地域のボランティア活動や自治会の活動であれ、自分の生活のために家族が働く姿を見ることも、自分たちの学校や地域のために汗をかいている家族の姿に子どもたちが接することも、子どもにとって最高の教育であるということは、いつの時代にもどんな世の中でも、不変のかけがえのない真理です。

「ONE FOR ALL, ALL FOR ONE」という言葉があります。もともとラグビーで使用されていたチーム論ですが、今ではあらゆる組織論として当たり前の言葉となっています。この言葉を、「一人はみんなのために、みんなは一人のために」と受け止めている人が少なくないですが、実はこれは誤りです。後半の「ALL FOR ONE」の「ONE」は、「一人」ではなく「目的」とか「ゴール」のことだと言われています。つまり本来の意味は、「一人はみんなのために、みんなで一つの目的（ゴール）に向かって」なのです。では、学校の教育活動の目的、ゴールとは一体何なのか。それは、すべての生徒を幸せにすること、すべての生徒を笑顔にすることだと考えています。

そのために、保護者の皆様にはぜひ次のようなスタンスで学校への理解と協力をお願いするものです。

◇新津二中の全校生徒、地域に住む子どもたちは、すべて我が子であると思ってください。

◇自分の子が幸せになるためには、周りの自分の子以外の子も幸せになることが必要なのです。

◇自身のお子様に直接関わる内容でなくても、学校や地域への協力・支援は、必ず自分の子どもにプラスになって戻ってきます。

お仕事やご家庭の都合は、ひとそれぞれの事情を抱えている中、保護者の皆様には、毎々多大なご苦労をおかけしている学校教育の現状は重々承知しております。

重々承知はしておりますが、ＰＴＡ活動を含む学校の教育活動へご理解と、できる範囲内での最大限のご協力を、これからも引き続き重ねてお願いします。

すべての子どもたちの笑顔、ひいては自分の子の幸せ、それが我々の目指すゴールであり、我々にとっての大いなる「ＯＮＥ」だからです。

7 名もなき草花の幸ある生き様

R5（5／17）

当校の2名の男性職員が、この5月に、ともに2人目のお子さんとなる赤ちゃんを授かりました。先日、私の妻の姪っ子もお母さんになりました。

身近な人に赤ちゃんが生まれた時には、真っ先に「おめでとう」、その次には必ず「母子ともに健康ですか？」と聞きます。子どもを産むということは命がけのことですから。

次に気になるのは、「男の子？　女の子？」、そして次に「名前はもう決めた？」。こういう流れがオーソドックスでしょうか。自分の子どもではないのに、どういう名前を付けたか気になるのは私だけかもしれませんが。

さて、4月末の新潟日報の「日報抄」を興味深く読みました。

「雑草という草はない」――これは日本の植物学の父と言われ、膨大な植物の命名や分類に一生を捧げた植物学者の牧野富太郎博士の言葉だそうです。

かつて昭和天皇も、庭仕事を終えた侍従が「雑草を刈った」ことを伝えると、「雑草ということはない。どんな植物でもみな名前があって、それぞれの自分の好きな場所で生を営んでいる」と諭したそうです。

そして話は、名前を堂々と名乗りにくい場合もある現在のネット社会の現状に進展し、義務化されているバスやタクシー運転手の氏名掲示も、誹謗中傷の回避から見直しの動きがあることが紹介され、「名乗ることがリスクになる。そんな時代ということだろうか。」と結ばれていました。

同様の理由で、先月行われた当校3年生の修学旅行でも、あえて名札の着用を見送りました。しかし、まだ生徒の名前も顔もよくわからない自分にとっては、名前と顔が一致しない中、名前を呼んで声をかけて話しかけようにもその術《すべ》がなく、たいへん困る場面がありました。

特に、観光地やUSJ等では、同じような制服の学校の生徒がたくさんいて、自校の生徒なのかどうか判断に困ることがあり、リスクを避けるための名札の着用なしが、逆にリスクのある状況だったかもしれないと考えると、今後一考を要すると思っています。

そもそも、問題の所在は、名札を付ける、付けないの是非ではなく、あちこちで個人情報が悪用されている風潮にあるわけですから。いずれにせよ、何ともせちがらい世の中になりました。

さて、話は変わりますが、1990年代に、自分の子どもに「悪魔」という名前を付けた親がいて、かなりの間ワイドショーで大きく世間を賑わせたことがありました。

「悪魔」という命名について、子どもにそんな名前を付けることが社会通念上問題があるとして役所は届け出を受理せず、法務局が親権の乱用として不受理の措置をし、最終的に親からの訴えで裁判に委ねられましたが、裁判所は「悪魔」という名前を認めたのです。

父親が「悪魔」と名付けたかったのは、次のような理由からでした。
◇珍しい名前だから人の記憶に残る。人の記憶に残り人が集まる。そうなれば普段会わない人と出会う確率も上がるしいろんな良い経験もできる。
◇悪魔は悪の世界で最強である。何かでトップになれるような子どもに育ってほしい。
この父親の考えや思いには、その父親なりのそれなりの道理があったようです。親の権利と常識の範疇の視点で、世間の耳目を集めはしましたが、結局、その後別の名前に改名をし、命名した父親が犯罪に手を染めたことで、子どもの本名が公になるという結末を迎えました。皮肉にも、変な形で人の記憶に残ることになってしまったのです。

名前は人にとってかけがえのないものだと思いますし、他人と区別するだけでなく、その人が何者であるかを示し、人生の象徴であったり生きた証になったりするものだと思います。

この世に生を受けて、人は自分で名前は付けられませんから、親や祖父母などが、自分の名前から一字とろうかとか、その時代のヒーローやタレントと同じ名前がいいとか、いろいろな思いや願いを込めて命名してくれるのだと思います。上記の悪魔という命名は問題外としておき、どんな名前であれ、自身のアイデンティティとして大切にしてほしいものです。

ただ、重要なのは名前でなく、中身です。道端に生い茂る雑草であれ、花屋の店先に並ぶ綺麗な花であれ、自らの意思でしっかりと生きようとすること自体が大切です。そして、それらを大事に育てようとする必要があるならば、水や太陽の光や時には肥料を適切に与える環境が求められます。

いい名前？　悪い名前？　名もなき道端の雑草？　世界にひとつだけの花？　人の記憶に残る？　人と出会う確率？　良い経験？　その世界で最強？　トップ？　ナンバー1？　オンリー1？　そんなことはあまり過剰に意識せずに、生を受けたその場その場でただ粛々とただ黙々と生を営むこと。もちろん大切に育てる必要があるならば、周囲がそれ以上に粛々と黙々と支えてあげないとです。そしてその役目は、かけがえのない命に名を冠した我々大人の責任です。

こんにちは赤ちゃん。幸多き人生を！

8 R5（5／23） 君は何のために勉強するの？〈私の出会った名物先生①〉

私の中学時代の社会科教師のA先生。かつてハンドボールの国体選手として鳴らした、見るからに怖そうな体育会系教師。しかし、その博学ぶり、知識量のすごさと言ったら驚くほど。椅子に腰を下ろしたまま、教師と生徒との問答で粛々と授業は進み、チョークや黒板はほとんど使いませんでした。例えば、地理の授業での世界の国々の鉱物資源についての学習場面。資料集の片隅に普通なら見逃しそうな小さな文字で『タングステン』という用語が出てきました。「貝塚君、『タングステン』とは何だね」「？……ウルトラマンに出てくる怪獣にそんなのがいたような気がするんですが」「ばかやろう。ふざけるな。金属の名前だ。どんなところに素材として使われているかわかるか？」「（そんなの教科書にも資料集にものってないよ～）わかりません」と答えると、やおら教室の天井を指さして、「あの蛍光灯の両側の部分、あそこだな。フィラメントという部分だ。生きているうちにダイヤモンドにはお目にかかれなくても、『タングステン』は常に我々の身近にある」

すべてがそんな調子でした。

指名されて恥をかきたくないし、答えられないと癪なので、必死になって予習しました。当時はインターネットなんてもちろんなかったので、図書室の百科事典で授業に出てくる重要語句・用語等に関連して質問が出る内容を想像しながら片っ端から調べて授業に臨んだものです。まるでトリビアの世界です。質問されたことが誰も答えられずに、自分がちょうど調べた内容で答えられたときは、正直「やったあ！」と、鼻高々でした。

でも、そんな内容はテストにちっとも出やしません。「『タングステン』の産出量世界第1位の国は？」という問題ならまだしも、「『タングステン』が素材として使われているものは？」なんてどんな問題集や過去問にもありゃしないのです。かくして授業とはまた別のテスト勉強が必要でした。

ある時、勇気を振り絞って質問してみました。

「先生、これってテストに出る可能性はあるんですか？」「何？　君はテストのために勉強しているのかね。了見の狭い考えだ」と一蹴されました。思えば、氏の授業は、今我々に求められている理想の指導のあり方には程遠く、時代遅れだと言えます。ただ、社会科という領域にとらわれない教科横断的な学習そのものでした。また、他人から注入されたのではなく、自分で苦労して調べた知識や情報は、深く長く持続するものなのです。原子番号74番・元素記号Wの『タングステン』君、ぼくは君の存在を一生忘れません。

皆さんは、子どもに、「どうして勉強しないといけないの？」と聞かれて何と答えるでしょうか。子どもの学習意欲を喚起し、勉強へのモチベーションを高めるためにも、勉強しなければならない理由の存在は無視できません。人それぞれの考えや答えがあるはずです。

◇いい高校や大学に入るためだよ。　◇将来なりたい職業に就くためだよ。

◇今のうちに勉強しておかないと後で苦労するんだよ。

こういうことを言うのは、親御さんが多いかもしれません。言うなれば、家族として人生の先輩として、あなたの将来を最優先に考えていますよ的な発想ですが、もしかしたら親のエゴや見栄も見え隠れするような気もします。

◇広い視野で世界を見るためだよ。　◇「生きる力」を付けるためだよ。

◇生活する上で役立つ知識や技能を身に付けるためだよ。

◇好奇心や思考力、判断力、表現力を伸ばすためだよ。

◇〝学び方〟を知るためだよ。

我々教師や教育関係者は、こんなことを答える人も多いことでしょう。確かに正当でその通りの理由ですが、子どもにとっては前述の理由より身近に受け止めにくい内容表現でピンとこないかもしれません。本当にこう説明されて生徒がみんなやる気になれば苦労はないのです。

さて、5／31～6／1に、今年度最初の前期中間テストを迎えます。今、うちの学校の生徒に「何で勉強するの？」と聞けば、「定期テストが近いから」と答える生徒がたくさんいるでしょう。もし学校からテストの類をすべてなくしたとすると、子どもは勉強しなくなるかもしれません。ほとんどの子が喜ぶかもしれません。ほとんどの学校でテストを評価の貴重な原資の1つと扱っている現状を考えると、我々教師側もかなり戸惑うのではないでしょうか。

現時点ではまだまだ現実社会での経験値がない中学生にとって、崇高で正当な学習が必要な理由や意義を見出すこと自体難しいものです。理由なんて何だっていいと思うのです。大切なのは、他人からのお仕着せのものでなく、本人が本人なりの明確な理由や意義を自分の意思としてもっているかです。

私の中学校時代の勉強へのモチベーションは2つありました。1つは、常に恐怖の対象として虐げられていた存在の2人の兄を見返す手立てが、勉強しかなかったこと。もう1つは、自分が勝手に最大のライバル視していた同じクラスのS君には、スポーツや運動関係のどんな競技や種目でも何一つ勝てなかったので、何とか頑張って勉強だけは勝ちたいと思っていたこと。

一度お子さんに聞いてみてください。「どうして勉強するの?」それに対する自分なりの明確な答えを持ち合わせていなければ、いつまでたっても、テストのための勉強、評価されるための勉強を続けることになるでしょう。

「テストでいい点をとると気分がいい」「テストで○○ちゃんに負けたくない」

現時点なら、それはそれで明確な自分の考えでよろしいかと思います。勉強は何のためにするかは人それぞれでいろいろな答えがあるでしょう。でも勉強は誰のためにするのか。もちろん自分自身のため。その答えは1つなのです。

9 R5（5／25） 臨機応変に筋を通せ！

以前勤務した学校でのエピソードです。

その学校の体育祭は縦割の4軍団編成で、その年の女子の全校団体種目は「騎馬戦」でした。その練習時のこと。競技担当の教師と生徒会役員生徒が仕切って練習が始まりました。4軍対抗戦のため、2つのチームごとにまず2回競技をし、その結果によって、次に敗者チーム同士が、その次に勝者チーム同士が対戦し、最終的な順位を決定するという実施計画にそって練習を進めていました。

ところが全部で3回×2試合＝6試合をするのに、チームの人数はそれなりに多い上に、対戦場所や待機場所の入れ替え等の移動や帽子の数の確認等に時間がかかり、競技時間よりも移動や待ち時間が長くて、傍から見ていてもピリッとしません。本番は、2回戦以降は競技結果で対戦相手が不確定なわけだし、練習と異なる想定も生じるのでなおさらです。

当時3学年主任だった私は、半ばイライラしてしびれを切らし、思わず担当の若い先生にこう言い放ったのです。

「しまりがないなあ。これじゃあ、やる方も見る方もつまらないと思うよ。別にトーナメントにしなくたって、ひし形にライン引いて、4軍一斉に帽子取り合えばいいじゃないか。それを3回戦して。

移動の面倒もないし、時間も短縮できるし、作戦の楽しみもあるし、そっちの方が盛り上がると思うけど」

「それはいいですね」

と、担当の先生も含めてそこにいた先生方のほとんどが同意してくれました。

だがしかし、教務主任がそこで一言。

「全体に関わることなんで、企画委員会を通してください」

因みに企画委員会とは、学校によっては運営委員会などとも言われますが、職員会議の前裁きをする協議機関です。

（え、めんどくせー。この場で変更でいいじゃん。ほとんどの先生が同意してんだから。そんな企画委員会通すほどの話？　時間的な余裕もないし）

その時、私は心の中でそう思いながら、あからさまに表情を歪めました。さて、皆さんは、どうお考えでしょうか？


物事の決定プロセスはたくさんあります。トップダウン、ボトムアップ、多数決、独断、何となく、知らないうちに……などなど。そして、当校にも、決定や共通理解に向けた道のりとして、たくさんの協議の場があります。職員会議、企画委員会、学年部会、教科部会、研究推進委員会、合理的配慮委員会、学校評価委員会、進路指導委員会、生徒指導部、いじめ対策委員会、不登校対策委員会、通知表評価評定作成委員会、ＧＩＧＡスクール推進委員会、アレルギー疾患対応委員会、働き方改革委

員会、学校保健委員会、学校運営協議会等々。

これらの様々な会議や協議の場の他に、これ以外の大小様々な打ち合わせを含めた情報交換・意見交換、議論、協議、熟議等を経ながら合意形成が図られ、いろいろなことが決まっていきます。学校は組織体です。組織である以上、個々が自分勝手に動いてはいけません。こうしようと皆で決めたことは、教職員が共通理解を図り共通歩調をとって、学校経営や各種指導に当たらなければならないのは当然のことです。一方で、物事を進めるうちに、いろんな不都合や改善の余地が出て、臨機応変に微調整や見直しをして対応することも実際は出てきます。

ただ、臨機応変が、時として、独断専行とか行き当たりばったりとか、思いつきとかととらえられることもあります。逆に、筋を通したことが、頭が固い、融通が利かない、などと文句を言われることもあります。柔軟対応をすべきか、原理原則を貫くべきか、物事の決定プロセスは実に悩ましいものなのです。

結論から言うと、私はどちらでもいいと思うのです。合意形成を図る場面は、何も職員会議や企画委員会等のノーマルな場だけに限られるものではありません。炉辺談話でまとまる場合も多いですし、具体的な場面に相対したその時に、いいアイデアや判断が生まれることも往々にあるのですから。大切なことは、そういった会議や相談や話し合いの場面で、感情的でないしっかりした自分の意見を言えること、そして、いろいろな人への配慮です。そして、その土台として、常日頃の教職員間、あるいは事案によっては、教師と保護者との良好な信頼関係こそが必要だと思うのです。

この体育祭のエピソードに戻ると、結果的に私の提案は何事もなく受け入れられ、実際の競技もスムーズに流れて大いに盛り上がりました。しかし、私には大きな反省点があります。

1つは、各種目の競技内容は事前の企画委員会で提案されていたわけですから、そこで反論なり今回の提案は可能だったわけです。それがなされなかったのは、私が説明を適当に聞き流し、真剣に考えなかったからかもしれません。

もう1つは、当初の競技方法を真剣に練ってくれた担当の先生や生徒への謝意もなく、彼らの面目を潰してしまった格好になったことです。

いろいろな意見や考えをまとめることは実にたいへんなことです。だからこそ、自分の意思を明確にして声を出すことこそが肝要です。しかし、問題はその声の出し方です。いろいろな人の立場に配慮することはもちろんですが、そのものの言い方にも注意しなければなりません。これは教職員間でも、生徒と教職員、教職員と保護者間のことでも言えることです。

あの時私はこう言うべきでした。

「先生、ありがとうございます。でも時間がないし、ここにいる先生方が良案だと言ってくれているんで、管理職の先生に私が説明しますから、了解がとれたら、学年主任の先生を通して全職員に周知させていただきたいのですが」

でも当時は言えませんでした。あの時、私もまだまだ青かったのです。

10　R5（5／31）　YAH YAH YAH！　教育実習生がやって来る

今年度も教育実習生を迎え入れる季節となりました。生徒にとっては、自分たちと年齢が近い教育実習生の登場は、とても嬉しいものです。言うまでもなく、日本で教師になるためには教員免許が必要で、教員免許の取得には実際の教育現場での教育実習が必須です。現場の学校は、毎年何人もの教育実習生を受け入れています。新津第二中学校も然りです。

教員の卵といっても個々の事情は様々です。本当に生涯の仕事として教員を志している者もいれば、教員になるつもりはないがとりあえず単位だけは、という人もいます。実習に取り組むモチベーションにも自ずと違いが出て、時には、実習態度やマナーが悪い学生にあきれることもあります。受け入れ側としては、どんなに慌ただしい時期であれ、実習生1人に指導教官1人を割り当てるなど、受け入れ体制を整えて指導にあたっているわけですから、将来教師になる、ならないにかかわらず、実習には一社会人として真剣に取り組んでほしいというのが率直な願いであり、不心得者には実習に来てほしくないというのが偽らざる気持ちです。

逆に、真摯に実習に励む学生やそういった若者の感覚や価値観には、新たな感動や驚きを覚えることも多く、時には、自分自身の教師としての初心を振り返らさせてくれることもあります。

さて、将来、教員志望の教育実習生に、私が必ず最初に尋ねることがあります。

どうして教師になりたいのか、10字以内で答えてください。

〇〇年前に教育実習を経験した先生方は、その時このような問いかけに何と答えたでしょうか？「10字以内」というところがミソです。本当に教師になりたいと望み、それ相当の資質と能力を有する人ならば、必ず答えられるはずだと思っています。実際、この学生は教員に向いていると感じる実習生のほとんどからは、こちらが期待する答えが返ってきます。逆に教員志望なのに、しばらく考えても答えにいっこうに近づけない学生には、やや不安を覚えます。

新津第二中学校の先生方の日々の指導ぶりを見ていると、私が期待する答えが即座に返ってくる先生ばかりだと確信できますし、そういった先生方とこの新津第二中学校でともに働けることを、心の底から喜んでいます。

〈私が期待する答え〉は、

子どもが好きだから（9字）または、

人間が好きだから（8字）です。

なぜ教師を志したのか？　どうして、あまたある職業の中から、一生の生業として教師の道を選んだのか？

そして私はこう思うのです……。

どんなにIT社会が加速しようが、ロボットやAIでもできることが増え続ける世の中になろうが、私たちが向き合うべきは、パソコンや機械ではなく、生身の子どもたちや保護者、同僚です。時代や世の中が急激に変わろうと、予測不可能な事態が生じようと、特に子どもの成長に向けて、ロボットにはできないこと、AIが取って替わることができない領域が必ず存在します。ロボットやAIではなし得ない、自分という存在のみにしかできない関わり方を見つけ、しっかりと自分以外の人間と向き合い、誠心誠意・丁寧に対応するのがプロの教師ではないだろうかと。そのプロ意識を支える土台こそが、「子どもが好き」「人間が好き」だという教師としての原点です。

そういえば、ひと昔前までは、昼休みは毎日グラウンドで子どもたちとサッカーして遊んだなあ、半日勤務の午後には同僚の先生とバドミントン大会やって盛り上がったなあ、雪の季節の金曜日には何人かの先生でスキーのナイターに学校から直行したなあ、なんてことを、学校でパソコンにばかり向き合っていると、時折、ふとそういう思いがふつふつと沸き上がります。

決して郷愁に浸っているわけではありません。今や教育現場はブラックだと言われ、教師の成り手不足の時代だとも囁かれています。だからと言って、誰でもいいというわけにはいきません。何てったって、我々教師の生き方、生き様には、大事な子どもたちの未来がかかっているわけですから。

11 R5（6／2）
地震が来ないと断言できる自信はない

1964年、昭和39年は私の生まれた年です。この1964年は、日本人にとって、さらには特に新潟県民にとって、特別印象に残る、エポック的な年です。

日本での初のオリンピックの祭典、いわゆる1回目の「東京オリンピック」が開催されました。東海道新幹線が開通し、夢の超特急と言われた『ひかり』が登場しました。新潟国民体育大会が実施されたのもこの年です。世の中は、いわゆる高度経済成長真っただ中。日本がイケイケドンドンの時代であり、その中でも特に大きなイベントや出来事があった年だと言えます。

しかし、そんな明るい未来に向かうような出来事ばかりだったかというと、そうではありません。「新潟地震」が起きたのもこの年なのです。

1964年6月16日13時過ぎに、粟島南方沖約40㎞を震源としたマグニチュード7・5規模の地震が発生し、新潟市の石油コンビナートの火災は12日間も続き、万代橋をはじめとする主要な橋や道路のあちこちに激しい亀裂が入って損壊するなど、新潟県を中心に甚大な被害をもたらしました。それほどの地震でありながら、死者がわずか26名だったのが奇跡だと言われました。

その後、2011年の「東日本大震災」。この未曽有の震災も、中学生のみんなはまだ生まれた頃のことで記憶にないかもしれませんが、日本国民の大部分にとっては、忘れ得ぬ近年最大の悲劇だと言えるでしょう。

東日本大震災発生の3月11日は、新潟県はちょうど公立高校の合格発表日でした。私は巻高校の合格発表に出向いた際にかつてない強い揺れを感じ、学校に戻ってテレビをつけて目に飛び込んできた光景は、まるで映画のワンシーンと錯覚するほど、言葉では表せない恐怖、不安、暗澹たる気持ちが押し寄せてきた感覚を今でも忘れることはありません。

すぐさま茨城の実家に電話を入れましたが、全く通じません。何度も何度も発信してようやく次兄とつながりましたが、彼の「ウワー」という絶叫とともに音信不通となりました（後で、その時、食器棚が倒れてきて驚いて大声をあげたが、特に人身被害があったわけではないとわかり安堵しましたが……）。

「東日本大震災」ばかりではなく、あるいは地震や津波のみならず、様々な惨事や大事件には、当事者はもちろんのこと、人それぞれの、悲しさ、辛さ、やるせなさがあり、自分だけしか知らない数多くのドラマや人生模様があると思います。

学校や地域にも、実際に東日本大震災によって転居してきた家族もありますし、もしかしたら、身内や親戚や知り合いに、実際に命を落としたり被害に遭ったりした方がたくさんいるかもしれません。また、今尚それらの震災の影響で心身ともに苦難の中にいる方も大勢いるでしょう。

二度とこんな悲劇を繰り返したくない。それは、すべての人の願いであると思っています。

しかし、しかしです。日本は地震大国です。有史以来の歴史を振り返れば、新潟地震、東日本大震災レベルの地震や津波は、大なり小なり、何度も繰り返し繰り返し起きているわけです。

鎌倉大地震（１２９３年／死者約２万３０００人）、明応地震（１４９８年／死者約２万６０００人）、元禄地震（１７０３年／死者約６７０００人）、八重山地震（１７７１年／死者約１万２０００人）、安政江戸地震（１８５５年／死者約１万１０００人）、これらはほんの一握りで、おびただしい地震の連続です。まさに、日本の歴史は地震の歴史と言っても過言ではないのです。しかし、これらが歴史の教科書で大きく扱われることはありません。応仁の乱や関ヶ原の戦いや第二次世界大戦は知っていても、そしてそれらの戦禍と同様、数多くの命が失われているのにもかかわらずです。また、もしかしたら、戦争や戦乱同様に、そういった震災が起きなければ、人類や日本の歴史は変わっていたかもしれないのです。

つまり、悲しいかな、天災は避けて通れない自然現象であり、我々が負っている果てしない宿命です。特に地震は、いつ起きてどこで起きるかわからない。必ずやってくるし、なくなることはあり得ません。

東日本大震災で「釜石の軌跡」と言われ、約３０００人の子どもたちの迅速な対応をもたらした「防災教育プログラム」の生みの親である群馬大学の片田教授は、「ちゃんと自分で自分の命を守れる子どもを育てる必要がある」と訴え、次の３原則を強調しています。

①想定にとらわれるな（あえて「ハザードマップ」を鵜呑みにするな）
②最善を尽くせ（より安全安心に向かって、ベストな選択をあきらめるな）
③率先避難者たれ（ためらうな。もし君が避難すれば他の人もついていく）

私は、学校で防災教育や避難訓練をする意義は2つあると思います。

1つは、実際に災害等に直面した際に、少なくとも「最悪のパニック」に陥らないためです。高校受験本番に向けて、当日計画している交通機関を利用して実際にその高校へ行ってみたり、学校を下見することと同じことです。

もう1つは、これまでの大きな震災を風化させることなく、そのやるせなさと教訓を、自分事として繰り返し、繰り返し受け止めるためです。

そういう観点から、今後の防災学習や避難訓練にも、ある意味、机上での授業以上に真剣に取り組んでほしいものです。

自分の身を自分でしっかり守る。それはあなた自身の最大の責務です。そして、あなたが命を落したり心身が大きく傷つくことがあったとしたら、どん底の悲嘆にくれる人が大勢いることを決して忘れないでもらいたいのです。

12 R5（6／5）

自由と健康と安全への指切りゲンマン〈規範意識の醸成に向けて①〉

昨今の世の中全体の規範意識の希薄さについて、たいへん危機感を抱いております。社会全体がやさしくないものになってきているのではなかろうかと。それは世間一般だけに限らず、学校社会も然りです。当校のみならず、それは全体的な傾向だと考えます。そう感じているのは、私だけでしょうか。

一人一人の人間がすべて聖人君主ならば、いろいろな法律や決まりもなくても世の中は動くのかもしれません。学校も、細かいルールや決まり事がないにこしたことはありません。また、だれが考えてもブラックだと思う校則は当然見直す必要があると思っています。

そもそも、私は、管理的な組織や雰囲気が好きではありませんし、決まり、決まりでガチガチに子どもを締め付けるのも全く望んではおりません。

一方で、集団生活（新津第二中学校は、全校６００人超の市内6番目の大規模校）を送る上で、最低限の約束事がなければ、子どものみならず教職員の安全安心の確保や居心地のよい環境づくりができないことは目に見えています。

だからと言って、子どもたちは、まだまだ物事の分別がつかない成長過程の部分も大きく、その自主性や考え方を最大限認めながらも、子どもたちが求める要望や考えを無条件に受け入れるわけにはいかない部分があるのも事実です。そして、決まり事をなあなあにし、課題をあいまいにしながら学校経営した場合、私が懸念していることは次のことです。

◇我々教員の、生徒指導に関しての実際の生徒への指導場面で、教職員サイドの指導の一貫性を欠いたり大きな温度差があると、生徒や保護者に、不平等感や学校・教職員への不信感を抱かせることになる。また、我々教職員相互の信頼関係も損なわれる。
(例えば、A先生は厳しい指導だったが、B先生からは何も指導されなかった。自分はしっかり生徒に指導しているけど、他の先生は……)
◇学校生活で当たり前のことを当たり前にやっている生徒や教職員が、バカをみるような組織になる。

そうならないために、今後、生徒間、生徒と教職員、教職員間、の『約束事』を、一つ一つ丁寧にリセットして整理しようと考えています。

あえて『約束事』と表現させてもらいました。「校則」とか「決まり」という言葉はあまり好きではありません。やや上から目線的な表現のようで。

あえて『約束事』とするのは、みんなが居心地のよい学校生活を送る上での関係する人間同士の『契約』だという考えです。
その『約束事』を設定する上で優先・重視する視点は、次の3点です。

◇健康安全面への配慮
◇集団生活上必要とする生徒指導面の重要性
◇社会通念上の常識

そして、子どもたちに明確に説明できないこと、先生方の1人でも納得いかないことは『約束事』としない、ということです。
本日の全校朝会で、生徒指導主事が、『約束事』の第1弾として「体操着の着こなし（半袖シャツの裾出し）」について話をしました。

【原則】

（半袖シャツの裾を体育着下に入れることが望ましいが）特に暑さ（熱中症）対策として、生徒自身の判断で半袖シャツの裾を出しても構わない。

【約束事】

◇半袖シャツの裾を出しているということは暑いと感じているわけなので

特に先生方が注意を促すことはしない。しかし、

・半袖シャツの裾を出すならば、長袖の上着を脱ぐ

・長袖の上着を着用する必要があるならば、半袖シャツは出さない

◇安全面、生徒指導上必要な活動場面等では、シャツは出さない。

・運動競技や活動の場面で、危険であると予想される

・裾がはだけて、下着や肌着などがあらわになることが懸念される

・TPOをわきまえて、シャツを出さないことが当然の場面である

「だらしない」とか「暑い」とかいうのは、個人差のある概念です。「指導しても指導に従わないから指導しない」は教師側の責任放棄です。

私は、先日の「いじめ見逃し0スクール」集会時の講話の最後に、このようなことを話しました。

人間にとって「自由」はかけがえのないものだ。

でも、「自由」と「自分勝手・わがまま」を混同してはならない。

例えば、みんなで北海道に旅行に行こうとする。歩いて行こうが、自転車やバイクや車で行こうが自由。

車で高速道路を使おうが、途中の観光地に寄ってのんびり行くのも自由。

フェリーで行こうが飛行機を使おうが自由。

でも、車で行くから一刻も早く到着したいからと、猛スピードを出したり信号を無視する。

これを自由とは呼ばない。

海や空が多少荒れてても、絶対に行きたいから、船や飛行機を出せとごねるのは、自由にはほど遠い。


私なら北海道にはみんなとは行きません。一人旅が大好きです。

それは、わがままではないと思うのですが……。

13 R5（6／5 市中学校体育大会激励会 激励の言葉）

「人生曲線の〝ボン〟」を感じる

いよいよ市内大会本番を迎えます。

さて、人間が何か目標に向かっている時の過程について、次の3つの観点から考えてみます。

それは、①「努力」、②「実力」、③「結果」です。


まず、②「実力」と③「結果」の関係です。特にスポーツの大会など、他と競い合う場合は、どんなに自分に「実力」が備わっていたとしても、周囲が自分よりも「実力」が備わっているという相対的な実力の差、また、単純に自分の方に運が味方していなかったり、その競技を取り巻く様々な状況次第で、自分が望んだ表面上の「結果」は望めないかもしれません。

つまり、「実力」があるからといって、必ずしも自分が自分たちが望むような「結果」が伴うとは限らないものです。つまり、「実力」と「結果」には明確な相関関係はないのです。


では、①「努力」と②「実力」の関係はどうでしょう？　正しい方法で「努力」をすれば、必ずや「実力」はつくものです。でも、「努力」と「実力」の関係は決して比例はしません。

例えば、今日一生懸命陸上の練習をして、100mで0・0001秒速く走れるようになって、明日一生懸命練習してまたその日に0・0001秒速く走れるようになって——などということはないのです。勉強も然りです。覚えたことを忘れて、また覚えて忘れて、また覚えて、それを繰り返すことで、本当の知識や技能が身に付くのです。

「時間」を横軸、「実力」を縦軸とすると、きれいに右肩上がりの直線で実力が付いていくわけではありません。頑張っても、頑張っても上がったり下がったり、くねくねとした線を描くでしょう。でも、あきらめないで頑張って「努力」していれば、いつの日か、やがて〝ボン〟と、その線がほぼ真上にとんでもない勢いで跳ね上がる時がやってきます。それこそが「実力」がついた瞬間の証であり、別の言葉で言い換えるならば、「成長」の瞬間です。

私は、この瞬間を、「人生曲線の〝ボン〟」と勝手に呼んでいます。

生きている上で、みんなには、この「人生曲線の〝ボン〟」を感じてほしいのです。

「あれ、何か前よりも速く走れるようになった気がする」

「投げるボールのスピードが速くなったと実感できる」

これまでできなかったことができるようになったとか、自分の力が向上したと自分自身で明確に自覚できるとか、多分「人生曲線の〝ボン〟」を感じたことがある人はいるのではないでしょうか。

私自身もあります。数少ない回数ではありますが。

でも、美味しいものを食べたり、みんなとワイワイ楽しい時間を過ごしたり、ユーチューブで楽しい番組を見ている時以上に、この「人生曲線の〝ボン〟」を実感できた瞬間こそが、人間としての最大の幸せであり喜びであると、私は思うのです。

初めて自転車に1人で乗れた時とか、初めて逆上がりができた時って、ものすごく嬉しくなかったですか？　この「人生曲線の〝ボン〟」を手に入れるために、人は「努力」するのではないでしょうか。その武器となる姿勢こそが、「コツコツ」とか、「地道に」とか、「ひたむきに」と呼ばれるものなのです。

さて、決戦間近です。

実は、この「人生曲線の〝ボン〟」は、大舞台や真剣勝負の場面でやってくることが往々にしてあるのです。それを「大化け」したとか、「覚醒」したと表現する人もいます。

今回の市内大会本番においても、「人生曲線の〝ボン〟」がやってくる可能性があるかもしれません。ただし、本当に皆さんが、これまでそれぞれの活動の中で、「コツコツ」「地道に」「ひたむきに」練習に励んでいたという紛れもない自信と確信があるならば、です。

今回の話は、スポーツや文化活動に限らず勉強にも当てはまることです。ぜひ、「人生曲線の〝ボン〟」を何度も感じることのできる生き方を目指してください。

もちろん今回の市内大会では〝勝利〟を獲得すること以上に、大切なことがあります。それは、友達や家族や先生方など、これまで自分を支えてくれたすべての人への感謝の気持ち。そして、これからも周囲から「愛され励まされ応援される」にふさわしい態度で大会に臨むことです。選手諸君とそれを応援する全校生徒の心が1つになるような市内大会になることを心から期待しています。

14 R5（6／23）

赤信号 それでも君は 渡りますか？〈規範意識の醸成に向けて②〉

小学校1年生のとき、神社の境内で缶蹴りをして遊んでいると、50円玉を拾いました。帰宅して母に告げると、

「あら良かったわね。アイスクリームでも買ったら」

と言ったので、喜び勇んで近所の駄菓子屋に駆け込んだのです。

翌日学校で担任の先生にそのことを話すと、

「どうして交番に届けなかったの？　お金を拾ったらお巡りさんに届けるのが当たり前でしょ。拾ったお金を自分のものにしたら泥棒と一緒じゃない」

帰宅してそのことを母に告げると、

「何言ってるのよ。お巡りさんだって忙しいのよ。1円、10円、50円くらいのお金を拾ったって、落とし主がわかるはずないでしょ。50円落としたって交番に届ける人なんかいないわよ。1人しかいない村の駐在員さんだって、もっと大事な仕事があって忙しいんだから、かえって迷惑をかけるわよ」

翌日再び担任。

「50円だって100万だってお金に変わりはないでしょ。金額の問題じゃないでしょ」

2人の猛女に連日、代わる代わる責め立てられ続けました。

俺を挟まないで直接2人でやり合ってくれよ、と思いつつ、アイスクリーム1本の代償はあまりにも大き過ぎると感じる出来事でした。

中学2年生の時、風邪で休んで翌日学校に登校したら、担任の先生から小言を言われました。「昨日お前が朝登校してなかったから、自宅に電話したらずっと話し中で、ご両親の仕事場に電話したんだよ。お父さんが電話に出られたから、『息子さん今日お休みですか?』と聞いたら、『いや〜ちょっとわかりません』だ。自分の子どもが病気で休んでいるのを知らない親もいるんだな」

父親にわかるはずがありません。毎朝5時には仕事に出かけているのです。近くにある自営の工場に。定時に出社して定時に帰る会社員ではないのです。早朝から夜遅くまで俺たち家族のために、汗まみれ泥まみれで働いてくれているのです。お天道様が上がらない暗いうちに起き出して家を出て既に仕事と格闘している親父に、自分が朝発熱した事実を知る術《すべ》も余裕もありません。

切った、張ったの自営業の世界で生きてきた、「渡る世間は鬼ばかり」の女主人ばりの私の母親が、学校の先生はみんな優秀でいい人で一生懸命なんだけれど、ちょっと「頭が固い」、「融通が利かない」、「世間知らず」だととらえていたようだというのは、小学生の頃から子どもながらに自分も感じていました。

自分が教師というその立場になって内側から分析すると、それは決して的外れではない気もします。大方の人が、大学を出た瞬間から「先生」と呼ばれ、たとえ外部でそれなりに社会勉強を積んだ後に教師になったとしても、年端もいかない子どもたちを相手に、ある意味社会から隔離された「学校」

という狭い世界で日々過ごしていれば、そういう代物になってしまう懸念は大です。世間の批判を謙虚に受け止め、そうあってはならないと肝に銘じたいものです。

しかし、しかしですよ。冷静に考えれば、前者は先生が言っていたことの方が、法的にも人としても100％正しいのです。後者の件だって、学校を休むのに連絡し忘れていたのは、我が家の落ち度で、家庭の事情はその家庭の勝手な都合です。先生だって何の連絡もないままいつまで経っても登校しない教え子のことを、通学途上で事故でもあったのでは？　と、さぞや心配しただろうと推測できます。小言の1つでも言いたかったはずだと充分に理解できるのです。

話は変わりますが、以前、サッカーの日本代表監督をしていたトルシエが、当時嘆いていた言葉が思い出されます。

「日本のサッカーはとにかく創造性がない。日本人は、赤信号だったら、車が全く通らない場所だって絶対に渡ろうとしない。たとえ信号が赤だとしても、その時の状況を自分で判断して渡るようにしないと――」

個々の選手の創造性の欠如から、いっこうに得点力が上がらない日本代表チームの現状を、こんな例えで表現して嘆いてみせました。当然一流選手への高いレベルの注文と叱咤であり、背景には日仏の国民性の違いもあるので、子どもたちに日々接する我々大人が、額面通り受け止めるわけにはいきません。ただ教育的な見地から言えば、「赤信号の時は渡っちゃいけない」ということを骨の髄までわかっていて、その上で自分の判断で信号を無視するのと、「赤信号の時は渡っちゃいけない」ということを知らずに、あるいは充分身に付けていないで信号無視することとは全く次元の違う話なのです。雲泥の差です。

つまり、目の前にあるボールを自分の思い描いたところに蹴れる技術なくして、どうして創造的なプレーなんて望めましょうか。要は、「基礎基本」「原理原則」がしっかり身に付いていないのに、「応用」「創造」が生まれるはずはないということなのです。

学校は、処世術や世渡りの仕方や要領の良さを教える場ではない。ある意味「基礎基本」「原理原則」を教える場所だと思っています。たとえ「世間知らず」と言われようとも、教師は、毅然として胸を張って、筋金入りの「世間知らず」を通さなければならない時もあるのです。もちろん家庭や地域も然り。

学校のみならず、家庭や地域の教育力が低下したと言われて久しく、確かに、幼児期や義務教育時期に、大人全体や地域ぐるみで子どもたちに叩き込まなければならない「基礎基本」「原理原則」を、我々大人が疎かにしてきたのかもしれません。町で交通マナーが悪い子どもの姿を見かけたら、あなたのすべきことは、学校にクレームの電話を入れることではないのです。即座にそこで自分自身で注意することなのです。

長い赤信号の交差点で、赤信号を無視して横断歩道を渡った輩がいました。急いでいたので、思わ

ず「私も――」と思った瞬間、私の背後で、

「あんなデタラメな大人になっちゃだめよ。赤信号の時は絶対に渡っちゃいけないの。絶対よ」

幼い子どもの手を引いた若いお母さんが、信号無視をした男の背中に鋭い視線を突き刺しながらこう子どもに言い聞かせていました。


（いいぞヤンママ、その調子その調子。まだまだ日本も捨てたものじゃない！）

15 R5(6/26)
全力で駆け登る頂で目にする景色

教員1年目に、女子のバドミントン部の顧問を命じられた。競技経験はなかったが、見よう見まねで毎日子どもの相手をしているうちに、それなりの競技力を得るのにさほど時間はかからなかった。とにかく気力・体力だけは十分だった若い頃で、来る日も来る日も生徒以上に汗びっしょりになって指導した。必死だった。

競技実績に関しては無名の中学校だったが、2年目にダブルスペアが県大会で3位入賞し、北信越大会出場を果たした。無我夢中で得た驚きの快挙に歓喜した。

次に異動した中学校は、これまで何度も県大会を制している県内一のバドミントン強豪校。野球部を担当したいと希望したが、前任校での実績があったが故に再びバドミントン部の顧問となった。部の運営方針や指導方法を前任者と大きく変えたせいもあり、生徒や保護者としっくりいかなかった。自分がかなり有頂天になっていたのも大きな原因だったと思う。部活動名門校であるがゆえのプレッシャーもあり、もがき苦しむ日々。結果もついてこないで焦るばかりだった。

自分の思い通りの部活動運営による戦闘モードの体制がようやく整ったのは、自分が赴任した時に入部した1年生が主力となった3年目のことだ。

あの日もうだるような暑さだった。シャトルが風で揺れないように、競技は館内締め切りで行われる。外気温30度を超える真夏日、場内にいる人間の熱気も手伝って、密閉された体育館はまさに蒸し風呂状態だった。8面あるコートでは、どこもかしこも、まさに殺気立った戦いが繰り広げられていた。ダブルスの個人戦。この試合に勝てば県大会の入賞（8位以上）が決定する。相手は、これまで何度も練習試合や大会で相対していた最大のライバル校のペア。過去の対戦成績は、3対7ぐらいでこちらの分が悪い。互いに団体戦を含めた連戦後の大一番。どの学校も選手も必死だった。そして、15歳の少女たちの心と体は疲労の極限に達していた。


第1セットを相手ペアに取られる。

第2セットは追いつ追われつのシーソーゲーム。

13対13の同点に追いつき、サーブ権を奪い返した。

（よし、この調子）

と思った瞬間、こちらのペアが困惑した表情でコートに漫然と立ちすくんでいる。

見ると、相手ペアの1人が腰を折り曲げた状態で下を向いて、何とも苦しそうに肩で息をし、右足をわずかに宙に浮かしている。どうやら、さっきのラリー中に足を捻ったらしい。再び自分の方のペアに目を移す。こちらもどうしていいのかわからず、棒のように突っ立っている。

（何してんだ！）

思わず「サーブ！　サーブ！」と館内中に響く大きな声を張り上げた。

ふと我に返ったように、こちらのペアの1人がサーブの体勢に身構えると、相手も時間をかけてゆっくり状態を起こし、レシーブの体勢を苦しそうに整えて試合は再開した。足を捻った子の動きは明らかにぎこちなく、難なく2ポイントを連取し第2セットを奪取した。

限られたわずかなインターバルに、競技フロアから出た通路の片隅に選手2人を引っ張っていった。2人と向き合った瞬間、激しく怒鳴りまくった。

「馬鹿野郎、何やってんだ！　遊びに来てんじゃないんだぞ！　これまで苦しい練習をしてきたのは何のためだ。勘違いするな。おまえらは何も卑怯なことなんかしてないんだ。相手が足を捻ったのは相手側の責任だ。こちらのサーブの体勢に入っているのにいつまでもレシーブの体勢に入らなかったとしたら、それは明らかに遅延行為だ。ルール違反なんだよ。試合が続けられるような状態じゃないなら、向こうは試合放棄すべきなんだ。同情なんかしてたら勝てるもんも勝てないぞ！　これまでの努力を無駄にする気か。わかったか！」

と機関銃のようにまくしたてた大声が通路に響き渡った。自分の叱咤に軽く頷いたものの、2人の目はうつろだった。

最終第3セット。

結果は明らかだった。足の痛みと思うように動けないもどかしさで、相手ペアの1人は終始肩で息をし、脂汗を流し、苦渋の表情を何度も見せながらミスを連発した。我がダブルスペアの勝利はあまりにもあっけなく訪れた。試合後対戦ペアは周囲を憚らずに泣き崩れた。

勝った。多分、相手にアクシデントがなければ勝てなかったかもしれない。しかし、こんな後味の悪い勝利は初めてだ。勝ったこちらのペアにも全く笑顔はなかった。必死に自分を正当化する言葉を探した。そうだ、俺たちは何も悪くない。勝利して何が悪い。子どもたちだって、毎日毎日厳しい練習に堪えてきたんだ。立派な勝利だ。正当な勝者だ。胸を張っていいんだ。

続く準々決勝で、あっけなく敗退した。分がいい相手だったのに、こちらのペアのプレーは大いに精彩を欠き、散々な内容だった。さっきの試合が尾を引いていたことは明らかだった。そしてこれが彼女ら2人の中学校時代最後の公式戦となった。試合後、

「先生、勝てなくてすみませんでした……」

何を言ってるんだ。謝らなくちゃならないのはこっちだろ。俺はこれまで一体何を教えてきたんだ。「正々堂々と戦え！」「勝つこと以上に大切なことがある！」と、繰り返し言い続けてきたのは誰なんだ。それなのに、一番大事な土壇場で、勝利に固執する醜い感情を爆発させてしまった。たとえ競技のルール上は問題なくても、教育者としては失格だ。自分が恥ずかしかった。

大会ベスト8。たいしたものじゃないか。思えば、あの時サーブやプレーを躊躇したあの子たちを一体誰が責められようか。

それでなくても、うちのペアの2人はどちらも、日常の学校生活でも誠実でまじめで、人一倍心優しい性格の持ち主なんだ。当時も今も誇りに思う最高の教え子の2人なんだ。

この6月12日を皮切りに、市中学校体育大会が行われた。応援する側も何度も熱いものがこみ上げてきた。成績や勝敗は相手がいることなので悲喜こもごもではあったろうが、部活動をはじめとするスポーツや芸術に子どもたちが取り組む姿は実にいいものだ。生徒も教師も、授業中等の学校での様子とは異なる素敵な一面を見せてくれる。そして、本や教科書やタブレットでは得られないだろう様々な教訓を私たちに与えてくれる。

でも、適当に生きている人間に教訓は響かない。ひたむきに走り続け、必死に歯を食いしばり、最後まであきらめず、無我夢中に取り組む人間にのみ、感動は与えられ、教訓が次の道への扉を開けてくれる。ものごとに全力で立ち向かい挑み続ける人間にしか新たなる壮大な景色の扉は開かない。

大会での勝ち負けが人生での勝ち負けではない。ナイスゲーム、ナイスチャレンジが、ナイス人生へとつながる。

二中健児よ、そして先生方も、これからただひたすら前へ、前へ、だ！

16 R5 (7/1)

敗れ去りし者たちへ!

テレビでスポーツを観戦するのも実に楽しいひとときです。しかし、私が部活動の指導に明け暮れていた若い時分、我が家は、特にボクシングの世界タイトル戦となると、決まって夫婦喧嘩が勃発しました。

「やっぱり日本人に勝ってほしいわよね」

と言う妻に対して、

「でも、新聞報道によると、このメキシコ人の挑戦者は、かなり貧しい家庭に生まれ育ったと書いてあるぞ。この試合に勝てば楽ができて、きっと親孝行できるんだろうなあ」

「本当に薄情な人だわね。それでも日本人なの？　日本人なら日本の選手を応援するのが当たり前じゃないの。そんな甘っちょろいこと言って、よく部活の顧問なんてやってられるわね」

「薄情なのはどっちだよ。絶対にこの日本選手より挑戦者のメキシコ人の方が努力してきたに違いないよ。なんてったって、生活がかかってるんだぞ。ハングリー精神が違うよ」

「どっちの方がたくさん努力してきたかなんて、どうしてあなたにわかるわけよ。努力の量を計る機械があるっていうの？　あるなら出してごらんなさいよ。ほら早く出してごらんなさいよ」

「…………(助けて！　ドラえもん)」

と、決まって私の壮絶なノックアウト負けでした。

のべ5日間にわたる市中学校体育大会が今年も終了しました。自分もずっと部活の顧問をしていたので、自分の学校の複数の競技を観戦することは、校長冥利に尽きるの一言です。

我が校の生徒の、最後まであきらめずボールを追い続ける姿や、歯を食いしばって1人でも追い抜こうと力走する懸命な姿に純粋に感動しました。応援する当事者として、当校の勝利に歓喜し、敗北に肩を落とし、生徒のあふれる涙に涙を誘われ、顧問のこれまでの労に想いを馳せました。

市内大会を見て回りながら、あらためて、子ども達に一番必要なこととは一体何だろうと考えていました。勝つことの喜びなのか？　努力することの大切さなのか？　フェアプレーの精神なのか？　机上では得られない人間形成なのか？　いや、どれも大切なことではあるが一番ではありません。

子ども達の想いを代弁するならば、勝とうが負けようが、

「この顧問の先生の下で頑張ってきて本当に良かった」

「顧問の先生や指導者の先生と出会えて良かった」

という思いではないだろうかと。

勝負の世界は非情です。勝者のみがもてはやされるのが世の常。もちろん努力の量を計る機械なんてありゃしません。甘っちょろいことを言っていると、また妻に怒られそうですが、やっぱり勝ち負けがすべてではないはずです。

スポーツや芸術文化のもたらす魅力や影響力の大きさを考えれば、部活動指導の使命は、スポーツ・運動や芸術文化に生涯いそしみ、スポーツや芸術文化を愛して止まない人間を一人でも多く育てることだと思います。たとえ、中学校を卒業してからその競技や取組を一生続けなくても、プレーヤー・表現者側でなく、観戦・応援・鑑賞したりする側になったとしても。

そういう意味で、学校部活動の存在意義の大きさは計り知れず、場合によっては、教科担任以上に生徒と密なる関係となり得る顧問の全人格が問われるのが部活動です。一方、部活動の指導は、教師の本分ではないのも事実。競技経験がない先生もいれば、家庭の様々な事情を抱えていたり、学校の事情で顧問を務めてもらっている先生もいます。本当に心から感謝するばかりです。

技術指導がいくら未熟でも構いません。週に3日間の練習だって問題ありません。賞状やメダルが取れなくてもノープロブレム。大事なのは、生徒と接する場面、関わる場面で、生徒への〝愛〟があるかどうかです。部活動のみならず、子どもたちが求めるのは、自分の心に寄り添える、愛情に満ち溢れた先生方に指導してもらうことです。

これからも君たちが目指す目標は、目先の1勝2勝ではありません。日々全力を出して自分の可能性を信じて生きることこそが全てです。周囲から「愛され・応援され・励まされる」、そんな人間、そんな集団、そんなチームを創り上げられるものこそ勝者なのです。

頑張れ、新津中健児！　何度でも言おう。君がひたむきに生きる限り、私はいつまでもエールを送り続けると！

私が部活動の顧問をしていた時の最大のモチベーションは、生徒の心情なんてそっちのけで、「あんなマナーが悪い学校には負けたくない」、「あんないい加減でテキトーな人間が指導しているチームに負けるわけにはいかない」でした。

そんな身勝手なモチベーションをもとに、生徒に激しい檄《げき》を飛ばしていた自分は、指導者失格だったと今は大いに反省しています。

立場が変わって観戦・応援する側になっても、ハラハラ・ドキドキ。心臓に悪い年月は、まだまだ続きそうです。勝敗は二の次と言っておきながら、勝負する限り、やっぱり勝ちたいのは人間の性ですから……。

17 R5（7／10）

涙の数だけ大きくなれる！

私が、まだ若い頃勤務していた中学校での話です。

その学校での卒業式は、在校生全員合唱と卒業生全員合唱があり、もちろん指揮者とピアノ伴奏者は生徒自身が担当していました。

学校最大の行事である厳粛な卒業式において、何百人もの出席者が注視する中、とりわけピアノ伴奏は、生徒にとって真に晴れの舞台と言える栄誉あるものであり、その年も、在校生全員合唱のピアノ伴奏者に、2年生の希望者が10名程度立候補しました。

担当学年や音楽部の職員で話し合って、ピアノ伴奏代表生徒を決定し、その名を公表した2学年朝会の直後のこと。立候補して選ばれなかった私のクラスのA子が私のところに飛んできました。

「先生たちが勝手に決めたんですよね。どうして私じゃないんですか？　私が学年で1番ピアノがうまいのは、先生方だって他のみんなだって誰でも知っているはずでしょ」

と、かなり興奮した様子で私に食ってかかってきたのです。確かにピアノの実力は学年で群を抜いてピカ一でした。そして、彼女が多分クレームをつけてくるだろうということは、実は予想していた通りの展開だったのです。

私は静かに笑って、「そうか、それじゃあ、クラスのみんなにも意見を聞いてみようか」と言って、帰りの会で「Aさんが残念ながら在校生全員合唱のピアノ伴奏者に選ばれなかったんだけど、みんなはどう思う？」とクラス全員に紙を配って書いてもらったのです。

放課後、A子を前に、クラス全員が書いた内容をすべて読んで聞かせました。

『係活動や清掃を一生懸命やらない人にやってほしくない』

『自分勝手な人間に、全校を代表する大事な役目をする資格はない』

といったような辛辣な内容のものばかり。彼女を擁護する内容は1つもありませんでした。

彼女は、何事にも能力が高く、明るく活発で社交的な性格ながら、やや自己中心的でわがままな一面があり、クラスや学年で反感を抱いている子は少なくありませんでした。いろんな意味で実力や他への影響力がありながら、それがいい方向に出ていなかったのです。彼女のためにも、そしてクラスや学年のためにもどうにかしたい生徒だと、ずっと思い続けていた存在でした。

A子はその場に泣き崩れ、そしてずっと泣き続けました。家に帰ってからも一晩中泣いていたそうです。かわいそうな仕打ちをしてしまいましたが、私はあえて、後戻りのできない大きな勝負に打って出たのです。

その日から私とA子は、ほとんど目を合わせることもなく、言葉を交わすことなく、そして3年生になって、私の担任するクラスとは別のクラスの子になりましたが、私自身、自責の念とわだかまりを感じながら、切ない日々を送ることになりました。

でも、同じ学年部の職員として日々のA子の様子を端から見ていると、少しずつ彼女に変化が見て取れました。人の嫌がるようなクラスの仕事や役割を、自分から積極的にするような姿が見られるようになってきたのです。3年生に進級してからはクラス委員に立候補し、学年やクラスをまとめる縁の下の力持ちとして、献身的に活動する姿が見られるようになってきました。また、所属する吹奏楽部の主力として後輩の指導に精を出し、全国大会出場の原動力として活躍しました。

そしてあの日から1年が過ぎ、再び卒業式の季節です。1カ月後に卒業式を控え、今度は卒業生全員合唱の指揮者・伴奏者選びです。ところが、どうしたわけか、あのA子が伴奏者希望の申し出をなかなかしてこないのです。申し出〆切日に、私は思い切って1年ぶりに彼女にこう切り出しました。

「どうして今年は立候補しないいんだ？　俺のことまだ恨んでいるのか？　この1年お前がいろんなところで頑張ってきたのはみんな知ってるから、俺は、誰が立候補しても、今年こそは、お前にピアノを弾いてもらおうと決めてたんだけど……」

彼女は何と答えたと思いますか？

「先生のこと恨んでなんかいません。誰よりも尊敬しています。先生に素直に謝ることも接することもできなくて、本当にすみませんでした。先生、本当にありがとうございます。でも、私なんかよりもずっと頑張って努力している人や、伴奏者としてふさわしい人は他にたくさんいますから。私なんて……」

全く嫌みのない、晴れ晴れとした輝く笑顔で話す彼女のこの言葉を聞いた瞬間、思わず目頭が熱くなりました。そして、その後の度重なる説得にもかかわらず、最後まで彼女がピアノ伴奏を引き受けることはありませんでした。

家庭でもA子のわがままぶりに手を焼いていた彼女の母親とは、それまでも事あるごとに様々な相談を通して連絡を密に信頼関係を構築してきました。あの涙の日、私の取った対応の真意にも当然理解を示してくれはしましたが、その実、母親としての葛藤は大きかったはずです。卒業を間近に控えたある日、彼女の母親が私に涙ながらに語ってくれた言葉です。

「先生のことは100％信頼していたつもりでも、1年前のあの日、家庭であれだけ泣いて落ち込む娘の姿を見ていると、何だかだんだん我が子が可哀想になってきちゃって。先生の取った対応の真意をわかっているつもりでも、何でこんな仕打ちをするんだろうと……。でも、子どもも親も試練は必要ですよね。可哀想、可哀想で、何でも子どもの言うことを聞いて甘やかしてきたツケが回って今があるわけなんで。あの日のおかげで、娘にとっても私にとってもかけがえのない中学校時代になりました。ありがとうございました」

私は、これまでみなさんに、周囲から自然に「愛され・応援され・励まされる」ような人間・集団になってほしい、と度々言い続けてきました。

そのためのキーワードがここにあります。それは、『感謝』『謙虚』『モラル』です。A子は、あの日のいつまでも枯れ果てることのない涙と引き替えに、そのことにようやく気づいたのです。『成長』するとはこのようなことではないでしょうか。

このことがわかっている人間でないと、周囲から自然に「愛され・応援され・励まされる」ような人間・集団にはなれませんし、集団をリードする立場や役目は務まらないと思います。涙は心の汗です。辛く切なく涙を流す場面があったとしても、それが明日への笑顔になるような人生を歩んでほしいと思います。

18 R5（7／14） カメレオンやコノハチョウと化す子どもたち！〈保護者面談に向けて①〉

保護者面談を行うと、往々にして、次のような保護者と教師のやりとりが見られることがあります。私自身も多く経験してきました。

Aパターン

〈保〉「家では、学校であったこと何でも話すんですよ。先生のことも友達のことも、クラスや部活のことも何でも。聞きもしないのにベラベラしゃべります。だから、学校のことは手に取るようにわかります」

《教》「え、そうなんですか？ 正直、学校で自分から積極的にしゃべっている様子をあまり見たことがないのですよね。休み時間もあまり友だちと賑やかに話している様子もないし。班活動の時もおとなしい方で、自分から発言したり発表することはほとんどありません」

もちろん、この逆もある。

Bパターン

〈保〉「家では全然学校のこと話さないんですよ。もっとも、学校以外のこともそんなにベラベラしゃべる方ではありませんが……。思春期なんでしょうかねえ。だから学校での様子が全くわかりません」

《教》「え、そうなんですか？　学校ではよく友達と賑やかにおしゃべりしていますよ。グループの中心になって。私にも、お父さんやお母さんのこととか、おうちのことを何でもよく話してくれます」

さて、[A]にも[B]にも当てはまらない、つまり、家でも学校でも変わらない様子の子であれば、「そうですか」「そうですよね」で終わって、スムーズに別の具体的な面談の内容に入っていけるはずではあるのですが……。

[A]、[B]のようなことが、何故あるのでしょうか？　どちらが子どもの本当の姿なのでしょうか？　結論から言えば、どちらの姿も本当の子どもの姿には違いないのだと思います。

一般的な感覚からすれば、子どもが何でもかんでも話をする、饒舌にいろんな話を繰り広げる環境というのは、もちろん、その子にとって「居心地がいい」「ストレスがない」環境だからだととらえるのが普通です。

ですから、[A]は家庭の方が、[B]は学校の方が、「安心・安全」な場所、「ストレスを感じない」環境に決まっていると。でも、本当にそう断言していいのでしょうか？　それほど簡単ではないような気がします。

話は変わりますが、昆虫を含む動植物等の生き物が自らのからだの色や形などを、周囲の物や動植物などに似せることがあります。これを「擬態」と言います。特に、体の色を背景そっくりに変化させることは「体色変化」と呼ばれています。

「擬態」は、つまり「カモフラージュ」のことですが、生き物の「擬態」は、その生き物にとって必要不可欠な生きる術《すべ》であり、よって「擬態」の目的自体もその生き物によって異なるものです。

例えば、背景に似せて自分の姿を隠して身を守る。なるべく目立たないようにして、自分を攻撃して獲物にしようとする相手を欺く。逆に、獲物を得るために攻撃する手段として相手をだますなど、その擬態の型は様々です。

話を元に戻します。

Aのように学校でおとなしくしているのは、もしかしたら、なるべく目立たない存在でいた方が、自分にとって都合がいいという、その子なりの深慮があるのかもしれません。でも、自分はそれがベストだと思って学校生活を送ってはいるものの、実は知らず知らずにストレスやフラストレーションをかなり抱えていて、家庭でいろんな話をして一気に吐き出す――なんてことも無きにしもあらずなのです。

Bのように学校で饒舌なのは、特に明るく社交的な性格がそうさせているからではなく、もしかしたら、そういう態度を取り続けないと、人間関係を維持できない状況なのかもしれません。それで、家に帰ると疲れが一気にどっと出る。あるいは、親からいろいろ小言を言われるのが鬱陶しくて、あえて家庭での会話を避けている場合だって考えられるのです。

などなど、個々の事情や様々な理由によって、家庭と学校の姿が大きく異なる場合があるのではないでしょうか。昆虫や動植物と同じ生き物として、子どもは子どもなりに、生きていく上での自己防衛や安全な場所を求める本能が働いているのだと思います。

さて、7月24日から4日間にわたる保護者面談で、家庭や学校で子どもの姿に大きな違いがあったとしたら、その背景は何なのか、その理由に特別な何かがあるのか、などを話題にしてみてもいいかもしれません。

人間はいろんな顔を持っています。それは子どもも大人も同じです。接する相手によって態度や対応を変えたりすることは、人間性の問題としてもちろん許されることではありませんが、それとは別個の問題です。子どもの行動類型が、環境、特に家庭と学校で大きく異なるのは、その子に対する理解や今後の成長のための大いなるヒントになるはずです。

アフターコロナの今こそ、子どもに関わるすべての人間の信頼関係構築が重要であり、その基本は、目と目、心と心で結ぶコミュニケーションです。

たかだか10～15分程度の面談ではありますが、子どもの「擬態」の真の意味を話題に、子どもの心を紐解く機会になることもあればと期待します。

蝶の一種のコノハチョウは、脱皮し羽化して成虫になって、木の葉に「擬態」することでこの名が付けられています。

「擬態」自体は決して悪いことではありません。

「生きる力」にとって必要な本能、自然界に生きとし生けるものとしての知恵そのものなのです。

19 R5（7／19）

指導の心は親心！〈保護者面談に向けて②〉

今年度の入学式後のPTA入会式のあいさつで、私は次のような内容のことを新入生（1年生）保護者の皆様にお願いしました。

「これから、様々な場面で、担任や部活動の顧問をはじめとする学校の教職員や、もちろん私校長に対しても、また学校そのものに不満を抱いたり、納得がいかないことが出てくることがあるかもしれません。文句の1つも言いたくなるようなことが起こるかもしれません。でも、自分のお子さんが聞いているところでは、我々教職員の悪口や学校への不平・不満を絶対に言わないでいただきたい。私たちと生徒との信頼関係の構築を困難とする危険性が大であり、最終的に子どもたちに不利益をもたらします。

もちろん、私ども教職員は100％の存在ではありません。至らないところや不適切なことがあれば、どんな批判をも真摯に受け止めながら誠意を尽くして対応し、よりよい方向に努力していきたいと考えます。一方で、どう考えても理不尽な要求等には応えることはできない場合もあります。事実の確認、教職員の指導や学校の方針等に疑問や納得がいかない点があれば、その信頼関係の土台は、相互のコミュニケーションしかないと考えます。気になることがあれば、お互い冷静に相談できる信頼関係を目指しましょう」

さて、7月24日（月）から保護者会（保護者面談）を予定しています。私も2人の子をもつ親として、子どもの保護者面談に出席したことが何度かありました。10年以上も前のこと、「もう二度と出席したくない。次からは母さんが必ず行って」と妻に告げたことがあります。

私の息子は決して〝いい子〟ではなかったので、ある程度は覚悟して臨みましたが、面談の最初から最後まで、担任の先生からは、あそこがダメ、ここがダメ、のダメ出しのオンパレード。私よりも教職経験が短い年下の先生相手に、ずっと平身低頭、「ご迷惑をかけていてすみません」と恐縮しながら、「家に帰って、よく子どもに言って聞かせます」と学校を後にしました。

帰宅して、子どもには具体的に注意された内容を伝えて、こう言いました。

「いい先生じゃないか。お前のことをよく見てくれているよ」

でも、本当のことを言えば、正直嫌な気分でした。

前述の理由もさることながら、同業者であるからこそ、子どもの前で先生や学校の悪口を言ったことは一切ないと断言できます。でも、今でも後悔しているのは、あの時その場で、なぜ次のように言わなかったのかと。

「先生、うちの子はそんなにダメなんでしょうか？　でも、少しくらいは良いところもあるんじゃないのですか？　ぜひ、それを聞かせてください」

まあ、我が子がデタラメなのは百も承知しているし、そういう風に育ってしまったのは我々親の責任なのだから仕方がありません。でも、親から見れば、あされるほどだらしなくてズボラでお調子者極まりないけど、底抜けに明るくて、友だちもたくさんいるし、人が嫌がることなど絶対やらない子なのにあんな言われ方をして。親として、子どもの名誉を守ってやれず、何て情けない父親だろう――と思ったものです。

子どもは褒められるために学校に来ているのだと思います。子どもは幸せになるために学校に来ているはずです。かといって、教師として、心無い行為や他人に迷惑をかける言動を見過ごしてはなりません。言うべきことは、はっきりきっちりと、親御さんにも伝えなければならない時もあります。でも、先生方にはぜひ、自分の子をオンリーワンと思うその子の親になったつもりで、保護者に向き合ってほしいのです。

一方で保護者は、時には耳の痛いことを言われることも覚悟してください。子どもには、ダメな部分を直して、人の迷惑になるようなことをしないで、誰からも「愛され・応援され・励まされる」ような人間になってほしいのです。

当校の先生方は、子どもをとても大切にしてくれる先生方ばかりだと確信します。特に担任は学校での親代わりです。その〝親心〟を理解しながら、保護者は担任と向き合ってほしいのです。要は、何のための保護者面談なのか。「教育」は「共育」なのです。教師と親が、子どもを中心において共に語り合い、共に悩み合い、共に考え合える貴重な機会にしてほしいと思います。支持的風土が必要なのは学級集団や学年集団ばかりではありません。教師と親こそ、学校と家庭こそ、認め合い、助け合い、支え合う関係が何より重要だと考えます。

そのダメな我が子も、既に成人して何年も経ちます。久しぶりに一人暮らしの東京のアパートを訪ねました。社会人だというのに、散乱した衣服やゴミの山で足の踏み場もない様子に呆れて小言を何度も繰り返すと、

「父さん、そう言えば俺が中学生の頃、保護者面談で担任の先生から『毎日のようにいつも脱ぎ放しの学生服やYシャツを教室の床に放り投げたまま体操服で帰るんで困っています』と言われたといって、俺にマジギレしてたよね。まあ、人間そんなに簡単に変わらないよ」

「俺がキレた？　いつも俺は沈着冷静だよ。その時だって、お前に諭すように静かに語りかけて注意したはずだけど。でも、この状態を見れば、あの先生が言っていたことは本当に正しかったね。いい加減どうにかしろよ」

そう、確かに息子の記憶の方が正しいのです。私はマジギレしていました。でも、事実誤認があります。

（息子よ、俺が本当にマジギレしていた相手はおまえじゃない。
担任の先生に対してだよ。
俺も教師である以前に親なんだ）

20 R5（7/21）

二宮尊徳さんにもの申す！

教員の身であるが故に、巷で見かける場所や建物に興味を引かれて、ついつい注意深く目にする対象は、もちろん〝学校〟です。

この学校は、「きれいな校舎だ」「体育館が狭そう」「敷地は広いなあ」「桜の木がたくさんある」「グラウンドの水はけが悪そう」など、見た目やハード面を眺めながら、その学校の生徒や先生方の様子に思いを巡らします。

そんな中、時々懐かしいものに出くわすことがあります。二宮尊徳（金次郎）の石像です。そう、薪を背負いながら本を読んでいる石像です。明治時代に「勤勉・勤労」の象徴として特に小学校に多く建立されました。そして職員玄関脇など、学校の顔と言えるところに凛として立っていた、あの石像です。

しかし、二宮尊徳が本当に薪を背負いながら本を読んでいたかというと、その真偽は不確かで、現代の教育観にもマッチしないこともあり、石像は全国的に徐々に撤去され、その数はかなり減少しているとのことです。

それはさておき、二宮尊徳さんの姿は、逆の見方をすれば、本を読みながら薪を背負っていたとも言えます。寺山修司さんの『さかさま世界史』では、著者と二宮尊徳の架空のやりとりが展開されます。それは、著者がこの頃学校でめっきりあなたの姿を見かけなくなったと二宮尊徳に振ると、「これも時代の流れだ」と二宮は諦めムード。そして著者は、本当に本を読みながら薪を背負って仕事をしていたという二宮に対し、「薪を背負って読むよりは、下ろして読む方がずっと効率的」だと意見します。すると二宮は、そのようにして働かなければ生きていけない時代だったと言い訳します。これに対し著者は、「そのために、道中の花を見落としたり、小鳥のさえずりを聞き逃したりすることを残念に思うことはありませんでしたか？」と質問。すると二宮は、「恵まれた時代だからこそ、そんなことが言えるのだよ」と反論。すると著者は諭すように、「山道を歩くときは本を読むのではなく〝山道を読む〟べきです。自然は何よりも偉大な書物です」と意見するのです。

価値観や生き方は人それぞれ違うわけですので、双方が生きた時代や立場も考えると、どちらの言っていることも肯定も否定もできないかもしれません。

また、別な私の記憶として、昭和の時代にテレビの脚本家として名を馳せた二大巨頭である山田太一（代表作：「ふぞろいの林檎たち」）と倉本聰（代表作：「北の国から」）との、ある対談でのやりとりがあります。

◇「私は、１００人の人間に出会うより、最高の一冊の本と出会える方がいい」

◆「私は、１００冊の本を読むなら、最高の一人の人間と出会える方がいい」

さて、これについては、2人のどちらに賛同するでしょうか。これも人それぞれでしょう。どっちがどっちの見解を述べたかは覚えてはいませんが、ただ、この山田氏と倉本氏双方ともに、平均的な水準と比べれば、遥かに膨大な書物を読む読書家であり、かつ、公私ともに多くの親しき友人知人がいるという高いレベルでのやりとりであることは言うまでもありません。

さて、私がこの2つの話を通して言いたいのは、子どもたちには、ぜひ、3つの「出会い」を大事にして生きてほしいということです。

「〝本〟との出会い」、「〝人〟との出会い」、「〝自然〟との出会い」です。

自分が貴重な時間を費やす内容が、人生の楽しみであろうと、人間としての義務や権利の行使であろうと、仕事であろうと、遊びであろうと、その人の考えは自由なわけだから何でも構いません。

ただ、自分を成長させ豊かな人生を送るためには、私たちは常に「〝本〟を読み」「〝人〟を読み」「〝自然〟を読み」生きるべきだと思うのです。

そして、その一方で「優先順位」も大切にすべきです。言い換えれば、「今、一番に、何をすべきか」ということです。

ゲームをしたっていいんです。病気にならない程度であれば。スマホでSNSやったって結構なんです。人を傷つけたり、罪を犯さない限りは。やめなさいと言ったって、どうせやめられないでしょ。でも、その限度と、自分が今置かれている状況を考えられるようにならないとです。保護者はもちろん、林修先生にも、ぜひ叫んでもらいたい。「今じゃないでしょ」と。

２０１０年代に入り、二宮尊徳像は、スマホ歩きを助長するという批判がわき起こり、ある地方の地域団体は、座っている姿の二宮尊徳像を地元の小学校に寄贈したということが話題になりました。二宮尊徳がたとえ薪の荷を下ろし道端に腰をおろして読書に集中していたとしても、２００年後の今の世の中の姿を読み通すことは到底できなかったに違いありません。

21 R5（8／4）

八月の夢花火 色褪《あ》せず

8月は特別な感情が交錯する月です。
そう、今年は終戦78年目です。

コロナ禍でなくても、以前ほどは故郷《ふるさと》にみんながたくさん集まって、という機会も時代とともに少なくはなってきたと思います。ひと昔前までは、お盆休みといえば親戚中が集まって、1年で一番の大賑わいのお祭り騒ぎだった――などという家庭も多かったでしょう。

私の祖父は、明治43年生まれで昭和50年に67歳で亡くなりました。祖父は、女・男・男・男・女の5人兄弟の2番目、男兄弟の総領でしたが、祖父が健在の頃は、兄弟（私にとっての大叔父・大叔母）家族が、本家である私の実家に集まり、みんなで墓参りを済ませたその晩は、飲み食い、花火に、ゲームに、スイカ割りにと、1年間で一番楽しいひとときでした。

そんな賑わいの中、祖父とその下の次男にあたる大叔父との晩酌の席に、私は、物心ついた頃から祖父が亡くなるまで、いつも付き合わされました。その席に2人の末弟である三男の大叔父がいたことはありません。太平洋戦争に22歳の若さで志願して出征し、中国で銃殺されて帰らぬ人になったからです。

私にとって威厳と風格に満ちた、涙など無縁だと思っていたいい歳をした爺さん2人が、男兄弟3人で遊んだ幼い頃の思い出を肴に、「若かったのに可哀想なことをした」と、時折目に涙しながら酒を手にしてしみじみと話をする様子は、ずしりと心に響き、決して亡くなった大叔父の死を普通のことと受け止めることはできませんでした。

夏の思い出でもう1つ忘れられないのが、近所の自称「クワガタおじさん」のことです。麦わら帽子とサンダルの似合う、お地蔵様のような人でした。夏休みになると、近所の子どもたちを連れ出してはよく遊んでくれました。カブト虫やクワガタ、コオロギやセミやチョウチョなどの昆虫採集に、フナやザリガニ釣り。ビワにイチジク、アケビ、ザクロ、蓮の実なども一緒に採り方や食べ方を教えてくれたりもしました。

家にも遊びに来て、よく祖父と酒を飲んでいました。そのおじさんも、太平洋戦争帰りの1人で、酔いが深まると、決まって戦争の話をし始めたのです。

そして、その内容は、戦争の〝現場〟での〝蛮行〟の数々。詳しいことはここには書けないくらい醜くて残酷なことです。でもその話をするおじさんの様子は、悔恨の念というよりはむしろ、兵隊としての誇らしい武勇伝に聞こえました。

我々子どもたちがみんな大好きな、ヒーロー的な存在のおじさんの、昼間のやさしい顔と、聞くもおぞましい戦争体験を平然と話す姿。このギャップをどう埋めていいものか。この2つの仮面を持つおじさんの、本当の顔は一体どっちなのだろうか。そのコントラストが、戦争の異常さ悲劇さを増幅するようで、幼心に胸が締め付けられる思いでした。

さて、例年この時期になると、様々な戦争に関するニュースや記事が、テレビや新聞や雑誌等で特集されます。新潟日報でも、ここ数年「あちこちのすずさん」という企画を通して、子どもたちが祖父母や近所のお年寄りから伝え聞いた体験談の作文やインタビュー記事を紹介しています。ぜひ、この時期に、子どもたちには、自分から戦争について積極的に知ろうとする機会を持ってほしいものです。そして、保護者、特におじいちゃんおばあちゃんにも、子どもたちに戦争のことを知ってもらおう、伝えようとする機会をつくってほしいと思うのです。

78年間、我々は直接的に戦争を体験することはありませんでした。しかし、実際、その間も、そして今も、戦争は世界のあちこちで起きています。

「戦争は悪」
「戦争は不幸なこと」
「戦争はあってはならないこと」
「戦場に子どもたちを送りたくない」
「戦争の記憶を風化させてはならない」

そんなことは誰でもわかっていることです。

その当たり前のこと、戦争の悲劇と愚かさと平和の尊さを教えることは、保護者や地域や学校の大人の使命です。大切なことは、子どもたちに、いかに自分事として受け止めさせることができるかどうか。まさか、今起きている戦争に身を投じて体験させるわけにはいきません。有効なのは、できる限り身近な人間、生身な人間が、子どもにとってできる限り新鮮で信頼性のある情報を、真剣にそして繰り返しもたらすことができるかどうかだと思います。


全国で花火が真っ盛り。昨年から長岡花火も3年ぶりに復活しました。花火には、「慰霊・復興・平和」への思いが込められています。

「一度でいいからあんな見事な花火を見せてあげたかった」

と言う人が私にはいます。

あなたやあなたの身の回りにも、そう思う人がきっといるはずです。

22 R5（8／10）

NIIGATA《ニイガタ》 IDENTITY《アイデンティティ》

8月に入り、部活動の北信越大会が各地で開催されました。当校からは、水泳競技で複数の生徒が出場。当校に水泳部は設置されてはいませんが、地域のクラブで頑張ってきた生徒が、新津二中名義で出場し、いくつかの種目で入賞を果たしました。その栄誉を大いに称えたいと思います。来週からは、いよいよ、順次、四国地方をメイン会場に全国中学校体育大会が始まります。

8月6日には、上越文化会館での県の吹奏楽コンクールの激励に出向き、当校吹奏楽部のすばらしい演奏を聴いてきました。そして、各地区大会から県大会に進んだ12校の中から、上位大会である西関東大会（9／2所沢市開催）への出場権を当校が見事獲得しました。

高校でも、インターハイが7月末から8月にかけて各競技随時開催され、8月6日には、夏の全国高校野球大会が甲子園で始まりました。こんな暑い暑い夏に、こんなにも熱い熱い戦いが、様々なところで繰り広げられています。応援する方も熱が入りますが、それ以上に選手やメンバーの子どもたちの奮闘に敬意を表するものです。

様々な大会の出場校や大会結果等に接するにつけ、自校でなくても、新潟県出身の選手や新潟県のチームが勝つと嬉しく誇らしく感じます。また、新潟県でなくても、練習試合や大会で馴染みの近隣・

近接の選手やチームなどが勝つのもまた同様に嬉しいものです。

やはり、郷土愛、親近感、国同士の大会であれば、いわば愛国心が湧くのでしょうか。おらが県、おらが地域、おらの街、おらが国の選手やチームの活躍は、本当に心躍るものです。


さて、前述のように、吹奏楽部が西関東大会に出場しますが、これまで勤務した中学校でも、同じような機会が何度かありました。そして、このことがきっかけで、私には、毎度毎度ある素朴な疑問が湧き起こります。私だけでなく、広く一般にこれまでも幾度となくいろんなところで話題にのぼっていることですので、皆さんも同じことを思い描いた覚えがある人も少なくないはずです。

それは、一体「新潟県は何地方なんだ？」ということです。


中学校の体育大会は「北信越大会」、吹奏楽は「西関東大会」、合唱は「関東大会」。

社会科の教科書（東京書籍）では、新潟県は「中部地方」に属しており、「中部地方」は、東海、中央高地、北陸の3つに細分化され、新潟県はその中の「北陸地方」に属していると書かれています。

ＮＨＫの天気予報等の放送では、「関東甲信越地方」に含めて扱っています。ガスの利用は「北陸ガス」、電気は「東北電力」。選挙区は「北陸信越」、財務省は「関東財務局」、防衛省は「北関東防衛局」、厚労省は「関東信越厚生局」という具合です。

因みに、２０２０年10月の県議会一般質問で、ある県会議員の方から「新潟県の属する地域はどこになるのか？」という質問がありました。それに対して、当時も今も県知事である花角知事は、

「本県の属する地域について統一的な整備はありません。特定の地域に限定されず、多様な枠組みを活用していくことに意義がある」

と、回答しました。つまり、私個人の解釈では、新潟県は、いろいろな地域と幅広く連携できることを最大限の強みにしながら、様々な課題解決を図れるメリットがあるという意味だと受け止めています。

さて、学校では、子どもたちは、仲のいい人や気の合う人と一緒にいたり行動をともにする人がほとんどです。大人の社会でもそれは例外ではありません。そのための友達ですから。

お互いがお互いを認め合い支え合い高め合う関係であれば問題ありません。でも、いわゆる、1人じゃ何もできないくせに誰かとつるめば度を越したことができる、徒党を組めば悪いことだって怖くない、は論外です。子どもたちには、気が合おうが合わないだろうが、集団や仲間とはどんな形であれ誰とでも協働し互いの成長を支え合える関係、どんなグループの中でもうまくやっていける人間に育ってほしいと思います。

しかしその一方で、他人とははっきりと区別されるべき個性や独自性や主体性のある、「自分は自分」なんだという確信・自信を持ったアイデンティティを確立することも重要なことです。

新潟県は、一見するとどこにも属さいない一匹狼。でも、いつでもどこでも誰とでも組める懐の深さと大らかさを有する誇り高き県。子どもたちにも、そんな新潟県の姿をモデルに生きてほしいものです。

23 R5(8/18)

蚊帳《かや》の中は夢心地

近年の夏の暑さは異常です。今年も例年以上の猛暑です。新津第二中学校のある新潟市秋葉区は、全国一の最高気温を記録したこともある地域で、ことさら暑さに辟易する毎日です。学校でも、生徒の健康管理に最善の注意を払って部活動や新風祭(体育祭)への準備を進めていますが、この暑い中でも、子どもたちが元気に活動する姿を、とても頼もしく感じています。

私が小・中学生の頃は、夏とはいえ、30℃を超える日が何日も続くことや、35℃を超える日などはありませんでした。今よりはしのぎやすい夏だったとは思いますが、それでも学校や各家庭にエアコンはほとんど設置されてはおらず、今の暑さを嘆くたびに、エアコンもなかった昔の夏はどうして過ごしていたものかなと思い出されます。

その中で、今の若い皆さんは知らないかもしれませんが、夏の夜は、どこの家も蚊帳を吊ったものです。今の子どもたち、いやお父さんお母さん世代も、蚊帳の現物自体を知らない人がいるのではと思います。寝床を蚊から防ぐために、先人の知恵が生み出した日本の誇るべき必需品であったと懐かしく感じています。

家族が一つの蚊帳の中に川の字になって寝ました。蚊帳の中で母親が昔話や近所の噂話をおもしろおかしく語ってくれました。畏怖の存在たる父親がいびきをかいて熟睡している姿に、安心感にも似た感覚を覚えたものです。

蚊帳が減ったのは、昭和40年代の高度成長時代に入ってからだと言われています。ドブ川が減り、殺虫剤の普及で蚊の発生が激減しました。木造の家屋も減り、蚊帳を吊るす鴨居も徐々に姿を消しました。サッシが普及して開けっ放しで家中に風を通すのは、防犯上難しくなったのも影響していると言われています。

朝のまどろみの中で蚊帳を畳むとき、決まって青い蚊帳を大海に見立てて泳ぐ真似をして母親を怒らせたものです。中に入った一匹の蚊を追い掛け回した夜。蚊帳には、単に蚊から身を守る以上の何かがありました。雷が怖くて蚊帳にもぐって震えた日。夢うつつに遠くに聞いた花火の音。蚊帳が肌に触れたときのあの涼しげな感触。

私は、自分だけの秘密基地と化した蚊帳の中で、小学校の時は夏休みのドリルや日記の宿題、中学校の時は、進路教材（「新研究」「整理と対策」「マイペース」のようなテキストは昔からありました）に取り組んだ記憶が今なお鮮明に残っています。

さて、話は変わりますが、夏休み前に、生徒・保護者・教職員に、前期学校評価としてアンケートを実施しました。それぞれにいろいろな質問項目を設定しましたが、私が最重要視し、真っ先にその結果をチェックするのは、生徒アンケートの『学校生活は楽しいですか？』という項目です。

今回のこの質問に対する全校の肯定的評価割合は、87・4%でした。皆さんはこの数字をどのように受け止めるでしょうか？

普通のペーパーテストなら、87点も取れれば及第点でしょう。他校と比較しても、決して見劣りする数値結果ではありません。しかし、私は全く不十分だと考えています。なぜならば、裏を返せば、13%の子どもたちは学校が楽しくないと思っているのですから。

学校の最終目標は、すべての子に「学校は楽しい」と思ってもらうことです。つまり、87%であろうが、93%であろうが、98%であろうが、納得できるものではないということです。

もうすぐ夏休みが明けます。その後、新風祭、新人大会、合唱祭をはじめとして大きな学校行事や大切な教育活動が目白押しです。

これまで以上に、クラス一丸、学年一丸、チーム一丸、学校一丸となって取り組むことが重要となる大切な山場を迎えるのです。

そのような大事な時期を迎え、集団の中から1人でも〝蚊帳の外〟の人間が出ることのないような、自ら〝蚊帳の外〟に身を置こうとする生徒や教職員が出ることのないような、そんな人づくりと学校づくり、言い換えれば、支持的風土に満ち満ちた、だれもが「学校は楽しい」と思えるような学校づくりに向けて、生徒・保護者・先生方・地域の皆さんすべてのさらなる努力を引き続きお願いするものです。

夏休みもあと五日となりました。私から皆さんに夏の一句を謹呈します。

「いつまでも　あると思うな　夏休み」

24 人生の「方程式」は解けますか？

R5（8／29）

〈私の出会った名物先生②〉

私の中学時代の数学教師のB先生。美空ひばり似の女性のベテランの先生でした。とにかく怖い。怒るとまるで般若の形相で襲いかかってきました。

でも、授業はめちゃくちゃわかりやすかったのです。板書は永久保存しておきたくなるくらいきれいで、口調は歯切れ良く耳に心地よく響き、教科書を段取りよくテンポよく進めていきます。そして、授業の前半部分で学習のポイントや解法のテクニック的な内容を手際よく説明すると、教科書や問題集の練習箇所を指示して、ふらっと教室から出て行くのでした。

授業の後半、教室に取り残された我々生徒は、与えられた練習問題に取り組みます。その間彼女は、教務室で他の仕事をしているのだとか、お茶を飲んだり新聞を読んで休憩しているのだとか、いろいろ噂されてはいましたが、生徒はもちろん授業中だから、誰もその真偽を確認する術はありませんでした。

その後、彼女は我々の様子を見に2~3度教室にやって来ます。それも幽霊のように。グラウンド側の窓からいきなりふっと顔を出したり、教室の後側の出入口から物音を立てずに現れたり……。その時、近くの仲間とおしゃべりしたり悪ふざけしたりして問題に真剣に取り組んでいない者が1人でもいようものなら、その当事者はもとより、クラス全員に烈火のごとく雷を落としたものです。時には、愛用の１ｍの竹物差しでムチの如く机をたたいて怒り狂うのでした。だから、みんな油断できなくて必死でした。宿題なんか忘れた日には、生きた心地がしませんでした。おかげで必死に勉強に取り組まざるを得ず、点数には困りませんでした。しっかり子どもを躾けてくれる先生だと、保護者からの支持も絶大でした。毎度毎度緊張の連続のこっちの気も知らないで……。

今となって冷静に振り返れば、とんでもない先生だと思います。生徒を支配下に置くが如きふるまい。授業中に教室を空ける非常識。でも、本当に数学はわかりやすかったのです。きっと、塾の講師や自分で学習塾を経営したら大いに繁盛したことでしょう。認めたくはありませんが、私が数学の教師になったことにも、全く影響がないとは言えない気もします。普段は気さくな性格だったので、生徒から嫌われることもない魅力ある人間ではありました。

さて、たいへんお恥ずかしいことですが、既に成人した我が長男が、中学1年の初めての中間テストの数学で、〈3x－x＝3〉と解答した答案を見て絶句しました。

「父親は数学の教師なんだぞ！」

「だいたい学校の数学の先生は、一体何を教えてんだ！」

そう思い切り叫びたいほどでしたが、ぐっとこらえました。

「3つあるxから、xを1つ取ったら、残るのはxが2つ。x×2だから2xだろうよ」

「なるほど、父さん教えるの上手だね。数学の先生みたい」

「数学の先生だよ」

こんな漫才みたいなやりとりが、今となっては懐かしい思い出です。

塾に通う生徒も少なくない現代ですが、数学で言うと、簡単に公式だけ教えて点数をとらせる指導も少なくありません。例えば、扇形の面積は、その扇形の弧の長さと半径をかけて二分の一倍すれば求められますが、なぜそうなるかは教えない。学習塾での限られた時間、その費用対効果を考えればそれも理解はできますが、学校では、その論拠はしっかり指導すべき内容です。

〈2x－3＝5〉という式を見せると、2・3年生なら何の指示も出していないのに、自然に手を動かす問題です。この式が「方程式」だということは答えられます。でも正式には「一元一次方程式」であり、「方程式」って何？　と聞いて、明確に答えられる生徒は少ないのです。でも勝手に手を動かし〈x＝4〉という答を導きます。因みに、「方程式」とは、文字（アルファベット）を含んだ等式のことです。「一種類の文字を使用しているから「一元」で、文字の掛け合わせがない、つまり次数が1（xyとかなら2次、x^3とかなら3次）だから「一次」です。

次に、「どうやって解いたの？」と聞くと、

「まず〈－3〉を移項して……」

「移項って何？」

「〈－3〉の符号を変えて左から右に動かして……」

「何でそんな勝手なことができるの？」

「…………」

ここでまた答えに窮する生徒がほとんどです。

因みに〈−3〉の符号を変えて左から右に動かせるのは、見かけ上そう見えるだけで、実際は〈＝〉の右（右辺）と左（左辺）に同じ〈3〉を加えているのです。釣り合っている天秤に同じ重りを載せても釣り合うのは当たり前の「等式の性質」からで、こういうことを説明できないのに答えには堂々とたどりつけるのです。

要するに、その物事の本質を理解していなくても、公式を使えば変数に数値を入れて計算ができたり、その式の意味や解法の基礎となる理由や性質など知らなくても、説明できなくても、テクニックを身に付ければ問題は解けるし、テストでは○がもらえるわけなのです。

でも、そんなのは学問ではありません。そんなことなら機械の方が速いし正確にこなす。そして、公式を忘れたら問題は解けない。なぜその公式が使えるのかという原理や根拠の確たるバックボーンの理解が重要です。公式を忘れても、何度でも自らの力で公式を導ける力を身に付けなければならないのです。そうでないと、真の生きる力は身に付かないのです。

私の高校時代に、学年で社会の成績が常にトップだった友人がいました。年号なんて暗記していませんでした。どうやら頭の中に歴史の絵巻物があるようで、「あの時代は、他にこんな出来事があって、あれが起きた時だから……」なんて思い巡らし、まさにコンピュータのように年号を弾き出してました。

だから、鎌倉幕府の成立が、1192年から1185年に突如変更されようが驚きもしないでしょう。ガッツ石松さんは「よい国創ろう鎌倉幕府」で「4192年」と覚えていたらしいですが、さすが、さすがのガッツ石松伝説です。

25 R5（9／1）

「小さなガッツポーズ」に込める思い

コロナ禍前の日常がかなり戻ってきました。学校の教育活動も、世の中のスポーツや文化活動も例外ではありません。

学校では、昨日（8／31）から、新風祭に向けた競技や応援の取組を本格的にスタートしました。

この夏の高校野球も、久しぶりにスタンドの大応援が帰ってきました。今年は慶応高校の優勝で幕を閉じましたが、SNS等では、慶応高校の応援について賛否両論の意見があり物議をかもしたのは記憶に新しいと思います。

一般論として、新風祭（体育祭）の応援でも同じことが言えますが、自分のチームや身内やひいきの対象を応援することは自然の感情ですし、最低限のマナーと相手へのリスペクトがあれば、決して非難されるべきことではないと思います。自分自身も、自校や我が子の部活動の大会等では、もちろん大声で応援したこともありますし、時には、相手チームなどから「品のない応援」だと揶揄された苦い経験もあります。

ただ勝負事の場合、立場や視点が異なれば賛否が入り混じることは仕方のないことです。ただ、今回の高校野球のように、必死に頑張っている当事者の選手には何の罪もないのに、あれこれ外野の話題で騒いでいる状況や昨今の風潮はいかがなものか、と常々苦々しく思っています。

別の話題としては、世界陸上のやり投げで、北口選手が最終投擲で大逆転し金メダルを獲得する快挙に日本中が沸きました。金メダルが確定し、喜びを爆発した北口選手の満面の笑顔、コーチや練習仲間と抱き合いながら喜びを分かち合い涙した振る舞いは、まさに勝者だけに与えられる特権でしょう。ただ、私自身日本人だからこそ感じた感動的な場面と当然のように受け止めましたが、これも立場が異なる人にとっては、違った感情を抱く人もいないとは限りません。

繰り返しますが、様々な大会や場面場面での自分の支持する人やチームへの熱狂的な応援や声援は、人として自然の感情表現です。また、勝利や会心のパフォーマンスに、当事者である選手やチームのメンバーが喜びを爆発させることもまた、その根底にあるそれまでの努力の賜物や応援してくれる周囲への感謝の気持ちがあればこそ当然の振る舞いであります。

一方で、これらの姿と対極に位置している人間もいます。言わずと知れた、我が新津二中出身の誇るべき大先輩、9月9日から始まるラグビーワールドカップ日本代表に再び選出された稲垣啓太選手です。「笑わない男」との異名を持ち、前回のワールドカップを契機に大ブレークしました。彼は、あるメディアのインタビューにこう答えています。

「ただ自分の力だけを振りかざしていたら、客観的に見て『なんだあいつ』となると思う。ちょっとうれしいことがあっても、『自分がすごいかも』と思ったりしたとしても、感情を出さないようにしている。何事もなかったかのように振る舞う。バカ笑いもしないし、試合に勝った時にも大げさに喜ぶ必要もないと思う」

稲垣選手にとっては、これが彼自身の美学なのです。

今年に入って、数あるスポーツの感動シーンから一番ジーンときたものを選べと言われれば、私は先月の世界陸上の男子円盤投げ決勝でした。稲垣選手の美学とどこか通じるものを覚えたものです。

スウェーデンのスタール選手は、最終投擲で逆転して金メダルを獲得しました。彼は、投げ終わって記録を確認した後、特に大げさに喜びを爆発させるのでもなく、サークルを出て悠然と歩いて控え場所に戻ろうとします。しばらく歩を進めると、やおら片膝をついて前かがみに腰を落とし、控えめに右手で小さくガッツポーズをしたのでした。あれには本当に感動しました。心の底からカッコいいと思いました。

二中の子どもたちにも、この中学校生活で、自分なりの「小さなガッツポーズ」をコツコツ積み重ねながら、様々な成功体験、感動体験、成長体験をしてほしいと思うのです。もちろん新風祭や合唱祭などの大きな学校行事がその絶好の機会となり得るのはもちろんです。しかし、それ以外のどんなささやかなことでも、自分なりの成長の証である「小さなガッツポーズ」を何度も何度もできるように努力することが大切です。「小さなガッツポーズ」の蓄積こそが、自己有用感や自己肯定感を醸成し、やがて未来の人生の大きなガッツポーズにつながるはずですから。

「小さなガッツポーズ」とは、例えばこんなことも挙げられます。学校や保護者や地域では、あいさつのできる子に育ってほしいという願いを持っています。だからといって、いつも大きな声で元気にあいさつを返す子が偉くて、それが一番だとは思いません。朝の登校時に、これまでなかなかあいさつができなかったのに、小さな声でぼそっと「おはよう」とつぶやいてくれるようになった君の姿を、私はよく知っています。その努力を私は本当にすばらしいと思うのです。その子にとっての大いなる「小さなガッツポーズ」に値する成長です。そういう努力ができる子が、二中にはたくさんいることも確信しています。

来るべきラグビーワールドカップ。学校や郷土の誇りである偉大なる稲垣選手の応援とともに、ぜひ、君も「小さなガッツポーズ」に向けて、今日も明日もトライ&トライ！

26 R5（9／21）

成長と幸せの象徴『コメ』礼賛！

稲刈りの季節がやってきました。先日、小学生の稲刈り体験の様子がテレビのニュースで紹介されていました。実際に鎌を片手に稲を刈る姿や、農家の人とコンバインに乗って稲刈りをする子どもの笑顔が実に素敵で、すばらしい体験学習だと微笑ましく受け止めました。当校でも、11月に2年生が職場体験を計画しています。高度情報化社会とともに、農家の後継者不足や第一次産業の衰退などが懸念される現代ではありますが、ぜひ子どもたちに、こういった食物や自然に関係する〝モノ〟づくりにも興味をもってキャリア学習に取り組んでほしいものです。

新津地区も、新潟市の中心部近郊として近年住宅地が増え続けてきましたが、周辺にはまだまだ田園地帯が広がり、米どころ新潟の風情が色濃く残る地域でもあります。

日本人として生まれて本当に良かったと思うのは、食べ物が美味しいということです。特に主食である「米」は実においしいと思います。「コメ」を生産する国は日本だけではありませんが、欧米等では、価格は高くてもおいしい日本米を求める人や飲食店も少なくないなど、日本の米が世界基準でおいしいというのは紛れもない事実でしょう。

「米」という字を分解すると「八十八」となることから、それだけ多くの手間ひまをかけてつくられると言われる日本の「米」。誇り高き存在です。

水入れ、代掻き、田植え、稲刈りと、おおよそ半年近く続く稲作は、その姿の色彩や装いを季節とともに変えていきます。緑色の小さな苗から、いつのまにか黄金色に輝く姿に立派に成長した稲穂が刈り取られると、その成長過程の時の流れの速さに、秋の訪れとともに一抹の寂しさを感じさえします。そして、やがて秋と冬を越えるとまた春を迎え、再び同じサイクルを繰り返す輪廻の世界。その様は、毎年度、毎年度、卒業式と入学式を永遠に繰り返しリセットしながら進む学校の歩み、それに伴う子ども達の成長過程と、まさにシンクロしているようにも見てとれます。


さて、学校教育では、とかく学力向上や心の教育がクローズアップされがち。つまりこれまでも今も、「知」「徳」「体」は並列というより優先順のようにとらえられがちですが、学力や心を支える土台は、何はさておいても「健康」です。その健康の源の二本柱こそ「睡眠」、そして「食」なのです。

だからこそ、当校の教育ビジョンでも、体力と健康に対する意識の向上を学校の使命の1つに掲げ、そのために「自分をコントロール」する力を、育成する資質・能力の大きな柱に位置付けています。

健康・安全のための生活をコントロールできること、そしてそのために自分の意志や感情もコントロールできる。そんな人間に成長してほしいと願っています。

また、「味覚」と「味」は異なるものだと言われています。「味覚」が生理学的な観点による食べた感覚・感触で『おいしい』に対し、「味」は心理学的なもので、おいしいと思って食べるからこそ『おいしい』と感じるということです。つまり、ご飯や料理を作ってくれた人の気持ちや愛情、食料や食材を作ったり育てたり獲ったりする人の苦労や工夫を想う想像力が働いてこそ、本当に『おいしい』という「味」になるのだそうです。

私の尊敬すべきある友人に、小学校の時に母親がつくってくれたお弁当を、ある日『おいしくない』と何気なく言ったら、それ以降二度と母親がお弁当をつくってくれなくなった、というエピソードの持ち主がいます。

決して薄情な仕打ちとは思いません。逆に、そのお母さんの妥協なき決意に、教育に関する断固たるポリシーに裏打ちされた、我が子への深い愛情が垣間見えるような気がします。

子どもの教育や躾もコメ作りと同様です。丁寧に大事に緻密な気配りで育てようとしなければ、子どもの健全なる成長は望めません。だからと言って、水や肥料をこれでもかこれでもかと与え続けるがごとく、過干渉や過保護になるのは逆効果です。

一方で、育ててもらう側からすれば、愛情を注いで育ててくれる相手に、常に最大限の感謝の念をもつことは当然のあるべき姿です。

私は教員として特段何の取り柄もありません。でも唯一自慢できることがあります。学校給食を『おいしくない』と思ったことも、米一粒たりとも残したことが一度もない、ということです。妻の弁当ももちろん残すなどもっての他。後が恐いですので……。

27 R5（10／10）ザ・「合唱」それは未来への応援歌！

今日から、いよいよ令和5年度後期がスタートし、学校はいよいよ後半戦に突入します。新風祭と並ぶ2大学校行事の合唱祭を迎えます。音楽は私たちの生活に不可欠なものであることに異論はないと思いますが、音楽の魅力を感じる場面は、大きく分けて2つあると思います。

1つは、「音楽を1人で楽しむ」ことです。様々なデバイスを通して音楽を聴いたり、コンサートや演奏会を楽しんだり、カラオケで満喫したり、鼻歌を歌ったり……。

自分が一番好きな歌や曲を1つだけなんて言われたら、誰もが頭を抱えてしまいますが、私の場合、どうしても1曲と言われれば、やっぱり、かぐや姫の『神田川』でしょうか（古いけど、なぜか知っている若者も多い曲なのでは）。

大学時代に過ごした東京のアパート近くに、この歌の舞台になった銭湯があり、たいへんお世話になりました。あれから30年以上が経過し、都市開発の波に押され、もちろんその銭湯は現存しません。当時、小さなセッケンをカタカタと鳴らして肩を寄せ合って帰る素敵な相手などいるはずもなく、戻るアパートは4畳半どころか3畳しかなく……。学生時代の思い出がセピア色になって蘇る名曲です。

このように、「音楽を1人で楽しむ」は、ある意味、自分だけの世界、自己満足の領域と言えるでしょう。

もう1つの音楽の魅力は、「音楽をみんなで楽しむ」ことです。吹奏楽部や合唱等の音楽サークル、そして今回の合唱祭がまさにそうです。つまり今回の合唱祭に向けた一連の過程は、言うまでもなく、個人種目ではなく団体種目なのです。ですから、体育祭同様、いや個人的には体育祭よりも合唱祭の方が子どもたちや集団の成長に大きく寄与する重要な取組だと考えます。

新風祭の「全員リレー」、あれは『心をつないだ』ものです。これをあえて『縦の団結』としましょう。それに対して今回は『心をひとつに』することが要求されます。いわば『横の団結』なのです。体育祭の種目で例えれば、バトンをつなぐリレーではなく、横1列に全員で歩を進めるN人+1脚でしょうか。1人がこけたら皆こける。心がばらばらだと前進できない。クラスがまとまらなければ感動を生み出せないのです。だからこそ、合唱は、音楽の授業や合唱指導の枠を越え、生徒や学級・学年の成長の絶好機だということを先生方も重々承知しながら学級経営や生徒指導にあたっています。

本当にすばらしい音楽とは、時間と空間を超越するものです。昔の曲でも今の曲でも、すばらしいものはすばらしいし、外国の曲だって歌詞なんてわからなくてもだれもが感動できる曲はたくさんあります。音楽は、万人の共通言語であり人の心を強く揺り動かすことができる感情表現です。

そして、歌は世につれ、世は歌につれともよく言います。

あの曲を聴くと、あの時代を思い出す。あの歌が流れると、あの出来事が蘇る。そんなことを経験したことは誰にでもあるでしょう。私自身も、いろんな合唱曲を聞く度に、「ああ、この曲は○○中の△年△組の時の合唱曲だったなあ」という思いが込み上がり、胸が熱くなります。

皆さんの歌う合唱曲は、多分クラス全員で作り上げる最高最大の合同作品です。卒業して数年後に再会する機会があった時に、お互いの脳裏に今回の合唱曲がＢＧＭとして流れ、それが単なる郷愁ではなく、未来への応援歌になる——そんな合唱祭であってほしいものと願うばかりです。

28 R5（10／16） 天歌夢奏 ～今心を込めて歌声を響かせよう！～

生徒会で決定したこのスローガンの下、先週から練習がスタートし、一週間後に「合唱祭」を迎えます。ほとんどの中学校で、合唱を学校行事の大きな柱に位置付けていますが、その学校によって、コンクール形式で実施する場合と、そうでない場合に分けられます。

前者は「合唱コンクール」、後者は「合唱発表会」「合唱祭」「音楽祭」などと冠される場合が多いと思います。もちろん後者のように銘打っても、中身はコンクール形式で実施される場合もありますが、当校の今年度の「合唱祭」はコンクール形式ではありません。

7月末に実施した保護者の学校評価アンケートの中でも、「コンクール形式でないと『やる気のあるクラスとないクラスの差が激しい』と子どもが言っているので、数年前までのように、コンクール形式に戻すのがいいのではないか」という貴重な意見もいただきました。

実は、合唱をコンクール形式にすべきか否かについては、前例踏襲を是とする学校もあれば、毎年度のように職員会議等で検討される学校も少なくありません。管理職をはじめとする先生方のそれぞれの考えも異なりますし、年度が変われば教職員の面子がガラリと替わることもあり、一から喧々諤々の議論がされる場合も時にしてあります。

まず、学校行事として合唱に取り組む意義について確認します。私は、大きく分けて2つあると思います。

1つは、音楽に親しみ、合唱の技能を高めること。もう1つは、1つの目標に向かうことで、クラスの一体感・所属感・達成感の獲得を通して、個や集団としての成長を図ること。個人的には、前者よりも後者の目的の方が大だと考えます。だからこそ、学級経営の最大の好機として、まとまった期間、放課後等や学活の時間にも練習時間を設けて熱心に取り組むわけです。

今回の指摘の通り、なるほど、生徒のモチベーション・動機付けを高めるためには、賞を設けたり競争原理を導入するのは有効な手立てだと思われます。目的や意義の視点からも、取組が盛り上がること自体は決して悪いことではありません。だからと言って、デメリットや弊害がないかと言えば、そうではありません。

これまでの私の経験から言えば、賞や審査結果にこだわるあまりに、次のようなことがありました。クラスの中でのモチベーションの差によるグループ、男女間の分裂。やる気がない・練習態度が悪い生徒、合唱が得意でない・好きでない生徒が、他の子からの必要以上のプレッシャーで孤立。ライバル意識むき出しのクラス間のいがみ合い。練習がヒートアップして、練習時間オーバーなどの安易なルール無視。練習用に持ち込んだ個人持ちの電子ピアノがいたずらで破損。コンクールの審査結果に大多数の生徒の不満噴出。審査結果が芳しくなかった原因を、担任や音楽の先生の指導力や熱量に責任転嫁、等々。

もちろん、コンクール方式であったとしても、このような事態に陥らないように細心の配慮をしながら取り組むのは当たり前のことではありますが、結論から言うと、当校が今年度「合唱祭」にするのは、今年度の生徒や学校の実態を見ての総合的な判断です。コンクール形式にせずとも、生徒個々やクラスや先生方は、「合唱祭」の目的や意義をよく理解しながら、その達成に向かって最大限頑張ってくれるものと期待し、その力を信じているからです。

また、音楽等の芸術作品とは本来優劣をつけるべきものではないはずです。そして、学校でのクラス合唱も、本番だけの演奏の出来栄えだけが評価されるものではなく、全員で一つの作品をつくりあげる過程こそが大切だと考えるからです。

「合唱祭」にしたからといって、生徒間で衝突や軋轢、不協和音はもちろんあるでしょう。そういった障害や困難等があってこそ、その険しい道をみんなで乗り越えてこそ、クラスの団結力が生まれ、個や集団の成長は図れるのです。

コンクール形式にして、音楽の専門家の先生を審査員として迎えても、その方が評価するのは、その時の目の前の演奏のみです。クラスで練習にいい加減に取り組んでいたとしても、その数分の音楽としての出来栄えのみが審査の対象になって高い評価を得られたとしたら、それ以上に頑張ってきた他のクラスの生徒が可哀想です。

音楽が専門でない教職員が合唱としての優劣をつけるのは困難です。まして、合唱曲はクラスで異なり同じ土俵で評価できません。もちろん曲の難易度や審査員の好みなどにも差があるわけで、スタートラインとゴールが同じで、誰が見ても順番がわかる徒競走などのように評価をすることは厳しいものです。審査の公平性が担保できないのは目に見えています。

以上ご理解の上、生徒も保護者も教職員も楽しめる、充実した「合唱祭」になることを大いに期待するものです。

最後に、音楽の先生には叱られそうですが、担任をしていた頃、生徒以上に合唱に燃えに燃えた私が、クラスを叱咤してきた言葉を全校の生徒への檄に。

「空気中のすべての酸素を吸い込め」
「楽譜なんて無視しろ。強弱をジェットコースターのようにつけろ」
「本番で俺が涙を流すくらいのレベルじゃないと許さないぞ」
「合唱を聞けば、そのクラスの雰囲気やすべてがわかるんだぞ」
「歌は音符じゃねえんだ。歌はハートだ！　歌は魂の叫びだぞ‼」

頑張れ新津第二中学校の子どもたちよ。そして、君は君自身のために歌うべし。

29 R5（10／21） もしもピアノが弾けたなら！　そして、もしもピアノが止まってしまったら!!

これまで、合唱はクラスのみんなの『心をひとつ』にする大切なチャンスの場であると話をしました。私が教員になりたての頃の、あるエピソードを紹介します。

合唱コンクールで、私の1年生のクラスは『君をのせて』という合唱曲を歌いました。ピアノ伴奏者をやりたいという子が3人いたのですが、クラスのみんなで話し合った結果、他の場面でなかなか活躍の場をもってもらう機会がなかった子をあえて選びました。でもその子は、3人の中ではピアノ演奏の技術は一番未熟だったのです。

実際、練習中に何度もつまずいたり間違えたりして、中には不満を言う生徒も出てきたり、本人も何度も泣いたりしたりすることもあったのですが、何とかクラスのみんなでお互い励まし合って、満足いく手応えのある作品に仕上がって本番を迎えました。

ところが、ところがです。歌っている途中に、ピアノが止まったのです。一瞬、唖然としました。ただ、止まったタイミングが不自然な最悪のタイミングではなく、すぐに持ち直して最後まで演奏してくれたのが不幸中の幸いでした。でも、演奏後、伴奏者の子は責任を感じて泣きじゃくるし、周りのたくさんの子が慰めたりして、本当に大変でした。

その学校はコンクール形式でしたので、審査結果が発表されました。実は、ピアノが止まった致命傷があったにもかかわらず、学年8クラスの最優秀賞に輝いたのです。先生方の代表10人くらいが審査にあたっていましたが、審査委員長の校長先生からこんな言葉をいただきました。

「ピアノが止まったのに、誰一人動揺することなく、何事もないように、逆に『気にするな。任しておけ。ピアノ頑張れよ』というクラスの雰囲気がひしひしと伝わってきた。感動した。まあ、練習の時から、クラス一丸ですごい頑張りだったからね」

各クラスの練習風景をいつも小まめに見て回って、声掛けしてくれていた尊敬すべき校長先生でした。

今回の合唱への取組を通して、自分やクラスや学年や学校がまたひと回り成長を遂げたかどうか、もう一度一人一人冷静に振り返りながら、また明日からの学校生活に活かしていってほしいと願っています。

各クラス、すばらしい演奏を本当に本当にありがとう。

30 R5（10／30）Good Try！ Good Job！〈『部活動の地域移行』について考える①〉

小中学校の頃夢中になったのは、王・長嶋のプロ野球、北の湖・輪島の大相撲、ジャイアント馬場・アントニオ猪木のプロレス、沢村忠のキックボクシング等々、憧れのヒーローがいるスポーツ界。アニメでは、「巨人の星」、「あしたのジョー」、「アタックNo.1」、「エースをねらえ！」。テレビが最大の娯楽の時代でした。マンガ本では、「ドカベン」や「キャプテン」の単行本を何度読み返したことか。スポーツは、私の青春時代のど真ん中に位置していました。

サッカーは、その当時の日本国内ではマイナーな部類でしたが、テレビ東京の「三菱ダイヤモンド・サッカー」は秀逸でした。ヨーロッパや中南米のクラブチームの試合が土曜の夕方6時に放映されていて、テレビにかじりつくように観たものです。元日本サッカー協会理事長（東大出のメキシコオリンピックコーチ）岡野俊一郎と金子アナウンサー（既に二人とも故人ですが）、このコンビによる解説は、サッカーへの造詣の深さと軽快な口調による絶妙のやりとりで、スポーツ中継解説史上で最高の名コンビだったと言えるでしょう。

テレビを通してとはいえ、現役時代のジーコや皇帝ベッケンバウアー他、往年の伝説のスーパースターや、海外日本人プレーヤー第1号となった奥寺康彦のプレーをリアルタイムで観られたのは何とも幸せでした。

高校2年の時、担任の先生が全日本剣道選手権に県代表で出場したので日本武道館に応援に行きました。恩師の相手は過去に日本一の実績を持つ国士舘大出身の強者で、試合は恩師の完敗でした。それよりも、先輩を応援する相手サイドの大学生集団の統制の取れた凛とした姿がとても感動的でした。先生が早々に敗れたので、旧国立競技場にラグビーの「早明戦」を観に行きました。折しも大学ラグビー全盛期。日本最大のスタジアムは通路まで立錐の余地なく、日本スポーツ界史上最大の7万弱の観客に圧倒されました。一方、その頃の社会人のラグビーの試合はと言えば、いつも閑古鳥が鳴く有様でした。

大学生の時には、同じく旧国立競技場に、ワールドカップアジア予選の「日本対韓国戦」を観に行きました。Jリーグ発足前、実業団リーグの試合は観客もまばらなサッカー界。その試合も国際試合だというのに会場の半数にも満たない観客の中、力の差も歴然で、私の記憶が確かなら0対2の完敗でした。雨がしとしと降る中、肩を落としながら競技場を後にしました。

「また今回もだめだったな」

道すがら、友人と交わした唯一の言葉でした。

そんな思い出を振り返るにつけ、特に今日の日本サッカーやラグビー、バスケットボールなどの隆盛は真に隔世の感です。何が変化したのか？　もちろんメディアの影響も大きいわけですが、一番は、「普及」と「強化」の歯車がうまく機能したためだと思います。「普及」とは裾野を広げること。「強化」

とはトップレベルを育てること。サッカーで言えば、もちろんJリーグの発足に尽きます。しかし、それだけではここまでたどりつけなかったでしょうし、これからも長続きはしないだろうと思います。サッカー人気がどん底の頃にも、学校や地域や実業団でコツコツとサッカーに取り組んでいた選手や指導者、手弁当で指導していた町のサッカーチームのコーチなどがいたことを決して忘れてはならないでしょう。そういった草の根の努力があればこその現在だと思うのです。

さて、近年は、公立中学校でさえ、その競技の伝統強豪校や有能な指導者のいる学校に生徒が集まるような風潮もないわけではありませんが、義務教育段階の公立中学校のほとんどは、何はともあれ「強化」よりも「普及」の担い手であり続けてきたと思います。もちろん、未来の大谷や三苫のような選手を育てることを夢見ながら情熱を傾けて、高いレベルで部活動に従事している先生もいることとは思いますが、教育活動の一環として「子どものために」と思って頑張ってきた先生方がほとんどでしょう。

令和8年度からの部活動の地域移行に向け、私見ではありますが、より高みを目指す者、つまり「強化」のカテゴリーを求めるものの受け皿についてはさほど心配ないと思っています。ただし、時間的労力や経済的な面も含めた保護者の受益者負担の部分はかなり大きくなると予想されます。

一方、これまで中学校が担ってきた「普及」のカテゴリーの受け皿が不十分になることを特に強く懸念します。学校教育で部活動の存在が隅に追いやられる中、放課後17時前に帰宅する子どもたちは、最優先に一体何に取り組むのでしょうか？　勉強はもちろんのこと、本当に自分が自主的に取り組める有意義なことを見つけて頑張ってくれるのか、とても不安です。

このネット社会のご時世、子どもが興味・関心を惹くものや誘惑に駆られるものはわんさかと存在しています。これまで部活動に打ち込んでいた時間分が、ゲームやネットの時間に振り替わりはしないかが特に懸念されます。


アメリカ合衆国がスポーツ大国・エンターテインメント大国であり続けるのは、人種的な体格や身体能力、感性等の優越が根本にあるのはもちろんです。しかし、それ以上に、スポーツや文化を心から楽しみ、子どものスポーツや文化を支えるコミュニティ、国や地域としてのスポーツや文化をしっかり育てるカルチャーが根付いているのが大きいと思います。

その一例として、子どもの指導に携わる大人が、「Good Try!」「Good Job!」と、常に子どもたちを励まし伸ばす指導の姿が当たり前なのが象徴的です。先輩のしごきや不合理の練習に耐え難きを耐えた自身の学生時代、教師になって時には指導者の不適切な言動を目の当たりにしたこともある一人として、今回の部活動の地域移行が、本当にスポーツや文化を楽しみ、楽しいことが競技力や競技人口につながる改革、我が国が真のスポーツ先進国になるように、すべての国民が真剣に考えなければならないと思います。それが今なのです。

31 R5 （11／6 全校朝会校長講話）

答えのない世界に答えを探しに行こう！

古代哲学者に数学者が多かったように、数学の世界は、人間社会の真理に直結しています。私はよく体育教師と思われがちですが、実はこう見えても、れっきとした数学教師です。

これは、過去4年間の、新潟県立高校入学試験の数学の1問目の問題です。令和2年度、3年度の問題はほぼ間違うことはないとは思いますが、大丈夫ですか？

令和4年度、5年度の問題は、考え方としては2通りあるでしょうか。問題自体は簡単ですが、ルールに則って、1つの方法ではなく、いろいろな見方・考え方で問題を解決することは大切ですね。

〈令和2年度〉 $7\times2-9$
〈令和3年度〉 $6-13$
〈令和4年度〉 $2-11+5$
〈令和5年度〉 $7-(-3)-3$

〈令和2年度〉
$7\times2-9=14-9=5$

〈令和3年度〉
$6-13=-7$

〈令和4年度〉
(A) $2-11+5=-9+5=-4$
(B) $2-11+5=7-11=-4$

〈令和5年度〉
(A) $7-(-3)-3$
$=7+3-3=10-3=7$
(B) $7-(-3)-3$
$=7+3-3=7$

さて、それでは新たな問題です。次の３つの答えはそれぞれいくつになるでしょうか。

① 0÷1＝
② 0÷0＝
③ 1÷0＝

子どもたちに尋ねると、すべての答えとも0と答える子が多数を占めます。しかし、残念。答えが0になるのは①だけです。

ちょっと、別な問題で考えてみましょう。

〈6÷2〉がいくつになるか。答えは3です。皆さんがなぜ3と即答できるかというと、2×3が6だということ、「にさんがろく」という九九の計算が頭に入っているからです。つまり、2にいくつをかければ6になるのか考えれば、それは3だということです。

では、同じように①〜③を考えてみましょう。

①〈0÷1〉は、1にいくつをかければ0になるのか考えます。
1に0をかければ0なので、答えは0です。

②〈0÷0〉は、0にいくつをかければ0になるのか。

0にどんな数をかけても0になりますよね。

③〈1÷0〉は、0にいくつをかければ1になるのか。

0にどんな数をかけても1になることはありません。

つまりまとめると、答えは次のようになります。

① 0÷1=0
② 0÷0=すべての数
（不定）
③ 1÷0=答えは存在しない
（不能）

こんな簡単に見える問題も、正確に答えられる人間は、実は大人でも理系出身者でも多くありません。

数学の世界同様、私たちは、答えが1つしかない世界に生きているわけではありません。解決するのに何通りもの解決方法があったり、簡単そうに見える課題が実は難しかったりします。答えが1つであるとも限りません。むしろそういう場合の方が多いのです。

数学の問題だけでなく、生きていく上でも、ものごとや人間を、見かけだけで判断してはいけないのです。ものごとや人間の本質や本当の姿を、様々な角度や視点から理解することが大切です。そのためには、人との関わりを避けることなく、公正・公平な眼で、相手のことを尊重しながら、誰とでも平等に接することができるようにすることが基本だと思います。

もし、これを全校生徒一人一人が実践できれば、いじめやいさかいのない学校、だれもが幸せを実感できる学校が必ず実現できるはずです。

数学は答えが1つだから採点が楽だという若き数学教師よ、数学は答えが1つだから好きという子どもたちよ、そうじゃないんだよ。数学は実に、奥の深い学問なんだよね。

そして、私は体育の先生じゃなくて、数学の先生だからね。

何事も見かけで判断しないでね。

32　R5（11／13）

ボールボーイの君がいてくれたから〈『部活動の地域移行』について考える②〉

私は、スポーツは何でも観るのもやるのも好きですし、自分自身もこれまでいろんなスポーツに勤しんできましたが、いわゆる、コテコテの「体育会」的な体質は好きではありません。

自分が中学校時代に所属していた部活は、いつも先輩が偉そうにいばっていて、後輩をこき使ったり、いじったり、いじめたりが日常茶飯事でした。自分たちが最上級生になったらそんな雰囲気のない部にしようと同期で話していて、実際に上に立って後輩にやさしく接すると、今度は逆に先輩をなめた態度をとったりする後輩も出てきたりして、それはそれでまた問題があり、なかなか「ブカツ」というのも面倒な代物だと中学生ながらに思っていました。

教師になりたての若い頃に野球部の顧問をしていた時のことです。各学年20人前後の全部で60人くらいの大所帯で、市内でもトップクラスの実力がありました。そこで苦労したのは、ベンチ入りメンバー選びや選手起用についてです。練習試合や各種大会等のたびに、いろいろ頭を悩ませながら試合に臨みましたが、保護者からはいろんなことを言われました。

「先生、どうしてうちの子を試合に出してくれないんですか？　家に帰ってからも遅くまで素振りして頑張っているんです」

このようなことを訴えてくるのはお母さんの方が多かったような気がします。やっぱり母性が強く働くのだと思います（頑張っているのは、あなたのお子さんだけではないんですが……）。保護者の中には自分の子しか見えてない人も多いと思いながらも、そういった気持ちは親として当たり前のことと、丁寧に受け止めて対応しました。

「先生、あの上手な1年生使った方がいいよ。誰が見たって2、3年生よりずっと上手いよ」

こういうことを進言してくるのは、自分も現役の時にバリバリの運動部で育ってきたお父さんが多かったように思います。

「授業態度は悪いし、清掃もさぼっているあの子が、野球部ではレギュラーなんですね」

と、同僚の先生から辛辣な皮肉を浴びせられたこともありました。

私が部活動を担当してずっと掲げてきた方針は、「勝てる部」ではなく、「周囲から勝ってほしいと願われる部」でした。この野球部でも、「1人の100歩より60人の1歩」、「一部の人間が100点、残りのほとんどの人間が30点の満足度よりも、部員全員が75点以上の満足度と思える部を目指す」と常々言い続けてきました。

そこで、上位大会にもつながる本番の市内大会のメンバー決めは、部員全員の投票にしました。次のような要領です。

3年生全員と、1、2年生で試合に出してもある程度通用する部員約35名をピックアップした名列表を配って、次の3つの観点から、自分がベンチ入りメンバーにと思う人を、上から順番に1～35の数字（順番）で記入させたのです。

①人間性（日頃の学校生活の態度も含めて）
②部への貢献度（準備・後片づけの取組、活動内での礼儀や声出し、先輩、後輩間も含めた部員との人間関係等）
③野球そのものの実力

「みんなが勝つことを最優先に考えるなら、でたらめな人間でもいいから野球が上手い人間を選べばいいし、あいつにいい思いさせたいなあと思えばその人間を選べばいいし、もちろん自分のことを若い順番で選んだって構わないよ。ただし、そのメンバーから誰を試合で起用するかは監督権限だ。だから、それで負けたら責任は自分にある」

みんなが記入した数字を表計算し、合計数が小さい方からベンチ入りメンバーを選びました。このような方法を取ったことで、最終的に野球の実力があっても、学校生活がでたらめで周囲から全く評価されていない子は選ばれませんでした。

体育大学出身で野球が専門の副顧問は、

「こんなやり方で、本当に勝つ気があるんですかね」

と周囲に私の陰口を叩いていたことも知っていました。

「県大会にも進めるのでは」と前評判の高かったチームも、県大会出場をかけた試合で敗れました。「野球の実力だけで構成したチームならば……」とも思いましたが、あくまでもそれは仮定の話で、後悔など微塵もありませんでした。

部活動は一体誰のものでしょう？　もちろん顧問のものでも、学校のものでもありません。生徒のものだと思います。勝負の世界で生きてきた人間から見れば、私など腹を抱えて笑うほどの甘ちゃんに違いありません。でも、所詮、義務教育段階の中学校の「ブカツ」なのです。勝つことより大切なことがある。それを教えるのが最優先だと今でも強く思っています。

私が当時の野球部で、今でも最も印象に残っている生徒は、キャプテンのS君でも、エースのK君でも、４番バッターのH君でもありません。ノックの時に、いつも私が腰の後ろに差し出した左手に、絶妙のタイミングで、それも掌の真ん中にピタッと収まる位置にいつもボールを差し出してくれる役割をしてくれていたT君です。あれから30年経った今でも、彼が差し出してくれたボールの感触が私の左手には残っているのです。T君の公式戦での出場機会はゼロ。でもT君はチームに欠かせない唯一無二の存在でした。

「全員野球」「野球は学校生活に通じ、学校生活は野球に通じる」「ONE FOR ALL」——

すべての部員に繰り返し伝えていたことです。学校の部活動が地域移行となって、T君のような子が簡単に切り捨てられないかどうかが、大いに心配です。

33 R5（11／20）

転職して天職にたどりついた私

「教育」「勤労」「納税」――これは国民の三大義務です。よって、特に進路を目の前にする3年生の担任をすると、教え子が将来どんな職業に就くだろうかということにも思いを巡らしながら、進路指導にあたっていました。

担任をしていた頃は、「この子はいかにも〝ねじりはちまき〟が似合いそうだ」などと思うと、その生徒をつかまえてはこう言ったものです。

「おまえは将来、寿司職人になれ。雰囲気がピッタリだ。雇われ職人ではだめだ。修行を積んで、自分の店を構えるまで必死に頑張るんだ。そこに、かつての恩師である俺が店を訪れ、腹一杯寿司を食べる。――『いやあ、うまかった。お前も一人前に成長したな。うれしい限りだ』『ありがとうございます』『それじゃあ、お勘定』『先生からいただくわけにはいきません。今の私があるのも先生のおかげです』――とまあ、こんな調子だ。どうだ、寿司職人になる気はないか？」

「？？？　……考えておきます」

教え子の中には、自分で飲食店を経営している人間もいれば、飲食店で働いている人間もいますが、まだ寿司職人をやっている教え子だけは、私が把握している限り一人もいません。とても残念です。

私が声をかけた教え子に限って、寿司を握らず、寿司の代わりにハンドルを握って、運送会社等のドライバーになっている人間が多いのです。

まあ冗談はさておき、これまでの教え子のすべてがどんな職業についているかはもちろん把握してはいませんが、感覚的に、特に女子生徒は、看護や福祉関係の仕事に就いている割合が多いとの印象を持っています。当校の家庭連絡票を見ても、医療関係や福祉関係に勤務の保護者の方が多いような気がします。

コロナ禍のこのご時世だからこそなおさら、シフト勤務等でご自身の体調管理も大変な中で、医療・福祉の激務をこなす方々、その第一線で奮闘している皆さんには、心から敬意を表します。本当に頭が下がるばかりです。

職業に貴賤はなく、もちろん楽な職業などはないでしょうから、いかなる職種であろうと、勤労とは厳しくもあり尊くもあるものだと思います。

私が初めて3年生を担任した時のクラスに、こんな女子生徒がいました。その子は、学力だけで考えればもっと別な進学先の選択肢もたくさんあったのですが、歩いて通える家から一番近い公立高校に進みたいと申し出ていました。母子家庭だったので、家事をして母親の助けになるのを優先したいこと、そしてギリギリで進学した学校の下の方で燻ぶるよりは、希望する学校ならかなり上位の方でいられそうなので、かえって進学や就職にも有利に働くのでは、という考えだったからです。

そして将来は、母親と同じ看護師志望で、一貫してその進路選択に迷いはありませんでした。進路の最終判断の三者面談で、互いに納得し見つめ合う微笑ましい母子の姿は、今なお脳裏に焼き付いています。

さて、進路指導をしていると、生徒や保護者から、「いい高校に入りたい」という言葉をよく耳にします。一体「〝いい〟高校」とは何なのでしょうか？

一般的な推測では、「学力が高い」「評判がいい」＝「いい」とかの意味で使用している人も少なからずいるのでは、と勝手ながら想像してしまいます。しかし、東京大学を卒業した私のある知人は、成人してしばらく職を転々とした後、いつのまにか引きこもり状態になり、今もなおその状況は続いています。逆に、中学生の頃、まるきり勉強が苦手で、「俺が入れる高校なんてないよ」と泣きながら相談にのってくれと懇願した幼馴染みは、今や大きな会社を経営し、私の何倍もの年収を稼いでいる地元の名士です。

何が幸せの尺度か人それぞれではあるでしょうが、「いい高校」というよりは、「いい人生」に向けた進路の実現であってほしいということは言うまでもありません。

中学校では、教育計画の中に、「キャリア教育」を明確に位置づけています。特に総合的な学習の時間を柱に、様々な外部講師や諸団体を招いて職業講話や体験活動をしています。職場体験活動をするのもその一環です。職場体験など昔はなかったカリキュラムですが、今やどの中学校でも定番です。

しかし、職業選択の参考として、生徒にとって一番身近な存在なのは、自分自身の家族ではないでしょうか。実際、先に述べた女子生徒も、母親の姿を見て自分が思い描いた進路を実現し看護師となったのです。

親の背中を見て子は育つ——は正論です。しかし、果たして、子どもは自分の親がどんな職業で、その仕事にどんなやりがいをもち、どんな苦悩があるのか理解しているのでしょうか。ぜひそれを親から子に語ってもらう、あるいはできれば親の仕事を実際に子どもに見せることこそ、家庭でできる最大のキャリア教育であると思います。親は、一番身近な職業人としての大先輩なのですから。

私の実家は自営業で、汗水流して働く両親を常に間近で見て育ちました。両親の喜怒哀楽を毎日肌で感じることは、自分の人間形成に大きく影響したと思います。

後に高校教師になった長兄は、学者タイプの人間なので、いずれ家業を継ぐのは次兄か三男坊の自分のどちらかだと、子どもながらに思っていました。

しかし、結局、次兄が大学卒業と同時に家業を継ぐことになりました。家族・親戚で何らかの話し合いがもたれた形跡もなく、父や母の指名でもありませんでした。何となく当たり前のようにそうなったのですが、異論を挟む者は誰もいませんでした。三兄弟それぞれの適性、性格、個性などを熟知している周囲の者にとっては、誰もが納得する結論だったと言われています。

銀行員を5年経験し教師になった自分ですが、大学を卒業してすぐに教師にならず、一度は民間の仕事に就いたことも、そして、家業を自分でなく次兄が継いだことも正解だと思っています。なぜなら、教師は自分の天職だと思えるからです。すばらしい教え子や保護者や先生方との出会いは、私の何ものにも代え難い人生の宝です。

大学で教職課程を取った娘に、「学校の先生ってどう？」と聞かれたことがあります。私は、「自分の人生は自分で決めろ」と言い放ちました。そして、「もちろんやりがいはある。人の人生を左右する職業だから。でも難しい世の中だ。学校の先生はこれまで以上にそれ相当の覚悟が必要だ」と、付け加えました。

34 試合に負けても勝負に勝てる人間に！

R5（12／1）〈『部活動の地域移行』について考える③〉

以前、土曜日に、とある部活動の練習試合に顔を出したら、ある生徒からこんな言葉を投げかけられました。

「校長先生は暇なんですね」

「そうなんだよ、暇なんだよ」

と返して、何とも苦笑いするしかありませんでしたが……。

先週の11月末の連休も、いくつかの部で大きな大会や新人の県大会につながる大会等が開催されていたので、可能な限り会場をはしごして観戦しました。

その日、最後に訪れたのは、男子バスケットボールの試合です。会場で顔見知りの他校の顧問の先生が何人も声を掛けてくれました。その中の先生からこう言われました。

「今日の先生の学校の対戦相手はかなり手強いですよ。かなり厳しい戦いになると思います」

聞けば、対戦相手のチームは、元プロリーグ（b.j）の選手だった方が代表を務め、様々な地域や学校からのジュニアから競技歴がある選手が集まっている強豪クラブチームとのこと。

なるほど試合が始まると、前線から強烈なプレスをかけられてはボールを奪われ、次から次へとゴールを決められました。基礎体力、テクニックともに大きな差があるのは、素人の私が見ても明らかでした。結果は130対16での敗北。130と16――この数字だけを見れば、惜敗には程遠く、大敗であり完敗です。しかし、負けは負けだけれども、私の中では決して〝惨敗〟ではありませんでした。試合後、私には清々しさしか残らなかったのです。

点差など関係なしに、最後の最後までゴールに向かって必死にプレーする選手のひたむきさ、ゴールが決まれば大喜びしながら子どもたちを盛り上げて応援する保護者の眼差し、試合中ずっと立ち通しでコートサイドを絶えず動きながら声を嗄らして檄を飛ばし続ける顧問の先生（因みに、相手チームの監督は、一度たりとも席を立つことや声を出すことはありませんでした）。

一言で言えば、ナイスゲームでしたし、感動的なゲームでした。観戦していて胸が熱くなりました。実際、保護者の中には、試合中目頭を押さえて応援するお母さんなども見られました。そして、何よりも子どもたち自身が、このゲームを通して学ぶことが多々あったように思います。

練習態度だけでなく、普段の学校での生活態度をしっかりしようとか、練習の合間に校内の清掃・美化活動に率先して取り組んだり、あいさつや礼儀を重んじるなど、バスケットボール部が目指している方向性や部活動としてのあるべき姿が、このゲームでの子どもたちの姿に凝縮されているようでした。そして、中学校からその競技を始めようが、やればできる、成長する伸びしろは計り知れないという可能性も、あらためて確信しました。チームは、まさに試合に負けて勝負に勝ったのだという思いです。

さて、今年度から、中体連の大会にクラブチーム等の参入が認められ、令和8年度の部活動の地域移行に向けて、その流れは今後も加速していくことになります。

その中で最大の関心事は、各種大会の運営やそのあり方です。特に中学校体育連盟のいわゆるこれまでの部活動の核となっていた学校の正規の大会がどうなるのか、そして、現在スポーツ活動で実施している大会や練習会等をはじめ、数々の冠大会はどうなるのか、まだまだ不透明で不安な部分が多くあります。

スポーツをやるからには、大会等で日頃の成果を試したいと思うのは当然ですし、負ければ悔しいし、勝てば嬉しいのは人としての摂理です。そういった実戦を通して成長できる機会が、チームの方針や事情、子どもやチームのレベルや目標に応じて、適正であってほしいと思うのです。つまり、学習と同じように、個別最適な活躍の場が保障される部活動改革でありたいものです。

また、たとえ部活動が地域移行になったとしても、学校の部活動が果たしてきた功の側面がしっかり受け継がれ、学校の教職員の知見や経験が十分に活かされる形になってほしいものです。


数年前、ある大先輩の校長から、こんな忠告をいただいたことがあります。

「いくら時間があったからといって、校長先生が休みの日に練習試合や大会等に顔を出すのはいかがなものか。働き方改革や部活動の地域移行が喫緊《きっきん》の課題の中、休みの日には学校を離れて自分時間を大切にする姿を、校長自らが率先しないとね」

自分時間を大切にすることには賛同しますし、働き方改革の趣旨は重々理解していますが、自分の時間をどう使うかは私の勝手なのでは？　とも思いながら、ありがたいお言葉を拝聴した思い出があります。

私が大会会場に足を運ぶのは、自分の学校が勝つ姿を見たいからではありません。自分の学校の子どもたちが頑張っている姿を見聞きすることが喜びなのです。暇だと思われている私でも、休みの日には読書もしますし、映画鑑賞もしますし、家族でラーメンも食べに行きます。

でも、子どもたちの光輝く姿以上に、自分にパワーや元気や勇気を与えてくれるものが他に見当たらないのも事実なのです。

35 R5（12／11）

そして僕たちは東京を目指した！

クラスのカラーや雰囲気というのは、様々な要因に左右されるものです。もちろん、担任の先生の個性や教育理念等も大きな要素ですが、担任の先生も含めたクラスを構成する子ども一人一人の個性や相互の人間関係が複雑に絡み合い化学反応を起こしながら、そのクラスの色や形が形成されるのです。これまで、数多くのクラスとの出会いがありました。そして、自分が担任したクラスも含め色とりどりで多様なクラスばかりでした。

教職について間もない若い頃に担任したあるクラスは、他の教科担任の先生方から毎日のように酷評されていました。

「授業をしていて、こんなに子どもたちの反応がないクラスは初めてだ。発言を求めても誰も挙手もしないし、まるで授業はいつもお通夜みたい。授業がやりにくくて仕方がない」

すべての先生が口を揃えて私に文句を言う毎日でした。

確かに、自分が授業をしていてもそんな雰囲気ではあったものの、生徒一人一人を見ると、個性的だし、元気がないわけではないし、個々の人間関係だって悪いとは思えませんでした。ただ、授業中に発言するのが恥ずかしいのか斜に構えているのか、表面上は全体的に消極的な授業態度ととらえられても、反応が全くないクラスとレッテルを貼られても、反論の余地は無かったのです。

でも、それは自分や子どもたちだけの責任ではないですし、教科担任の先生方もベテランなのだから、もっと前向きなアドバイスをくれればいいのにと軽く流しながら、まあ、そのうち何とかなるだろうと、特に慌てることもないことと暢気に悠長に構えていました。そもそも授業中も活発なクラスが良いとは限らないわけです。「子どもの発言が盛んで元気な子が多い」＝「活気があるクラス」でもないはずです。

そんな中、教育委員会の指導主事訪問での研究授業を、私が自分のクラスでやることが知らないところで決まってしまいました。しかも、教科でなく「学級活動」でと指示されて。まさに寝耳に水でした。私だけでなく、他の先生からも「あのクラスで大丈夫？」なんて思われました。何かインパクトのある内容をと考えた私は、これを機に、自分のクラスを校内一盛り上がりのあるクラスにしようと心に決め、「クラスイベント大プロジェクト」構想をぶち上げ、年間の学級活動の時間をフルに活用し、次のような取組をしたのです。

①「クラス全体が盛り上がり団結力が高まるクラスイベントを考えよう！」
というアンケートを実施⬇32名の生徒から100近くのアイデア
②みんなから出された企画を一覧表にまとめ、自分が賛同できる企画を1人5つ選んで投票
③投票結果を集計し、クラス全体で取り組む5つのイベントを最終的に決定
④クラスを5つの班に分け、それぞれの班で各企画の詳細な企画書を作成

その結果、最終選考で残ったクラスイベントが、次のように決定。

A. キャンプでワイワイ（近くのキャンプ場で自炊・お泊まり）
B. 目指せ料理の鉄人（調理室で班対抗の調理コンテスト）
C. ミニミニ運動会（体育館での総合レクリエーション大会）
D. ギネスに挑戦（ユニークな世界記録に挑戦）
E. 〝欽ちゃんの仮装大賞〟に出場しよう！

実際の研究授業では④の授業場面を公開しました。

公開した手前、この取組はすべて絵空事ですというわけにはいかず、クラス一丸で邁進することにしました。各班で練り上げた企画書をもとに、一つ一つのイベントを順調に実施していきました。お金も時間もそれなりにかかりましたが、若い先生が一生懸命子どもたちのために頑張ってくれているからと、保護者も理解して応援してくれたのです。

そして残す企画は、Eの「〝欽ちゃんの仮装大賞〟に出場しよう！」だけとなりました。日本テレビから申込書を取り寄せ、子どもたちに仮装のアイデアを考えさせ、本格的な準備に取りかかりました。テレビで観ていると何てことないと思っていましたが、いざ自分たちでやるとなるとなかなかこれが大変。道具や衣装作りに手間も金もかかるし、演技も上手くいかない中、休日の学校の体育館のステージで練習に励んだのです。
ところが難題が持ち上がりました。当時、新潟の系列テレビ局では予選会が実施されておらず、東京の日本テレビ本社まで行かなければならなかったのです。新幹線で東京までだと引率や道具の運搬や費用も大変！　と困っていると、あるお父さんが「先生、観光バス貸し切って行こうって！　俺もついていくからさ」と言ってくれました。確かに運賃も新幹線より安く上がるし、移動も運搬も楽です。金銭面の負担も、「子どもが楽しみにしているから」と何一つ文句をいう家庭もなく、逆に先生1人じゃ大変だろうと、バスの手配の他、4人のお父さんが同行してくれることになりました。涙が出るほど心強く嬉しかったものです。

雪を見ると思い出すのです。忘れもしない28年前の12月6日、小雪が舞い散る新潟を早朝出発し、我々は一路東京の日本テレビ本社に向けて出発したのです。
残念ながら予選通過はできませんでした。でも、これらの取組を通して、確実にクラスはいい方向に変容しました。あの時代だからこそできた昔話ですが、大胆で劇的な変化が必要な場合、豊かなアイデアと挑戦こそ重要だと痛感しました。

未曾有なコロナ禍という黒船は、「GIGAスクール」という、子どもたちの学びを劇的に変えていく新たなチャンスを急速にもたらしてくれました。これからは授業を通して、学ぶ喜びや確かな学力を生むことのできる夢と感動の授業を創造していく時代です。その我々の目指すべき永遠のゴールなきゴールに向けて、教職員も保護者も地域も、智恵を出し、汗をかき続けなければならないと考えます。

今では40代となった当時の教え子たちは、会うと今でも真っ先に「仮装大賞」の思い出を話題にします。その時はまさに童心の笑顔です。

30年近く経った今、こんな会話が交わされます。


「先生は昔と全然変わっていませんね」

「そうか、今でもそんなに若く見えるのか？」

「いや、あの頃からおっさん顔だったんですよ」

「何（>0<）」

「あ、そっか、当時、もしかすると先生も〝仮装〟してたんですね」

36 R5（12／12）「時代おくれ」と「流行」の間で

本日、令和5年の最終登校日です。皆さんにとって、令和5年はいったいどんな1年だったでしょうか。

10年に1度と言われる大寒波の厳しい冬を乗り越え、春になると、中学校での新しい仲間となる新1年生を迎えました。2つの小学校が1つになり、中学校で新しい友達をたくさんつくってほしいなあと願うと同時に、これまで仲の良かった友達についても、些細な言動等で嫌いになってしまうような、いわゆる〝蛙化現象〟などを起こさずに、さらに良好な人間関係を築いてほしい。そんな強い思いを抱いての令和5年度のスタートでした。

そして、新型コロナウイルスの第5類感染症移行に伴い、部活動の大会は、4年ぶりの〈声出し応援〉が復活しました。上位大会へと部活動のステージが上がるのと並行して、〈地球沸騰化〉ともいえる猛暑の夏を迎え、熱中症対策に苦心した体育祭の実施でした。そして、街には〈アーバンベア（OSO18）〉が出没するなど、生態系の歪みや、異常気象が懸念される環境問題の深刻さを肌で感じる時代の到来を迎えました。

巷では、大谷選手や〈ペッパーミル・パフォーマンス〉で有名となったヌートバー選手の活躍によるWBCでの世界一に日本中が歓喜し、将棋の藤井聡太棋士による前人未到の8冠制覇に国民が拍手喝采したのです。野球人口の減少が叫ばれる中で、まだまだ衰えぬ野球人気や、「観る将」と呼ばれる将棋観戦を楽しむ人も増えるなどの風潮に触れるにつけ、令和8年度からは部活動の地域移行が完全実施となる過渡期に、あらためて、スポーツや文化芸術活動がもつ力やその重要性を再認識する1年でもありました。

先日の、中学校教育研究会の研修会でのある中学校での授業公開では、「生成AIのアイデアを参考にしながら委員会の活動の企画を考えよう」、という学級活動を参観しました。もはや、教育活動でのタブレットは文房具の一部であり、今後授業等でもチャットGPTなどがどんどん活用されることが予想されると同時に、それに並行した情報モラルの徹底もさらに重要度を増すと考えられます。

そして今、3年生はいよいよ進路に真剣に向き合う時期を迎えました。どこの高校等に進学するということよりも、どんな生き方をすべきか、ということを考えた進路選択であってほしいと願います。社会に出てから、公序良俗に反することも、違法触法行為をすることもない、いわゆる誰にも迷惑をかけずに当たり前のことが当たり前にできる人間として、幸せな人生を送ってほしいものと願っています。むろん、将来的に《闇バイト》に手を染めたり、薬物の使用など、言語道断であります。

一方で、2年生は12月の生徒会役員選挙で生徒会4役が決定しました。年明けからは専門委員長等が決定し、《新しい学校のリーダーズ》が揃います。リーダーのみならず、全校生徒一丸となって、新津二中の伝統を引き継ぎ、新たな伝統を創造できる学校づくりを目指してほしいと願うばかりです。

そして、これから私たちが目指す最大のイベント、学校行事は、〈アレ（A・R・E）〉です。〈アレ（A・R・E）〉とは言うまでもなく、卒業式・修了式です。

3年生の晴れの日に向けて、そして令和5年度の最終日に向けて、全校生徒が有終の美を迎えられるように、この令和5年を振り返りながら、来る令和6年に向けた心の準備がしっかりできる年末にしてください。

前記の〈〉を付けた言葉は、実は、今年の流行語大賞の受賞語（〈アレ〉が年間大賞、それ以外がその他のトップテン選出語）です。やや強引ではありましたが、1年間を今年の流行語を交えて振り返ってみました。

さて、よく「不易」と「流行」と言われます。「不易」と「流行」を別々に解すれば、「不易」とは本質的なこと、「流行」とはその時代時代で流行していること、と一般には考えられています。ですから、「流行」とは前述の流行語のように、そのほとんどがいずれは廃れたり忘れられたり使われなかったりするものと思われがちですが、そこには多少誤解が含まれているように思われます。

本来は「不易流行」という四字熟語で1つの言葉です。「不易流行」とは、「いつまでも変わらない本質的なものを忘れない中にも、新しく変化を重ねているものをも積極的に取り入れていこう」という意味なのです。

よって、教育活動で例えるならば、「良い授業づくりを心がけて実践するのは不易、つまり本質的なこと。タブレットや生成ＡＩはそのための手法・手段であり流行である」、「いずれタブレットの使用は頓挫して廃れるだろうから、タブレットは使用しなくてもよい」という論理は成り立たないということです。

「流行」を積極的に取り入れながら、それを昇華させて、いずれはそれを「不易」なものにすることこそ、ものごとをブラッシュアップする過程だと考えています。

決して何でもかんでも新しいことを取り入れたり、新しいことに挑戦することが正しいとは限りません。タブレットの授業での活用一つをとっても、それが手段でなくて目的化している授業の例はたくさん散見されるのです。

大切なのは、「不易」なるもの、つまりものごとの本質がわかっていないのに「流行」をいくら熱心に追いかけても、薄っぺらな結果や効果しか得られないということ。逆に、本質を十分に理解していたとしても、新しいことを取り入れることに臆病であったり、変化を恐れていては、前進も発展もないということだと思います。したがって、「不易流行」の本来の意味の王道を進むことこそ、教育する立場の人間に必要な心構えと考えます。

私は、大学時代に自転車で、日本国中の林道や峠道を中心に旅をして、そのほとんどが野宿生活でした。バブル全盛期の当時、在籍していた大学には、約４００ものテニスやスキーのクラブやサークルが存在すると言われ、それが当時の学生の「流行」の最先端であったことは疑いの余地もありません。しかし、その真逆の、当時は地味でダサくて時代遅れと揶揄されたことに没頭していた自分は、かけがえのない青春時代だったと大きな自負と誇りを今でも抱いています。

その後の世の中は、全国的にもサイクリングロードが整備され、ファッション性の高い自転車も次々と発売されるようになりました。キャンプ場やキャンプ用品も充実し、「ぼっちキャンプ」のタレントがもてはやされ、関連するユーチューブも大人気です。でも、四十数年前の「ぼっちキャンプ」の主役は、「ひろし」でなく「あつし」。「あつし」は既に昭和の時代に流行の先の先をひた走っていたわけです。

37 R6（1／9）
笑うカードには福来《きた》る！

あらためまして、令和6年、あけましておめでとうございます。いよいよ新年が幕を開けました。新年早々、思いもよらない出来事が起こりました。「令和6年能登半島地震」です。恐怖を覚えるほどの衝撃でした。お身内で大きな被災があった皆さんには心からお見舞い申し上げると同時に、さらなる被害の拡大がないように祈るばかりです。

さて、波瀾のスタートとなった令和6年、今年は辰年です。動物に当てはめると龍（竜）ですが、龍は十二支（干支《えと》）で唯一の想像上の架空の動物なので、謎に包まれている部分が多いとも言えます。

龍は古代中国の神話で神獣とされ、四神（青龍・朱雀・白虎・玄武）の1つと伝えられ、中国では皇帝のシンボルであり、普段は水中に棲みつき、喜怒哀楽の鳴き声とともに嵐や雷雲を呼び起こし、竜巻となって昇天し飛翔する、「正義」を象徴する生き物なのです。

龍は、他の動物と比べて強くて格好いいイメージがあるので、私の勝手な思い込みですが、体育祭のパネルの主役として描かれる頻度は、全国的にも№1であるのではないかと想像します。

私事ながら、自分自身も5回目の年男となります。日頃から自分の干支が「辰」であることを、何となく誇らしく感じているのは、そんな龍の神秘的で豪快なイメージも相まってのことでしょう。そう感じている辰年の人間は私だけではないはずです。

そんな嵐を呼ぶ龍の干支だからではないでしょうが、辰年は、時代のエポックとなる大きな出来事があると言われることもあります。私の生まれた1964年は、東京オリンピック・東海道新幹線開通、新潟にとっても新潟地震や新潟国体開催の年でした。

その他の辰年では、1868年は明治維新元年、1904年は日露戦争勃発、1976年はロッキード事件発生、1988年は「青函トンネル」「瀬戸大橋」「東京ドーム」完成、2012年は「東京スカイツリー」開業――なるほどそう言われてみればとの感もあります。

さて、2024年の辰年は一体どんな年になるのでしょうか？　元旦の震災もさることながら、ウクライナやガザでの戦争は未だ終息の道は遠く、政治的なスキャンダルも国内に暗い影を落としたまま新年を迎えます。

ぜひ暗澹たる出来事ではなく、明るく楽しい出来事で彩られるよう、まるで龍が飛翔するような輝く辰年の2024年であってほしいものと、心から願うばかりです。

今回の震災に関しても、被災地に思いを馳せ、被災者及びその関係者の心に寄り添う気持ちを常に持ちながら、自分でできる範囲のこと（例えば募金などへの協力）をして、それ以上に何よりも大切なのは、日々の生活をひたむきに明るく粛々と生きることだと考えます。

さて、お正月、皆さんの中にはネット等でのゲーム三昧だったという人もいるでしょうが、昔は、凧揚げや羽子板、コマ回し、福笑い、カルタ取りなどが、日本の子どもたちの遊びとして正月の風物詩でした。

今回、「いろはカルタ」を、学校生活をふまえた新津二中バージョンとしてパロディ風に考えてみました。こんな時に不謹慎なと思われる方もいるとは思いますが、こんな時こそ、笑いで暗い雰囲気を吹き飛ばすことが必要だと思います。ぜひご笑読ください。

	本来のいろはカルタ	新津二中バージョン	意味
い	犬も歩けば棒にあたる	犬も歩けば猫も歩く	当たり前のことを当たり前のようにできる人間に
は	花より団子	花より単語	英語の基本は、やっぱり単語でしょ
に	憎まれっ子世にはばかる	憎まれっ子世に迷惑かける	愛される・応援される人間にならなくちゃ
と	豆腐にかすがい	遠くに春日山	大切にすべきは新潟愛
ち	ちりも積もれば山となる	地理も歴史もためになる	社会の学習内容は、人としての常識
り	良薬は口に苦し	要約は口に出すべし	表現力・発表力の向上をめざして

ぬ	ぬかに釘	床に釘	学力向上の基本は学習環境の整備から
わ	割れ鍋にとじぶた	我ながらどじった	テストでのケアレスミスには要注意
か	果報は寝て待て	家宝は寝て持て	大事なものは、いつでもどこでも大切に
お	鬼に金棒	甥のケン坊	お正月全員集合。家族や親類縁者を大切に
あ	頭隠して尻隠さず	問題隠して答案隠さず	カンニングは絶対にダメ。お互い注意して
め	目の上のたんこぶ	目の下の隈	寝不足厳禁、十分な睡眠時間を確保
み	身から出た錆	ミから出たアルトリコーダー	最初の音は「ド」だったのに、間違えた
し	知らぬが仏	知らぬがホットケ	わからない問題は後回しにして、とりあえずできる問題から先に

「荒野行動」や「フォートナイト」などのネットゲームも実に楽しいのでしょうね。でもたまには、

昔ながらの遊びであるカルタやトランプ、「UNO」などのカードゲームや、昭和生まれのボードゲーム、「オセロ」や囲碁や将棋などの伝統的な遊びに、一家団欒、家族みんなで興じるのはいかがでしょうか。

誰も想像していなかった元旦での大地震で幕を開けた令和6年ではありますが、笑いが絶えない明るく平和な1年になることを心から祈りながら。

いろはカルタでは、「笑う門《かど》には福来る」と詠っていますが、どうか、「笑うカードには福来る」になりますように。

38 R6（1／15）

タバコの煙に希望が見えた

先日、私立高校受験の願書を提出し、明日からいよいよ入学試験が本格的にスタートします。そして、その合否結果も含めて、来週にはあらためて3年生の三者面談が予定されています。まだまだ進路希望先が確定しない生徒もいるようですが、受験や今後の進路については、学校と家庭との良好な信頼関係をもとに、最大限サポートしていく大事な局面だと考えています。

今から20年以上も前の30代の頃に、3年生の担任だった時のエピソードです。

クラスのある男子生徒が、ある部活動の強豪校である私立高校への進学を熱望していました。彼は愛すべきナイスガイのスポーツマンでしたし、私もその競技での彼の高校での活躍を心から期待していました。

ところが、三者面談でも、その彼の進路選択を頑として父親が反対していたのです。お母さんを小さい頃に亡くし父子家庭であったこともありましたが、1番の反対の理由は経済的なものでした。

当時、その学校は推薦等での授業料免除の道はなく、本人からは、「先生、絶対に○○高校に行きたいんです。何とかオヤジを説得してもらえませんか」と強く懇願されました。

数日後、家庭訪問をして父親に向き合いました。お父さんは、外見は高倉健のような、一見するとコワモテで、どちらかというと不愛想な人でした。自身の土建関係の仕事や、これまでの一人手による子育ての苦労、経済的な家庭事情等々、訥々《とつとつ》と語ってくれながら、「先生、うちに子どもを私立に入れる余裕なんてないんさ」と言うばかりで、いろいろ説得を試みたものの、彼の進路選択を認めてくれるまでには至りませんでした。

やりとりが続いて、しばらくお互い沈黙の時間が流れました。お父さんは、かなりのヘビースモーカーで、ガラスでできた灰皿には、時間とともに吸い殻が少しずつたまっていきました。渋い顔をしながら私に対応していましたが、タバコをふかす姿は映画俳優のようにカッコよく、惚れ惚れするほど実においしそうに吸うのです。

喫煙者にとっては肩身が狭くなった昨今、社会の隅へ隅へと追いやられる感のあるタバコの存在ですが、当然喫煙する権利も十分尊重すべきで、個人的には、人それぞれの嗜好品として、他人に迷惑をかけなければ特に問題ない代物と思っています。もちろん、未成年者の喫煙は絶対に認められませんが……。

かく言う私自身も、大学時代から社会人としてスタートした銀行員時代、そして教員になってしばらくはタバコを吸っていました。特に、銀行員時代は、タバコは営業マンとして商談の間をつなぐ必須アイテムでありました。社会的にも、飛行機や電車、バス内でも喫煙が可能であったり、ポイ捨てなんて当たり前の時代だったのは今では信じられないことです。

教員になってから、教え子の中の喫煙常習者への指導に苦労したのをきっかけに、自分もタバコとの縁を切りました。

さて、話を元に戻します。

長い沈黙の後、説得も虚しく感じ、あきらめて帰ろうとした最後に、お父さんと次のようなやりとりがありました。

「お父さん、実においしそうにタバコ吸いますね」

「あー、うまい。これだけはやめられないよ」

「私にも一本いただけませんか」

「お、先生も吸うのか？」

「いやもうタバコをやめてから随分経つんですが、あまりにもお父さんがおいしそうに吸うもので……」

「そうか、ほら一本」

そんなわけで、何年かぶりのタバコを口に運び、お父さんが火を点けてくれました。正直、数年ぶりのタバコがおいしいとは決して思えず、久しぶりだったので、頭がくらくらするようでした。

「ところでお父さん、タバコは、1日どれくらい吸われるんですか？」

「まあ、1日で2箱くらいのペースかなあ」

「とすると、1日で500円、ひと月で1万5000円、1年で18万円くらいですね」

「そんなんか。まあ1年にすると結構かかるもんだなあ」

「……お父さん、タバコをやめたら、息子さんの授業料くらい何とかなるんじゃないんですか？」

と言った瞬間、お父さんのタバコの先にたまっていた長い灰がポロッと畳に落ちました。

すると、オヤジさんはいきなり大声で笑いだし、

「先生っておもしろい人だな。わかったよ。子どもの言う通りにするよ。でも、タバコはやめないよ。他のところで何とかするよ」

と、言ってくれました。そして、

「もう話は終わりだ。腹が減った」

そう言うと、「夕飯の時間だから飯でも食っていけ」と、野菜と卵と肉をたくさん入れたインスタントラーメンに大盛のライスを添えて夕飯をごちそうしてくれました。インスタントなのに、後にも先にも、あんなにおいしいと感じたラーメンはありませんでした。


手塩にかけて長い年月と労力をかけて育てた最愛の我が子が、どのような進路を選択するのか、どのような人生を歩むかは、経験豊富な人生の先輩である身としても心配でならないのは親として当然です。受験料や授業料を出す立場からも、進路の決定には大いに関与せざるを得ません。

しかし、進むべき場所に進むべき方向を見つけ、その上に進むべき強固なレールを敷いてそのレールを走って進むのは、生徒自身なのです。つまり、生徒の進路や人生は生徒自身のものであり、親や教師のものではありません。親が敷いたレールの上でなく、生徒が自分の自分による自分のための敷いたレースを突き進むことができるように、最大限の理解と支援、そして叱咤・激励を最後までぜひともお願いするものです。

その後、そのお父さんがタバコをやめた形跡はありません。しかし、生徒は無事志望校に合格し、充実した3年間の高校生活を送りました。昭和時代の愛すべきニヒルで武骨な頑固オヤジとの、ただただ懐かしいひとコマ。

お父さんがつくってくれたラーメンを2人で食べた後、すぐさまお父さんは満足そうな表情で食後の一服に入りました。その表情を見ながら、私はなぜか目頭に熱いものを感じました。決して、タバコの煙が目に沁みたわけではありません。

39 R6（1/31）

切捨御免！　その評価はごもっとも？〈「評価」を通して見えるもの①〉

当校の保護者の学校評価のアンケートは、昨年度からグーグルフォームでの入力によるデジタル化を図り、今年度から、記述では「お子さんの成長を感じられること」についての入力をお願いしています。

後期の学校評価も、保護者の皆さんからいろいろコメントをいただきました。いただいたすべてのコメントについて、繰り返し、繰り返し読ませていただきました。

すべては書ききれませんが、ほんの一部をいくつかピックアップしご紹介します。

・自分で考えて行動できるようになった。
・学校生活や部活を心から楽しんでいる。
・いろいろなことに挑戦しやり遂げる姿勢。
・部活動のおかげもあり、初対面の人にもきちんとあいさつができるようになった。
・一人で決めることが増えた。
・会話が穏やかになりました。
・思春期に入り精神的な不安定さを感じていますが、これも成長の過程だととらえています。

・誰かのせいにすることなく、逃げずに自分と向き合おうとする様子。
・物事を少しずつ客観的に見られるようになってきた。
・自分の意見をいろいろな方法で伝える努力ができるようになってきた。
・周りの人たちに認めてもらうことが増え、以前よりも自己肯定感が高くなった。
・朝の読書の影響で読書習慣が身につき、毎日読書をしている。
・自分自身と周りの人たちを客観的に観察して、違いを認め、その上で自分の考えを持ち、さらに伝えようとする努力をしている。
・体育祭や合唱祭の練習を、楽しそうに家でもやっていました。
・困難から逃げ出さなくなった。
・最近リンゴの皮をむいてくれました。「家庭科でやったので、むけるようになったよ」と嬉しそうに話してくれました。
・仕事で疲れている時や具合の悪い時など、進んで家の手伝いをしてくれるようになった。
・大人が信用できないというイメージが付いていたのですが、たくさんの先生方とのコミュニケーションのおかげでだいぶ大人に心を開くようになりました。
・ニュースなどに対して、自分なりの考えをもつようになったと思います。

このように、多くの具体的な子どもたちの成長の姿に触れられ、我々教職員もたいへん励みになり勇気づけられた思いであります。本当にありがとうございます。

その中で次のような2つのご意見については、回答の必要があると判断し、この場を借りて回答いたします。

生徒の「有志合唱」をやりたいと3年生から声が上がったのに、担当の先生の判断でやらないと即答され、思い出が1つ減ったこと、子どものやりたいという思いをきちんとした理由の説明もなく拒否されたことはどうだったのか。成長するチャンスだったのにと、とても残念でした。

昨年まで実施していた「有志合唱」を楽しみにしていた生徒が、特に3年生の中にいたことは承知しておりました。しかしその一方で、一昨年度・昨年度の状況から、練習や本番における生徒のマナーや態度面に問題ありと捉えていた生徒・保護者・教職員も少なからずおり、また進行上の時間的なことも含め、総合的な教育効果を考慮し取り止めることにしました。

決して、担当教諭のみの判断ではなく、それ以前に、職員会議等で協議し共通理解を図っての決定です。その理由や経緯について、結果的に生徒が納得いく形で丁寧に説明せずに、残念な思いを抱かせた生徒がいたことに関しましては、深くお詫び申し上げます。

そしてもう1つ。この学校評価の自由記述に関して、

「お子さんの成長を感じられることがありましたら、ご記入をよろしくお願いいたします」と謳っているのはなぜか？

という、学校の意図についてのお尋ねがありました。

これまで私自身も、中堅教員から管理職にかけて、勤務した複数校で学校評価のとりまとめに長い期間関わってきました。その中で、保護者の皆さんからいただいたたくさんのコメントを読んで、暗澹たる気分になることが度々ありました。

自由記述とはいえ、建設的で前向きなコメントばかりではありません。辛辣で必要以上に手厳しい叱咤ならまだしも、感情的な表現や教職員や他の生徒・保護者への個人攻撃ともとれる非難・中傷の類のものも見受けられました。無記名式とした場合、その内容はことさら過激になります。そう言われても仕方のない学校運営や教育活動だからだと言われればそれまでですが、先生方のモチベーションが高まる手立てには程遠く、建設的な改善に向かわないものととらえていました。

誤解しないでください。耳の痛い意見には耳を傾けず、学校に批判的内容には耳を塞ぐ、というつもりは毛頭ありません。当然、皆様の意見や要望には謙虚に耳を傾ける姿勢を大切にしたいと思います。ご意見や要望があれば、口頭であれ紙面であれ、デジタルであれ、多くの声を寄せていただくのは大歓迎です。また、そういった互いのコミュニケーションこそ大切にしたいものです。

ただ、互いの考えや思いを伝えるには、最低限の節度ある相手へのリスペクトや温もりのある伝え方が前提だと思うのです。それは、保護者と教職員間だけでなく、生徒同士、保護者同士、我々教職員の同僚同士、そして何よりも、我々教職員が生徒に対して、で最も重要なことです。

学習の成績を付けるのもそうですが、人が人を「評価」するということは本当に難しいものです。ただ、評価するということは、物事の良い悪いの白黒をつけることでも、1、2、3位の順番を付けることでもないはずです。

「あなたが頑張っている姿をしっかり見ているよ」というサイン、頑張った姿を褒める表現活動、そして、「ここを直したりすればもっとよくなるよ」というヒントであると思うのです。

「当校の保護者の皆さんには、いつも元気と勇気をたくさんいただいています」

というのが、私の新津二中の保護者に対する評価です。

40 R6（2／7）

「ひまわり」よりも「たんぽぽ」が好き！〈「評価」を通して見えるもの②〉

実際のところ人間は平等ではないと思います。生まれた時点でスタートラインは違っているのです。経済的に恵まれた家庭に生まれ育った人間もいれば、そうでない人間もいます。生まれながらに頭脳明晰、容姿端麗の人間もいれば、自分自身そう思えない人間だっています。生まれながらの自分を取り巻く『環境』や、持って生まれた様々な『資質』や『能力』には差があるのは当然です。その差は、自ずとその後の人生や道のりにも少なからず影響をもたらす場合が大です。

若い時分は、私だって、（ああ俺もキムタクのようにカッコよく生まれてきたら、きっと女子生徒の憧れの的だったろうなあ。少なくとも、廊下を通るとみんなよけて通るような、こんなみじめな思いはしないはずだ。いや待て、キムタクのようだったら、そもそも学校の先生なんてやってやしない。でも、工藤静香はタイプじゃない。もっと好みの女優さんと結婚して……）なんて夢想したのが、退職が見えてきたこの年になって何と虚しいことか。

ただ、スタートラインは違っても、走り始めてからのスピードやスタミナは、その人間の努力次第です。そして、その努力が正当に評価されることこそが大切だと思うのです。

学習評価の観点別評価3観点に、「主体的に学習に取り組む態度」という項目があります。この評価は、以前まででですと、「誠実に学習に励んでいる」「発言や発表が活発だったり提出物がしっかりしている」――つまり真面目に一生懸命授業や課題に取り組む態度が表れていれば、それなりに高い評価をもらえたものでした。ですが、今は単純にそうではありません。

例えば、漢字や英単語を覚えようと何度も何度もノートに繰り返し書きます。バレーボールの技術を磨きたくて、何球も何球も球出しをしてもらってレシーブ力を磨きます。涙ぐましい努力です。しかし、もし間違えた漢字や英単語を何度も書いていたとしたら、もし間違った方法でレシーブを繰り返ししていたとしたら。自分がやってきたことは大いなる時間の浪費であるばかりか、間違った知識や方法を身に付けるだけで、逆に何の役にも立たないマイナスの努力です。結果はどうであれ一生懸命頑張ることだけを美徳だととらえてはならないのです。

このように、これまでなら、汗をかいた分の「粘り強さ」や「ひたむきさ」がそれなりに評価されたかもしれません。しかし、「新学習指導要領」の学習評価では、必ずしも高い評価にはならないのです。それは「自己調整力」が欠如しているからです。

自分の学びを振り返り、自己評価を繰り返し、間違ったやり方を是正したり改善したりすることや、自分の学習の状況を把握し自分の学習を調整する力こそ、今子どもたちに求められています。

しかし一方で、学習面での努力に「自己調整力」が必要だとしても、一般生活では、ともかく額に汗して誠実に頑張る人間が報われる社会であってほしいと切に願うのです。それは学校でもかくあるべしだと思います。

とかく世の中は、イメージ第一主義、中身より見た目勝負、ビジュアルが優れている方が有利、的なところが多いのです。学校でもそうです。ふだんはでたらめな言動をしていても、ちょっとカッコよかったり、スポーツマンだったり、面白いことを言ったり、リーダーシップがあったりしてクラスの人気者だったりする子もいます。一方、大人しくて無口だったり、ちょっと人とは違った発想や行動を取ると敬遠されてしまうような子もいます。そんな不合理な理由で、いじめや嫌がらせにつながることが現実的にはあり得ます。

私が若い頃に担任をしたクラスに、クラスで一番無口で大人しくて、一言で言えば、いわば地味で全く目立たない存在だったB子という女の子がいました。

ある日のこと、学年主任の先生からこう褒められました。

「先生のクラスの教室は、机と椅子がいつも整っていてきれいな教室だね。実に気持ちがいい。たいしたもんだ」

理由は明白でした。部活動を終えて競技道具をしまいに来る途中に、B子が誰もいない放課後の教室に立ち寄って、毎日、机と椅子を縦横きっちり揃えたり、床に落ちているプリントを拾っては片付けてくれていたのです。時間にすればたった3～4分のことです。でも一日も欠かさずにしてくれたのです。その事実を知っていたのはごくわずかな人間でした。彼女はクラスや学校で決して親しくする友人が多いとは言えない子でしたが、私はそんな彼女を心から尊敬していました。

学校は勉強が本分ですが、清掃、奉仕活動、学校行事、係活動、委員会活動などに熱心に取り組む子どもが私は大好きです。初めから兼ね備えた能力や生まれ育ちなどに関係なく、その人の心持ち一つで誰でも平等に取り組めることがあります。みんなのため、公のために役に立つ仕事や役割があるのです。そんなことに、人知れず黙々と取り組める子は本当にすばらしいと思います。クラスや学校を本当に陰で支えてくれているのは、こんな子どもたちなのだろうと。

その年の終業日の最後の終学活に、B子に『ダンディライオン賞』と名付けた大きな賞状を用意し、クラス全員の前で表彰しました。『dandelion』――道端の目立たない場所でもしっかり根を張ってたくましく野に咲く『たんぽぽ』のように、人知れずクラスを支えてくれたB子にふさわしい冠名だと考えました。

「賞状をもらったのは生まれて初めてです」

というB子の嬉しそうな顔が忘れられません。

黙々とクラスや学校を支えてくれている子たちが正当に評価され、真面目に頑張っている人間に陽の当たる、そんな社会や学校であるべきです。

「評価」とは、一生懸命頑張っているのに陰に隠れて見えにくくなっている姿を表に出して、そこに光を当てる取組でもあると考えます。

ある日、クラスでこんなことを子どもに尋ねたことがあります。

「このクラスの担任が俺じゃなくて、キムタクのようなイケメンだったらどうだ？」

生徒たちはシラッとしながら、

「あり得ない」

「毎日1番に学校に来る」

「他の学校のみんなに自慢する」

などと勝手なことを言い出しました。しかし、こんな発言も。

「俺は、キムタクなんかより、先生の方が何倍もカッコいいと思います……」

(さすがクラス1のムードメーカーのT男よ。

よくぞ言ってくれた。

お前だけはわかってくれるよな)

「ところで先生、明日の学活、学級レクでドッジボールにしませんか?」

「…………」

41 R6（2／14） あなたの生き様は合格？　不合格？〈受験について考える①〉

いよいよ、公立高等学校の受験日まで間もなくとなりました。

受験というのは、受験戦争などと呼ばれるように、人生の大きな試練でもあり、ここ一番の人生の勝負どころでもあります。

私は、高校3年時の2月のとある朝、第1志望である京都の某大学を受験するため、前日に京都入りしようと、在来線から東京駅で東海道新幹線に乗り継ぐために家を出ました。

東京駅に着いて、さあこれから新幹線に乗ろうとした時に緊急事態が発生。なんと、受験票を忘れたことに気が付いたのです。

家を出るときに母親から「忘れ物はない？」と聞かれ、（いつもいつも本当にうざいなあ。もうガキじゃないんだから）と思いながら、「うるさいなあ。大丈夫だよ」と面倒くさそうに苦々しく言い放った手前、とてもバツが悪い思いで自宅に電話しました。

「じゃあ、これからお父さんに届けてもらうように頼むから」

という母の電話での返答に、目の前が真っ暗になりました。

（よりよってオヤジかよ……）

この世で一番怖い存在の父親に、どれほどこっぴどく怒られるかと思うと、針のムシロ状態で待った1時間余りの時間は、とてつもなく長く長く感じられました。

東京駅にやって来た父は、受験票を私に渡すと、そのまま踵を返して何も言わずに帰って行きました。どれほど怒鳴り散らされるかと、場合によっては殴られるかとも覚悟していたのに、拍子抜けする思いでしたが、明日の本番に向けて父親なりに気を遣ってくれて、ぐっと怒りをこらえてくれたというよりは、怒りを遥かに通り越して、呆れ果てていたのだと思います。


数日後の合格発表の日。インターネットなどなかった時代でしたし、受験した大学が遠方だったために、電報での合否連絡の手続きを取っていました。電報を受け取るのは、この時が生まれて初めてで、多分これからもない経験だと思います。コタツで横になってテレビを見ているところに、顔見知りの郵便配達員のおじさんが電報を届けてくれました。

「ムネン サイキヲキセ（無念 再起を期せ）」

なるほど、こういう場合、「フゴウカク（不合格）」なんて直接的な表現はしないんだ。「サクラチル（桜散る）」なんていうのが極々一般的なのに、この大学はそうじゃないんだ、と、なぜかどうでもいいことに思いを巡らせながら、他人事のように淡淡とその結果を受け止めたことを鮮明に覚えています。

そして我に返ると、不合格であったことをがっかりすることよりも、両親に合わせる顔がないなあというやるせない気持ちに襲われました。

さて、3年生の皆さん、来月には公立高校の入試結果が出ます。私はあえて合格しても「おめでとう」と言うつもりはありませんし、不合格になっても、可哀想だとも思いません。

なぜなら、合格した人が勝者で、不合格の人が敗者ではありません。合格したから幸せで、不合格が不幸ではないのです。受験で一生は決まりません。

入試にせよスポーツ等の大会にせよ、競争事や勝負事では勝ち負けや白黒がつくのは当たり前でしょうが、重要なのはその結果ではなく、それまでの過程であり、その結果からどのような教訓を得て、その後の人生をどのように歩むかということだと思っています。

私は大学受験の頃、「自分は受験生という特別な立場で、大きなプレッシャーの中でみんなの期待にも応えようと必死に頑張っているんだから」と自分を自分で特別扱い視し、家族みんなのやさしさに甘えて、自分が気に入らないことがあると周りにきつく当たったりするなど、ワガママ放題の日々を送っていたような気がします。

この受験の不合格で得た教訓は、周囲のやさしい気遣いにも気づかず感謝の気持ちも持てないような、心に余裕のない未熟な人間には、大事を達成することなど到底できないということです。

たとえ必死に最大限の努力をしようとも、受験に向かう息子にやさしく声掛けしてくれた母親に悪態をつき、自分の不始末の尻拭いを父親にやらせてしまうような不心得者・親不孝の人間などに、天の神様は微笑んでくれないということです。

3年生が卒業後迎える高校3年間、いやその後の人生にとって、実はこれからの一カ月余りは極めて重要です。志望校に合格した人は、いつまでも浮かれていないで、ふわふわ、チャラチャラした気分で過ごさず、助走をつけて高校に進んでください。ふわふわ、チャラチャラしたままで進学すると、そのままの雰囲気で高校3年間は過ぎていきます。

逆に、志望校に合格できなかったら、しばらくは悲しくて辛い思いをするかもしれません。でも、本当にそのことが心の底から悔しいと思うならば、その屈辱や切なさをいつまでもいつまでも忘れずに、この借りをいつか返すのだという意気込みで、これからの人生を歩んでもらいたいものです。

15年前に他界し、天国にいるのであろう父よ、
今年で米寿（88歳）を迎え、多少認知症気味の母よ、
あの電報を受け取ってから、その後の私の生き様は、
合格ですか？　それとも不合格ですか？

42 R6（2／21）

あの日あの時、内履《うちば》きを忘れた君へ〈受験について考える②〉

今の世の中、全国的に塾や家庭教師を利用している生徒の割合がかなり高いことは容易に推察できます。学校の人間としては、ある意味、我々教職員の指導力に満足していただいていない結果とも受け止められ、やや複雑な気持ちです。

しかし、規則正しい生活をして、睡眠時間をしっかり取って、授業に集中して取り組み、家庭でもしっかり予習・復習ができる自己教育力や自立・自律心が備われば、塾などに行かずとも、それなりの十分な学力は身に付くものと、個人的には考えています。

ですから、教師の指導レベルが特に低くない前提で、生徒が授業中寝ていたり、教師の目を盗んでタブレットで授業と関係のないことをしていたり、いい加減な態度で授業を受けているとすれば、学力が身に付くはずなどないと思っています。

私のかつての教え子のC男も、まさに典型的なこのタイプの生徒でした。

C男は、授業をはじめ誠実で真面目な学校生活を送っているとは到底言えず、成績も伸び悩んでいました。ただ、家庭は経済的にもかなり恵まれていて、3年生の10月頃から慌てて、かなりの日数と時間、びっしり塾通いをするようになりました。そして、受験が近づくにつれ、次のようなC男と私のやりとりが、幾度となく繰り広げられました。


「授業中寝ていたらダメだろ」

「昨日、夜遅くまで塾で頑張ったんですよ。めちゃくちゃ眠いんです」

「それは君の自分勝手な都合だろ。学校の授業の方が本分だろ」

「先生の授業はとてもわかりやすいので、不満があるわけではないんです。受験までもう時間がないんで、志望校に向けて塾でマンツーマンで対策問題に取り組んで追い込まないと……」

また、ある時には寝ないで珍しく必死に鉛筆を動かしているので覗いてみると、

「何やってんだ？」

「今日の塾の宿題です。今やらないと間に合わないんです」

「それは君の自分勝手な都合だろ。学校の授業の方が本分だろ」

「別に先生にもクラスのみんなにも迷惑はかけてないいんで、いいじゃないですか」


毎度毎度そんなやりとりで、その都度粘り強く指導しましたが、私の注意に耳を貸さずにいっこうに改善する兆しはなく、半ばあきらめムードが漂いながら時間だけが過ぎていきました。ただ、私の担当教科の数学の時間に数学の塾の宿題をすることを百歩譲って目をつぶったとしても、数学の時間に塾の英語の宿題をやっている時には、怒りを通り越して呆れる思いで、声を荒げて叱責することもありました。

さて、公立高校受験日までカウントダウンです。

当時は、どこの中学校でも、3年生の先生方が手分けして、受験者数が多い高校には現地に出向いて、校門や生徒玄関入口周辺で生徒がアクシデントもなく受験高校にやってくるのを確認していたものです。自分の中学校の生徒に「おはよう」「がんばれよ」とあいさつして一声かけながら。

間もなく受付時間終了だというのに、C男がなかなか現れません。やっと時間ギリギリに受験生の一番最後にやって来ました。母親の運転する高級車が校門の目の前に横付けされて、C男が車から慌てて降りて来たのです。C男は、校門から生徒玄関に向かう途中で、ある若い男性に駆け寄り、その男性と言葉を交わし、肩を叩かれながら激励され、そそくさと生徒玄関に入っていきました。その間、彼が私に気付いたかどうかは定かでありません。急いでいたから気が付かなかったのか、私をあえて無視したのか。C男が駆け寄った男性の正体はすぐにわかりました。彼が通っている進学塾の講師だったのです。

とりあえず受験者全員が学校に入ったのを見届け、さて学校に戻ろうとすると、C男が生徒玄関から出てきて私のところに駆け寄ってきたのです。

「何だ?　今さら朝のあいさつか?」

「内履き（上履き）を忘れちゃったんです」

「昨日あれだけ言ったよね。しっかり持ち物を確認して、それとできれば公共交通機関を使って来るようにと」

「…………」

（いつもは弁がたつのに都合が悪くなるとだんまりなのか？）
（そのまま、靴下のままで試験受けたらどうだ？）
（高校の先生に自分で申し出てスリッパでも借りたらどうだ？）
（ママに電話して相談したらどうだ？）
（さっきの塾の先生に泣きついたらどうだ？）

どれだけそう言いたかったかわかりません。

しかし仕方なく、私から高校側に事情を伝え、中学校にいる職員に電話をして彼の内履きを届けてもらったのです。

合格発表の日、その高校を受けた中で彼だけが不合格となりました。

「ほら見たことか」――という気持ちが全くなかったわけではありませんでしたが、それでも肩を落として涙ぐむ彼を必死で慰めました。と同時に、自責の念も込み上げてきたのです。C男も彼なりに必死だったのだろうと。まだまだ未熟な中学生だったのだと。何を言っても無駄だと諦めずに、粘り強くもっと必死に彼と向き合うべきだった、勝負すべきだったのではと。

前号の私自身の体験やこのエピソードが、私が目指す生徒像とする「周囲から自然と『愛され・応援され・励まされる』ような人間・集団」に反映されているのは言うまでもありません。

結局C男は、いわゆる滑り止めの私立高校に進学しました。卒業以来これまで彼と顔を合わせる機会はありません。でも目の前に彼がいたとしたら、あらためてあの日に舞い戻ってこれだけは言いたいのです。


「若い塾の講師よりも自分の方が、何倍もお前の将来のことを考えていた」と。

「数学の指導力もはるかに自分の方が上だった」と。そして、

「何よりも、人はお金で買えないものほど大切にすべきなんだぞ」と。


いずれ同窓会などで、C男と顔を合わせる日は巡ってくるかと思います。

彼もそれなりの人生経験を積み重ねてきているとは思いますが、彼が今でもこの時のままのような人間だったとするならば、私は自信を持ってダメ出しをしたいと思います。

「おまえの生き様こそが〝不合格〟だ」と。

43 R6（2／27 3年生同窓会入会式あいさつに追記）

窓から差し込む光明に未来が見える！

下記は、昨日2月27日の3年生の同窓会入会式で話をした内容です。

「3月5日の卒業式までカウントダウンとなりました。

卒業と同時に皆さんは、この新津第二中学校を卒業した先輩方の仲間入りをします。まだ、卒業前ではありますが、今日は一足早い同窓会への入会をお祝いする会となります。

もしかしたら、今ここにいるこの校舎は、いつの日にか、新しく建て替えられたり、この場所には存在しないことになるかもしれません。何らかの事情で、『新津第二中』という名前そのものがなくなることだってないとは限りません。

でも、この新津第二中学校の卒業生であるという一点のみでつながる同窓会は、学校の存在そのものが、皆さんの心の中にずっとずっと生き続ける無形の宝物だと思っています。

今年で創立76周年を迎えた新津第二中学校ですが、これまで1万1816人の先輩方が、この学校を巣立っていきました。皆さんを加えて卒業生は1万2023人になります。卒業は、母校や友人や後輩や先生方との別れでもありますが、それと同時にこの新津第二中学校を〝心のふるさと〟とする諸先輩や、君たちが卒業した後に卒業するたくさんの後輩の皆さんとの、新たな出会いへの扉でもあります。

今後、同窓生としていろいろな出会いがあり、お互いが助け合う場面や、同窓生として同窓会の皆さんの笑顔に救われる場面も出てくるかもしれません。そんな新たな出会いを誘う同窓会への入会を心からお祝いします――」


自分も、年に何度か同窓会の集まりにいろいろな立場で出席しますが、自分にとってそれは、とてもとても楽しく懐かしいひとときです。しかし、この頃、「同窓生」とか「同級生」という言葉を耳にすると、実は、拉致被害者の「横田めぐみ」さんのことが脳裏を過《よ》ぎることが多々あります。

その理由として、拉致被害者家族とともに、拉致問題に熱心に取り組んでいる、めぐみさんの母校である新潟小学校や寄居中学校の、同級生を中心とした「横田めぐみさんと再会を誓う同級生の会」の熱心な活動が思い出されるからです。一昨年、ある研修会の記念講演会で聴いた蓮池薫さんの話に衝撃を受けました。

今から約20年前の２００２年（平成14年）10月15日、拉致被害者5人が日本に帰国するというビッグニュースが飛び込んできました。蓮池さんはそのうちの1人です。

当時、私が勤務する中学校にもたくさんの報道陣が押し寄せました。何事かと驚きましたが、私の隣のクラス担任の先生が横田めぐみさんの中学校の同級生で、コメントを求めに取材に押し寄せて来たのです。

拉致された当日の生々しい回想、帰国までの北朝鮮での苦難の生活、帰国後の問題解決への道のりなどを講演で淡々と話す蓮池さんの姿に、想像を絶する出来事の重さをあらためて痛感しました。
引き続き登壇したのが、「横田めぐみさんと再会を誓う同級生の会」代表の方でした。昨年度、現2年生に学校で講演してくれた方です。彼は、小学校の卒業文集のコピーを携え、蓮池さんと同様、拉致問題の解決を切々と訴えたのです。
その卒業文集の中で、めぐみさんは「将来の私」と題して、将来自分が思い描いている職業等をいくつか嬉しそうに掲げ、最後にこう結んでいます。

「これはあくまで私の理想だが、能力と夢と現実につながった将来にしたいと思っている。」

拉致問題を風化させないために、また大切な人権教育の一環として、学校でもDVD『めぐみ』等の教材を活用しながら授業を行っています。当事者にしかわからない苦悩や切なさは計り知れないばかりですが、今後も引き続き真剣に取り組まなければならない指導内容だと考えています。

さて、「同窓」の「窓」とは、「窓のある部屋」を意味することから、「学校」を表すと言われています。確かに、窓のない学校などはないと思いますが、明治28年（1895年）に当時の文部省が設定した学校建設のルールの名残で、学校の教室は次のように造られていることが多いそうです。

①教室の形状は長方形

②教室の窓の向きは、南または西南、東南
③外からの光が生徒の左側から入るように

新津二中は立地条件や改築・増設が続いた関係でこのルールには則ってない部分はあるのですが、全国的には、①や②のような構造になっている学校がかなり多いといいます。それは、明治時代は照明器具がなかったために、外からの明かりを取り入れる必要があったからです。
③は、日本人は右利きの人が多いからだと言われています。つまり、廊下側とは反対の外が見える窓側が、子どもたちの左側にくるということです。

同じ窓のある部屋、「同窓」――つまり同じ学校、同じ学級で過ごした仲間の組織が「同窓会」であり、その当事者が同窓生と言われている所以です。
いよいよ卒業まであと4日。長い冬に別れを告げ、教室には白い光が燦然と差し込む季節が再びやってきます。光は希望の象徴です。卒業生の未来にも、そして拉致問題にも、必ずや希望の光が差し込んでほしいものです。

春よ、春よ、春よ来い！　早く来い！！

44 R6（3／1） かわいい子だからこそ選ばせる旅

私が若い頃の話です。

今ではあまり見られませんが、当時は「家庭訪問」があった学校も多く、その時の私の勤務校でも実施していました。

働き方改革が声高に叫ばれる現代では、なかなか実施している学校も全国ではごく稀なものと推測する教育活動の1つにはなりましたが、実施する意義は決して小さくないと思っています。

当時、子ども部屋を案内してくれたりする親御さんなどもいて、生徒の家庭での様子がよくわかりました。ご家族の方との距離が縮まったりして、その後のコミュニケーションが円滑になるなどの効果もありました。何よりも、どこの家庭でも、お茶やケーキやお茶菓子を出してくれるので、それもささやかな楽しみでした。

ある生徒の家を訪問した時のことです。お母さんと話をしている最中、突然、襖を開けておばあちゃんが現れ、話に割って入ってきました。

「先生、1つお願いがあるんですが」

「何でしょう?」

「隣の家の子は自転車通学が認められているのに、うちの子は自転車通学はダメだと言われて歩いて学校に行っているのですが、不公平じゃありませんか？」

「自転車小屋のスペースにも限界があるので、自転車通学許可の範囲を制限しているんですよ。たまたま、ここと隣の家がちょうど境界線なのです」

「だったら、境界線を見直して、一軒分近くに線引きを変更してもらえません？」

「お気持ちはわかりますが、その理屈と道理で同じようにお願いされたら、その隣の家、またその次の隣の家もと、どんどん認めないといけなくなります。今の境界線を変更することはありません。どこかで線引きをすることが必要なんです」

「私はとにかく、孫が不憫で、不憫で……」

なかなかおばあちゃんが納得してくれないので、その場に生徒本人を呼びました。

「君は、バスケットボールで県大会優勝を目指しているんだったよね。学校に歩いて登校しているけど、自転車で通いたいと思っているの？」

「いえ、全く思っていません」

「だよね」

話は決着しました。彼は必ずそう答えると確信していました。もし自転車で通いたいなんて言うものなら、「県大会で優勝なんてチャンチャラおかしい」と言ってやろうと思っていました。彼もそんな私の顔色をうかがったのかもしれませんが……。

さて、来年度から、バス通学以外の生徒で、現在自転車通学範囲だからといって必ずしも自転車通学をする必要はないこと、つまり徒歩通学を推奨します。できれば自転車通学者の数を減らしたいと思います。その理由は、以下の通りです。

◇現在の自転車通学の状況（利用生徒数、交通マナー・ルールの悪さについて地域から苦情が相次ぐ）から判断して、今後大きな加害・被害事故等の危険性が大いに懸念される。

◇学校の登下校は、学校が指定された経路を利用しているならば「学校の管理下」であるが、地域から協力をいただいたとしても、十分な見守り体制が取れない。

◇自転車利用者のヘルメット着用義務が法令化するなど、被害者にも加害者側にもなり得る自転車利用による安全確保は、現代社会の喫緊の課題である。

◇現在自転車通学許可範囲でも、特に自転車を利用しなくても十分に徒歩通学圏内であるところも多く、実際冬季間は徒歩通学をしている。

（市内の他の中学校で、二中の通学範囲以上に遠いところから徒歩通学している生徒もいる。学区内の小学生でも遠い距離を歩いてくる子もいる。）

といくつかの理由を挙げましたが、最大の目的は、「命」を守ることです。もちろん自転車のみが交通事故の対象ではなく、徒歩通学でも安全確保は重要です。しかし、自転車は自分が被害者になることも加害者になることも大いにあり得ます。幸い、だれかの「命」が失われなかったとしても、大きな傷害事故になる確率も、現状からすると徒歩以上に大きいのです。この1年間大きな事故がなかったのはたまたまです。学校は、大いなる危機感を抱いています。

あくまで徒歩通学を「推奨」するということです。もちろん、自他の安全を守れるという強い意志と規範意識がある生徒や、特別な事情を抱えている生徒には、あらたに改訂した「自転車通学許可願」を提出の上、自転車通学を許可したいと考えています。

おばあちゃんは「孫が不憫で、不憫で」と言います。「不憫」とは、可哀想とか気の毒という意味です。十分に徒歩で通学できるのに自転車通学できない生徒を、私は可哀想とも気の毒とも全く思いません。しかし、生徒が交通事故で命を落としたり、大ケガを負ったとしたら、その子もその身内の皆さんのことも、心から可哀想で気の毒だと思います。

そしてこの「命」を守るということ以外にも、必要以上に子どもを甘やかすべきではないということです。新潟市のある中学校では、風雨が強い日には学校前の道路にたくさんの車が縦列で並ぶそうです。同居、あるいは近くに住むおじいちゃんやおばあちゃんが孫かわいさに、孫による学校の公衆電話からの電話一本で学校にお迎えに来るのです。かつては市内でも有数の部活動強豪校と言われていた学校ですが、今はそれほどでもないような現状を見るにつけ、この光景と全くの無関係ではないものと個人的には思っています。

私は子どもたちにはこう言いたいのです。

「境界線の内にいようが外にいようが、隣の景色をうらやむことをするよりもまず、今できる最善なことは何なのか考えよう」と。

「目指すべき頂に向かう途中に分かれ道があったとしたら、あえて険しい方の道を進もう」と。

「かわいい子には旅をさせろ」という諺があります。言うまでもなく、「旅」とは本当の「旅行」ではなく、厳しい経験を積むほど子どもは成長するのだから、かわいい子ほど敢えて厳しい思いをさせるべきだという意味です。子どもの成長にとって、自身にプラスになる試練やギリギリの小さなリスクの積み重ねは必要です。

子どもの命はもちろん、この諺すらもこの世から姿を消す、つまりこの諺が「死語」になるような、そんな甘々な世の中にはなってほしくないのです。

45

R6（3／5令和5年度卒業証書授与式 式辞）

さらば！　新津二中の我が子らよ

ただいま、3年生の皆さん一人一人に卒業証書を手渡しました。最後の最後に、皆さんの顔を目の前でまじまじと見ることができて、ささやかな感動を覚えました。

あらためまして、卒業おめでとうございます。

さて、この旅立ちの日にあたり、私は、どんな美辞麗句も、偉人や歴史上の人物の格言も、有名人の成功体験や感動的なエピソードなど、気の利いた話は何も準備していません。

また、皆さんのこの3年間の輝かしい足跡はこの後の送辞・答辞に委ねたいと思います。その代わり、私がこれまで皆さんに訴え続けてきたことをあらためてお話しし、餞《はなむけ》の言葉とします。

私が皆さんに言い続けてきたこと、それは、常に周囲から自然に「愛され、応援され、励まされるような人間」たれということです。

もちろんそれは、周囲のご機嫌をとったり、忖度したり、世渡りのうまい処世術を身に付けたり、大勢に流されるということとは当然違います。

当たり前のことを当たり前にできて、どんなことにも誠実に取り組んで、誰にもやさしく接して、どんな困難や失敗にもくじけないで、ひたむきで真摯な生き方をすれば、必ずや、あなたのことを周囲の人たちは、自ずと、愛し応援し励ましてくれるはずです。

それが人として何より幸せな生き方だと思っています。


そのためにも、最も大切なのは、『感謝』『謙虚』『モラル』の3つです。

これまで支えてくれた人、これから応援してくれる人への『感謝』の気持ち、おごらず威張らず偉ぶらずの『謙虚』な生き方、常識をもって当たり前の社会のルールやマナーを守れる『モラル』――この3つを決して忘れないで生きてください。

この卒業生の晴れの日にご臨席いただきましたご来賓の皆様、本日は誠にありがとうございます。そしてこれからも卒業生を、地域の一員として温かく見守っていただきたいと思います。

そして保護者の皆様、本日は誠におめでとうございます。本日のこの卒業生のたくましく成長した姿とともに、お子様の晴れの日を迎え、感慨もひとしおと推察申し上げます。


ご家族はもとより、我々教職員や全校生徒にとりましても、この新津第二中学校で、卒業生のみんなと、嬉しいこと、楽しいこと、辛いこと、苦しいこと、あらゆる喜怒哀楽を共有できましたこと、生徒の成長する姿を間近で目にできたこと、そして生徒とともに我々自身も成長できましたことは、何事にも代え難いかけがえのない至上の喜びでした。

本日をもちまして、3年間お預かりしました大事なお子さまを、完全に家庭にお返しする日となり、正直とても寂しい思いでいっぱいです。たいへん僭越ではありますが、今後とも私たちが心から愛した子どもたちを、どうか宜しくお願いします。

卒業してからも、皆さんが、幸せな人生を歩むことを心から祈っています。決して、有名人になることや社会的地位や栄誉や富を手にすることが幸せではありません。

誰とも比べることのできない、あなただけの幸せや生きがいを摑んでください。たとえ平凡な生き方と言われようと、家族を愛し、隣人を愛し、地域に貢献し、誰にも迷惑をかけずに、黙々と社会を支えながら生きることこそがすばらしい生き方だと考えます。

最後にもう一度約束します。皆さんがひたむきに誠実に前向きに、日々黙々と日々粛々と生きている限り、この学び舎で巡り合った縁を大切にし、皆さんに、心の中で、ずっとずっとエールを送り続けます。

頑張れ、新津第二中学校第76回卒業生諸君！

卒業本当におめでとう。

令和6年3月5日

新潟市立新津第二中学校　校長　貝塚　敦

46 R6 (3/8)

手袋に包まれたぬくもりと優しさと 〈学校に届けられた1通の手紙〉

令和6年3月5日、207名の卒業生がこの学び舎を巣立っていきました。

ここ数年、コロナ禍で様々な制約のあった卒業証書授与式でしたが、今年度は、卒業生・保護者・在校生・来賓・教職員、総勢約900名が参列する中、フルバージョンの式を実施することができました。

卒業式に臨んだ全校生徒の態度はとても立派で、卒業生合唱「さくら」のフィナーレとともに厳粛で感動的な卒業式となりました。

あらためて、卒業を心からお祝いするとともに、特に卒業生保護者のこれまでの当校の教育活動へのご理解ご協力に、深く感謝申し上げます。

さて、卒業式当日の朝、学校の郵便受けに「新津第二中学校 校長先生へ」と記した、匿名のお手紙が投函されていました。

下記は、その内容の原文です。

突然ではありますが、新津第二中学校の生徒さんへお礼を伝えたく、手紙を書きました。

先月の2月16日（金）の時のことです。

小学3年生の息子が、夕方16時頃、荻川駅近くの線路沿いにあるそろばん教室の近くで、お友達がそろばんを終わるのを待っていた時のことです。その日の夕方はとても寒く冷え込んでいました。

その時、通りがかった中学生の男の子が、息子を見て話しかけてきたそうです。

「ここで何しているの？」

「友達がそろばん終わるのを待っているの」

1人で待っている息子がとても寒そうに見えたようで、中学生の男の子は、

「今日はとても寒いから、風邪をひかないように手袋をあげるよ。ボロボロで少し穴も空いているけど……。ボロボロだから捨てていいからね」

と、その男の子は自分のしていた手袋を息子にくれたのです。

その中学生の男の子はすぐ立ち去ってしまったそうで、突然の出来事に息子はお礼も伝えられずに帰宅しました。

「ぼく、すごく嬉しかった！　手がとても冷たかったから、穴が空いていても温かかったよ。でも、ありがとうって言えなかった」

と、家に帰ってきてから話をしてくれました。捨てていいと言われた手袋ですが、空い

ていた穴を全部縫って大切に使わせてもらっています。息子を気遣い手袋をくれた中学生の男の子に、とても感謝しています。そして、たった一言、「ありがとう」と言えなかった息子は、お礼が伝えられなかったことをとても後悔しています。

この2日間雪が降って、息子が、

「お兄ちゃん手袋なくて寒くないかなあ、困ってないかなあ」

と心配しているので手紙を書かせていただきました。息子はもうその中学校の男の子の顔を覚えていません。唯一わかっているのは、新津第二中学校の生徒さんだということです。

中学生の男の子が見ず知らずの小学生に手袋をくれるなんて、身体を気遣ってくれるなんて、そうそうできることではありません。思いやりのある、優しくて行動力のある、こんなすばらしい生徒さんがいる新津第二中学校は本当にすごいです。

息子も人の優しさに触れて、息子なりに思うところがあって、少し成長しました。私たち家族にとっては、とても心温まる出来事で、感謝の気持ちでいっぱいです。

手紙を書こうかどうか迷ったのですが、少しでも知ってもらえたら、人の思いやりの和や輪はどんどんつながっていくと、そして、それは巡り巡って自分に返ってくると、息子も中学生になる頃にはわかると思います。

本当にありがとうございました。

一読して、目頭が熱くなる思いでした。

当校の生徒は、みんないい子だと思っています。もちろん、この手紙の生徒以外にもやさしい子はたくさんいると思いますが、あらためてこのようなエピソードに触れると、本当に心が洗われる思いです。

生徒には常日頃から、人と「関わる」力を身に付けてほしいと繰り返し訴えてきました。誰にでも公正・公平にやさしく親切に接するということは、自分の成長のみならず、関わった相手の成長をももたらすものだと、私自身あらためて思い知らされました。

新津第二中学校に元気と勇気を与えてくれたこの1通の手紙は、どんな美辞麗句よりも、「おめでとう」という声がけの数々よりも、3年生の卒業に大きな花を添えてくれたようです。

手袋をもらった小学校3年生の君へ。

3年後の中学校への入学を楽しみに待っているよ。

それまでにもっともっといい学校になるように頑張るよ。

そして、君以上に、私は「ありがとう」と君に伝えたい思いでいっぱいだよ。

47 R6 （3／15令和5年度修了式 校長講話）

4月の「再集合」を誓う今年度の「最終号」

本日、令和5年度の最終登校日、後期終業日を迎えました。

後期の最後であり一年間の終了日ですが、「終」と書く終業式あるいは終了式ではなく、正式には、「修」と書く修了式です。つまり、1年の締めくくりの日である今日は、皆さんがそれぞれの学年で学ぶべきことをすべて学び終えて、次の学年に進むことができますよ、という日でもあります。

あらためて、1年間よく頑張りました。そして進級本当におめでとう。

同じように、3月5日の卒業式で、3年生207名もこの学び舎から立派に巣立って行きましたが、卒業式前の2月27日には、3年生は、同窓会入会式という、これまでこの新津第二中学校を卒業した1万1816人の先輩方の仲間入りをする会に臨みました。

皆さんも、1年後、2年後、新津第二中学校を卒業して同窓生の一員となるわけですが、自分が知らない人でも、年齢が離れていても、自分と同じ学校の出身者にはとても親近感がわきますし、有名人や様々な分野で大活躍をしている人が新津第二中学校の卒業生だとわかると、個人的にとても嬉しく誇らしく感じるものです。

私も個人的に、昨年とても嬉しいことがありました。ＪＡＸＡ（宇宙航空研究開発機構）が新しい日本人の宇宙飛行士候補を2名発表しましたが、そのうちの一人である諏訪理《まこと》さんという方が、自分の出身高校の後輩であると、マスコミの報道やＳＮＳ等を通じて知りました。

宇宙飛行士の選抜試験は、国内で最も難関だと言われています。今回も４０００人以上の応募者の中から、とても厳しい５段階の選考を経て２人だけが選ばれました。今後、この２人は、日本人で初めて月面に降り立つ可能性がある候補と言われています。

今から30年以上も前の１９９０年、日本人で初めて宇宙に行ったのは、ＴＢＳの記者だった秋山豊《とよ》寛《ひろ》さんという方です。私は、この時のテレビ中継を今でも鮮明に覚えています。諏訪さんも、中学生の時に、この時のテレビ中継を観て宇宙飛行士に憧れたといいます。一度不合格になった宇宙飛行士への夢をずっと諦めずに再度挑戦し、史上最年長の合格を果たしたのです。同じ同窓生ということだけで、私にとっても我がことのように嬉しいニュースでした。

さて、私は、卒業式での3年生への贈る言葉の中で、次のような話をしましたよね。

「決して、有名人になることや、社会的地位や、栄誉や富を手にすることが幸せではありません。誰とも比べることのできない、あなただけの幸せや生きがいを摑んでください。たとえ平凡な生き方と言われようと、家族を愛し、隣人を愛し、地域に貢献し、誰にも迷惑をかけずに、黙々と社会を支えながら生きることこそがすばらしい生き方だと考えます。周囲から、愛され・応援され・励まされるような人間をめざしてください」と。

宇宙飛行士になりたい、サッカー選手になりたい、オリンピックに出場したい、芸能人になりたい、お金持ちになりたい……。

とてもすばらしい夢だと思います。そういう夢を本気になって実現しようと頑張る仲間を応援することもまた夢の1つです。そして、私が卒業式で話したような生き方もまた、立派な夢だと思うのです。「夢」＝「目標」、「夢」＝「幸せ」だと置き換えてみてください。

皆さんには、自分なりの「夢」実現に向けた歩みを、来年度もしっかりお願いしたいものと強く願います。

今回が、今年度皆さんにお話しする最後の機会となりました。

いわば、校長講話「最終号」です。

そして4月5日は、新しい仲間の新入生を迎え、そして1年進級した新クラスで「再集合」です。

新たなすばらしいスタートをきれる令和6年度を、心待ちにしています。

48 R6 （4／1 令和6年度 第1回職員会議にて）

それを言っちゃあ、おしまいでしょ

私事ながら、教職に就く以前に、民間の金融機関（某信託銀行）に約5年間勤務していました。就職して間もなく大学時代の仲間で集まると、特に公務員になった友人から「いいなあ、銀行員は給料が高くて」とよく言われたものです。

自分は別に給料云々でその会社を選んだわけでもないですし、どんな会社や業種・職種がどれくらいの初任給や生涯賃金なのか、自分が今どれくらいの月給なのかさえも全く無頓着な方でしたので、そういった話題には特に大きな関心を示しませんでした。ただ心の中では、「じゃあお前ら、給料高い順番調べて、一番高い職業や会社選んで入ればよかったんじゃねえの」と思っていました。

その後銀行を辞して中学校の教職に就きました。給料は銀行時代に比べ激減しました。銀行時代の仲間と集まると今度は、「いいよなあ学校の先生は、夏休みもあるし、休みが多くて」と言われました。別に休みが多いから学校の先生になったわけではありません。それどころか、休日や夏休みなども、部活動の練習や大会、研修、学校行事や生徒指導等に明け暮れて、まとまった休みなど取れた記憶はありませんでした。自分の子どもよりもひと様の子どもといる時間の方が長くて、家族旅行もゆっくりした経験もありませんでした。心の中で、「じゃあお前ら、休暇の取れる日数の順番調べて、一番多く休みがとれる職業や会社選べばよかったんじゃねえの」と思っていました。

教職に就いて間もない頃の失敗談。

クラスで一番地声が大きくておしゃべり好きの女の子に向かって、

「おまえの声って本当に大きいよな。耳がつんざくくらいだよ」

と言ったら、その子が急に表情を曇らせ、

「ごめんなさい先生。私生まれながらに左耳が聞こえないんです。普通にしゃべっているつもりでも、よくやかましいと人に言われて。今度から気を付けます」

彼女に何度も何度も謝った、ほろ苦い思い出。


知人の若い女性が、年齢不相応のきらびやかで高価そうな貴金属を身に着けていたので、

「すごいね。めちゃ高かったでしょ。でも、どうかなあ。ちょっと派手だしあなたにはあまり似合わないよ」

と何気なく言ったら、

「いえ、これ誰に何て言われても、ずっと身に着けます。私が大好きだった亡くなったおばあちゃんが私に残してくれた、たった一つの大事な大事な形見なんです」


さて、人の心の内面なんて他人には決してうかがい知れないものです。その人の歩んできた人生も、その人の置かれている環境や立場も、個人的に抱えている事情や苦悩も、その人しかわからないこと

がたくさんあるのです。

にもかかわらず、私たちの周りには、当たり前のように人を傷つける言動や噂話があふれています。土足で他人の内面に踏み込んでくるような言葉。物事の一面や表面だけを見て全体を判断してしまったこと。何も知らないくせに、一から十までわかってもいないのに、偉そうに言ってしまったこと。単なる一部の人間の噂なのに、あたかも真実のように触れ回ってしまったこと。自分の思い込みや判断だけでつい口にしてしまったこと。そんなこと余計なお世話でしょということや、ひがみややっかみの類等々。このようなことで嫌な思いをしたこと、させたことはありませんか?

私は山ほどあります。いつもどこかで誰かが傷つき、どこかで誰かを傷つけている、悲しいかな、それが現実社会の常であると思います。

我々は狭い社会で生きています。その中でいろいろな人間と関わります。気の合う人や価値観が同じ人もいれば、そうでない人もいます。となりの芝生はどうしても自分の芝生よりきれいに見えます。自分が持ってないものをうらやんだり、他人の成功や幸福を素直に喜べない醜い部分も多かれ少なかれ持ち合わせています。物事が思い通りいかなかったら苛立ったり、不公平感に憤ったりすることだってあります。自分の家族や子どもが一番大切、そして自分自身が一番大事、それも人として至極当たり前のことです。

だから、時には、不平・不満も言いたくなるでしょう、愚痴も出るでしょう、強く自己主張をすることもあるでしょう。確かに、言いたいことを言わずに我慢していたばかりに、自分がバカをみるのは不合理です。自分の感情を素直に吐露したり、自分で自分の考えをしっかり主張したり意見することは、決して悪いことではないはずです。

ただし、その前提になるものが存在します。それは、「客観的で正確な情報」の収集と把握、自己の発言や主張に対する「責任」、そして自分の言動が及ぼすと考えられるすべての人への「配慮」。そしてその根幹をなすのは「思いやり」と「創造力」です。

ところが、往々にしてこの大原則は疎かにされ、自分の損得や利益、単なる感情の爆発だけの言動に遭遇します。当然、自分もそういった過ちを多く犯してきました。

『それを言っちゃあ、おしまいでしょ』という言葉や場面を目の当たりにするにつれ、何ともやるせない気持ちに襲われると同時に、そういう言動で物事が本当に好転などするはずはないのに、という深い懸念を覚えます。

国と国との関係、地域と地域の関係然り、ご近所同士の関係然り、生徒と教師の関係、保護者と教師の関係然り、そして同僚の教師同士、親と子の関係もまた然り。

「ねえお母さん、ここの宿題の問題どう解くの？」
「こんな簡単な問題、どうしてできないの」
――それを言っちゃあ、おしまいでしょ。
ここで子どもは傷つきながらも反撃の一言。

「だって、ぼくはお母さんの子どもだもの」

——それを言っちゃあ、おしまいでしょ。

こんなことが、冗談でなく真顔でやりとりされる日常茶飯の如きになったら、もはや戦争や紛争以上の世紀末の到来ですね。

最後に、教職に身を置く者として未熟な自分自身の自戒の念と先生方へのお願いを込めて、昨年度発出の本校長だより第2号で掲載した「自戒7箇条」をあらためて確認してください。そして、子どもの成長を支えるべき我々すべての大人が、肝に銘じるべき内容だと重く受け止めてください。

本日、令和6年度に向けてとりあえず新津第二中学校は離陸しました。あとは、大空に高く高く舞い上がって、目指すべきゴールに向けてただひたすら羽ばたくのみです。

49 R6（4/12）

「奉仕」できれいになるのは君の心だ

私事ながら、今年度、自分の住んでいる地域の自治会の役員を仰せつかりました。

自治会の戸数は全部でわずか83戸。田園地帯ですので、元々は専業農家の家庭がほとんどだった自治会です。今は、兼業農家だったり、田畑は爺ちゃん婆ちゃんに主として任せていたり、農業を完全にやめた家もありますが、農家組合の役員が自治会の役員を必ず兼務していたり、自治会の行事の中には、農業と密接に関わる内容のものも含まれます。

その一方で、新たに土地を求めて家を建てた戸数も2割弱あります。私も、妻が近隣の自治会出身ではありますが、まさに後者組で、いわゆる新参者でした。しかし、私のような県外の人間にも、自治会の他の皆さんからは何かとよくしていただきました。保育園、小中学校の子ども会やPTA、父親仲間の野球チーム、子どものスポーツクラブ、地域行事への参加等を通して、互いの子ども同士だけでなく、私自身も老若男女いろんな皆さんと良好なお付き合いをさせていただいてきました。

去る1月の総会では、規定に基づいた選任の段取りで、役員の中でも会計を担当する三役に指名されました。微力ながら、これまでお世話になった恩返しと考え、快く引き受けることにしました。

自治会には、年間を通して様々な行事や活動があります。定期的な役員会はもとより、諏訪神社（お宮）の春季・秋季祭礼、社の冬囲いと取り外し、子ども神輿、春・秋の一斉清掃、防災訓練、お宮参り、コミ協（地域コミュニティ協議会）主催の各種行事への参加、等々。役員になって、いろんな方々と接する機会も増え、皆さんそれぞれの価値観も多様ですので、その調整や人間関係に多少気は遣いますが、自分の責任は最低限果たそうと考えています。

そんな活動の中でも3月の「家並普請」は、ほとんどの家庭から男性が総出で参加する定例行事です。「家並普請」――つまり、排水路の側溝や水路の泥上げ・ドブさらいのことです。かなりの重労働ですし半日仕事ですので、日当とジュースも出ます。自治会にとってなくてはならない作業なので、別に日当うんぬんではなく、参加して当然のものと受け止めてきたので、これまで参加しないことはありませんでした。私以外の皆さんも同じ考えだと思います。この行事が済むと、春の訪れをひしひしと感じます。しばらくすると田んぼに水が入って、すぐに田植えの季節がやってくるのです。

また、前記した通り、私の居住地のコミ協では、すべての自治会が参加しての一斉清掃、つまりゴミ拾いが3月と10月の年2回実施されます。これは完全なボランティアです。

私はこれまで特段の用事がない限り参加してきましたが、いつも感じることがあります。それは、参加している方のほとんどが高齢者で、いつも決まった人間ばかりだということです。一番のネックは開始時間なのかもしれません。朝の6時からなのです。働き盛りのお父さんやお母さん方は、せっかくの休日、ゆっくり休んでいたいのでしょう。どんなに寝ても寝足りないと感じる年頃の小学生や中学生も然りなのだと思います。それはそれでよく理解できます。

でも時々、お父さんやお母さんが参加している小学生の家族を見かけます。ゴミを拾いながら、ザリガニを見つけて喜んだり、花の名前を確認したり、会話が弾んでいます。とても微笑ましい限りです。しかし、こういう光景は本当にごくごく稀なのです。

さて、昨年度1月末に、中学校で「荻川ブロック青少年育成協議会役員会」を実施しました。事務局である中学校と参加した自治会長さん方とで、この4月21日実施予定の第38回秋葉区クリーン作戦について話し合いの機会を持ちました。

参加した何人もの自治会長さんから、私の自治会と同じような声があがりました。つまり、

「クリーン作戦に若い人の参加が少ない」

「特に中学生の姿を見たことがない」

「参加した人にジュースやお菓子を配ったりして工夫しているが、年々参加者の確保が難しい」

などなど。

今年度の教育ビジョンで、生徒の人間形成の「根っ子」の部分である、基本的生活習慣の確立・規範意識の醸成に向けての7つの栄養素の1つとして、「奉仕」を掲げました。「奉仕」とは、言うまでもなく、自分の利益を追求せずに他者や社会のために無償で行う行為や活動のことです。しかし「奉仕」とはやっかいな代物です。なぜなら、その人の自主性や自発性に大きく委ねる部分が大きいからです。単純に強制力を与えられる類のものではないからです。

では、本当に「奉仕」には何の利益も見返りも無いのでしょうか？　そんなはずはないのです。汗を流したあとの清々しさや爽快感、誰かのためになったに違いないという自己実現の喜び、カッコいい自分を自分で褒められる最大の場面、必ずや、自分なりの小さな「ガッツポーズ」を獲得できるチャンスだととらえています。

つまり、「奉仕」は、他者や社会のためではなく自分のためなのです。「〝情け〟は人のためならず」という諺があります。人に親切にすれば、その相手のためだけでなく、やがては良い報いになって自分に戻ってくるという意味です。まさに、「〝奉仕〟も人のためならず」ではないでしょうか。そして、「奉仕」がどんな意味を持つのか、どれほどの価値があるのかは、「奉仕」をした者にしか感じることはできないはずです。要するに、参加することに意義があります。参加した者にこそ、その価値の真価がわかるはずです。

まずは行動しましょう。とりあえずアクションを起こしましょう。4月21日の秋葉区クリーン作戦、ぜひ参加してみてください。できれば家族総出で。

また、学校の「清掃」こそが、私たちの一番身近で大切な「奉仕」です。清掃を学校の教育活動から無くす学校も増えている昨今ですが、当校は、週2回10分ずつとはいえ、大切な教育活動だと考えています。黙々と取り組んでください。

私は、勉強やスポーツができることよりも、一生懸命「清掃」に取り組む方が、数段カッコいい生徒の姿だと信じて疑いません。

「奉仕」できれいにするのは、
「奉仕」できれいになるのは、
あなた自身の「心」そのものなのです。

50 R6（4／15）

見守れなくても見捨てはしない！

若い時分に、先輩の先生がしみじみと吐露してくれた、自分のお子さんが万引きをしたエピソードです。


もう既に成人している娘が、あれは小学校1年の時のことだ。

「あれ、こんな消しゴム持っていたっけ？」

妻（娘の母親）の何気ないその一言から幕は開けた。

娘は、母親が次から次へと繰り出す問いかけに、のらりくらりといろんな説明を返していた。しかし、妻も中学校の教師として、これまであまたの生徒指導に対応してきた歴戦の猛者だ。優しく粘り強く丁寧に娘とやりとりを続けながら、少しずつ、少しずつ娘の矛盾点をついていった。するとまもなく、

「ママごめんなさい。店から黙って持ってきちゃったの」

娘が号泣しながら〝落ちた〟瞬間だった。

そばで2人のやりとりを聞いていた私も、途中から娘の万引きを確信したが、口を挟まないで良かったと思った。私だったら絶対に怒鳴り散らして認めさせていただろう。

妻は、消しゴム1個を見逃さなかった眼力もさることながら、娘とのやりとりもさすがだった。終始冷静ににこやかに対応した。でも娘の顔を、目を逸らさずにずっと射貫くように見ていた眼光の鋭さは厳しかった。

そして、娘が認めた直後に、彼女も大粒の涙を流して娘を抱きしめた。

いやあ、あれには本当に参った。

妻も私も、親の立場として忘れられない、かなりショッキングな出来事だった。


自分が同じような状況に置かれたとしたら、「我が子に限って……」と思う、あるいは、そう思いたい人がほとんどでしょう。しかし、私は決してそうならないと思います。教員として、数多くの生徒と向き合ってきて、「まさか、この子が……」という件は何度も経験してきたからです。

例えば、日頃の言動から、大人の自分なんかよりもよっぽど人格的に優れていると言ってもいいくらいで、よその子の保護者からも「立派な子」だと口々に言われていた教え子が、定期テストを繰り返し改ざんしていたことがありました。

テストが返却されると生徒は、採点に間違いがないかどうかと点数を確認するわけですが、毎回毎回いろんな教科で、「先生、ここの答えが合っているのに×になっています」ということが明らかに他の生徒より頻繁だったので、いろんな先生が不審に思っていました。その子に粘り強く問いただして何とか改ざんを認めさせました。

「成績は学年でもトップクラスだったのになぜ？」と思っていましたが、「90点は許せても89点は許せない」「450点ならいいけど、449点はダメ」などと、親からもかなりのプレッシャーを受けていたらしいのです。成績がいい子には、できる子なりの苦悩があったようです。

クラスの仲間や先生方など誰からも信頼され、地域でも「いい子」だと大評判だった生徒会の役員だった生徒が、同じように万引きしたケースもありました。進路に悩んで精神的に不安定だったことが主な原因でした。

いずれも理由は納得できないわけではないのですが、やったことは身勝手で、大いに反省してもらうべき間違った行為です。

学校が保護者に連絡を取る時というのは、明らかに保護者にとって嬉しい話は極めて少ないのが実情です。

「体調が悪そうなので迎えに来てほしい」
「ケガをして念の為救急車を呼んだ」

そういった健康・安全面に関する連絡以外には、生徒指導上の話がほとんどです。

親御さんが聞いていい気分にならない話は、こちらとしてもいい気分の話ではないので、できれば耳に入れないでおければいいのですが、そんな訳にはいきません。学校でのトラブルは、共有してこそ意味があります。だからそういう話を親御さんに連絡することは、連絡を受け取る親御さんも切ないでしょうが、担任など我々教師にとっても切ないものなのです。

そんな中、たまに困ることがあります。

「うちの子に限って、そんなことはありません」

と、事実を受け入れてもらえない場合です。それもかなり感情的に。

しかし実際は、１００％完璧な人間なんて存在しません。不可抗力や不注意の場合もあるので、間違いが絶対にないと断言できる生徒なんていないのです。

先の告白をしてくれた先生だって、

「お父さんもお母さんも学校の先生なのに、家でどんな躾《しつけ》をしてたんだろう？」

なんて言われたら返す言葉は見当たらないでしょう。でも、教師の子であれ、総理大臣の子であれ、農家の家の子であれ、裁判官の子であれ、警察官の子であれ、お医者さんの子であれ、会社員の子であれ、自営業の子であれ、過ちや失敗をすることは誰だってあり得ることなのです。

もちろん、事実確認は正確に丁寧にやらなければなりません。そこに瑕疵《かし》があったとしたら大きな問題です。しかし、「我が子に限ってそんなことは絶対にない」ということにはならないのです。

我々は、子どもを罰するために生徒指導をしているわけではありません。何か法に反することや誰が考えても非常識な言動があれば、必ず誰かに迷惑をかけている、誰かが不利益を被っている、誰かが傷ついている、そして自分に決してプラスにならない、ということに気付いてほしいだけなのです。そして、同じミスを今後決して繰り返してほしくないのです。

保護者や先生方には、子どもが過ちや失敗をしても、ともに事実を共通理解しながら、慌てず焦らず常に冷静に受け止めて、子どものために最善となる対応をしてほしいものです。「その子が絶対に過ちを犯すはずがない」ということを信じることと、「その子自身」を信じることとは違うのです。

子どもたちは、やがて我々大人の手元から巣立っていきます。その後もいろいろな失敗や過ちを繰り返し、道に迷うこともあるかもしれません。今のように、ずっとそばにいて見守ることはできないかもしれない。でも、その子にとって、いつまでも温かい存在である教師や保護者であり続けたいものです。

見守ることはできずとも、見捨てることを絶対にしないように。

我が子であれ、教え子であれ、すべての子が、出会うべくして出会った無二の存在なのです。

51 R6 （4／22）

落した受験票で拾った地域のぬくもり

令和6年4月8日の「新潟日報」の読者投稿欄である「窓」に、「受験票拾い母校に届ける」というタイトルで、当校学区の地域の方の文章が掲載されました。

その方は、ゴミ拾いをしながらのウォーキングを日課にしていらっしゃるそうですが、3月のある朝、歩道に落ちていた1枚の濡れた紙を拾います。それは高校入試の受験票でした。ちょうど県立高校の入試が終わった翌日で、それほど重要ではないかもしれないと思ったそうですが、念のため家に持ち帰り乾かしたそうです。というのもその方には、自身の高校入試の合格発表の日に受験票を忘れてしまい、慌ててタクシーで家に取りに戻ったという苦い経験があったからです。今やデジタルの時代だから必要ないかもしれないと思いながらもその方は、その受験票を「目標に向かって努力してください」と認《したた》めた封筒に入れて、母校である中学校に届けたのです。

「受験が終わって必要ないかもしれませんが……」と言うと、

「今まさに、紛失した受験票についての対策を思案中でした」

と、教頭先生に感謝されたそうです。

そしてその投稿は、「受験生は、きっと志望校に合格しているだろう。高校生活を楽しんでほしい」

という温かい言葉で結ばれていました。

この投稿を読んで、この内容が当校のことだとすぐにわかりました。投稿してくれた方は、仕事をお辞めになって既に10年ほど経った無職の男性の方ですが、自身もそして既に成人した3人のお子さんも、当然皆さん当校の卒業生とのこと。

あらためてお宅を訪問してお礼に伺ったところ、

「あの子は無事合格しましたか？」

と真っ先に尋ねてくださいました。受験票を届けてくれたこともさることながら、生徒のことを今尚心に留めておいてくれていたその優しさに胸が打たれました。

いろいろお話する中で、何度も何度もこう話してくださいました。

「自分は二中のことが大好きなんだ」

「いつも二中のことを応援してるよ」

地域の方々からは、「中学生の交通マナーが悪い」「あいさつが悪い」などとお小言を言われることも多く、地域でいろいろ迷惑をかけているケースがある中で、本当に嬉しくてたまりませんでした。

この投稿の中にもあるように、既に受験を終えた後に受験票を失くしても、合否に何ら影響はありません。受験番号等により本人だと確認されれば、当然入学に必要な書類等はもらえることになりますので、入学に向けた支障は特にないのです。

でも、皆さんも経験があると思いますが、失くしたものが見つからないというのは、とてもモヤモヤして気になるものです。たとえ貴重なものではなくても、個人情報が含まれているものでなくてもです。ですから、失くしたものが見つかるということは、その物の価値にかかわらず嬉しく感じます。確かに、受験を終えたあとの受験票も特に重要なものではないのかもしれませんが、受験票を合格の記念や人生の思い出にずっと取っておく人だっていることを考えれば、人によってはかけがえのないものかもしれません。

今回は、届けてくれた封筒の裏に「目標に向かって努力してください」との激励まで書いて届けていただきました。受験票以上に、その言葉のぬくもりに感謝するばかりです。本人はもちろんのこと、学校としても本当に本当に嬉しい限りです。

当校は今年で、創立77周年を迎えます。昨年度2月の同窓会入会式で話をした内容を、№43「窓から差し込む光明に未来が見える！」でもお伝えしましたが、これまでの新津第二中学校の卒業生は1万2023人を数えます。

地域のすべての皆さんと手を携えながら「地域とともにある学校」づくりに邁進すべきは当然ですが、その中でも、特に、当校の卒業生である地域の皆さんは、最も親身に叱咤・激励してくれる人生の先輩として、学校の応援団の先頭に立って、温かい眼差しとともに、これからも行動連携の核であり続けていただきたいと切に願うばかりです。

さて、物を落してその物が返ってくる場合もあれば、そうでない場合もあります。物を落して気づく場合もあるし、そうでない場合もあります。物を落して幸せをつかむ人もいれば、そうでない人もいます。悲喜こもごもです。

以前、拾った1億円が落とし主の申し出がなく自分のものになって、しばらくワイドショーを賑わせた人もいましたが、その後の人生は決して幸せとはいかなかったようです。

一方、私の初任校の時の先輩の先生が、奥さんとの馴れ初めについて語ってくれた次のような実話があります。

「ある日、車を運転していて、ちょっと横を見たら、歩道を歩いている女性がハンカチを落して気づかずに歩いていった。車を脇に停めて、ハンカチを拾って追いかけてその女性に渡した。その相手が今の嫁さん」

教員になって耳にした最大のロマンティックなエピソード。

私もそんなドラマのような教員人生を味わってみたかった。

一体、何を落したらいいのだろう？

52 R6（4/30）

京でつかんだ「凶」の教訓！

4月23日から25日の2泊3日で、修学旅行に行ってまいりました。

私にとっては、おそらくこれが教職人生最後の修学旅行。正確に数えたわけではありませんが、教職についてこのかた、関西（奈良・京都・大阪）方面への修学旅行は10回前後になるのではと思います。

プライベートの旅ではありませんので、もちろんいつ行ってもゆっくりできたためしはありません。退職したらあらためて、家族とのんびりと観光したいものです。

コロナ禍の時期、中学校はやむなく修学旅行を取り止めたり、県内や近県のバス旅行やテーマパーク等への遠足に振り替えたりしました。コロナ禍に加え、働き方改革の世情もあって、当時、「修学旅行も学校行事からフェイドアウトか」との観測が多少なりとも上がりました。

私が卒業した高校は修学旅行がない県内で数少ない高校でしたが、聞くところによると、かなり前の大先輩が旅館の高価な備品を壊したことが原因とのこと。そんな大きな引き金やコロナ禍のような一時的なブレはあったとしても、特にTDL、TDS、USJなどのテーマパークがグレードアップするにつけ、本来の教育的価値のある「修学」とは名ばかりながら、生徒の楽しく喜ぶ姿を目にすると、修学旅行は容易に削れない学校行事だと捉えています。

さて、京都の修学旅行見学地のナンバーワンは、何と言っても、今でも「清水寺」でしょう。若かりし頃引率した際、「先生〝しみず寺〟までは、あと何分くらいかかるんですか？」と、生徒にバスの車中で尋ねられた時には、「これまで何時間もかけてきた事前学習は一体何だったんだ？」と大いに嘆いたものです。

そして、今も昔も、清水の舞台からの眺望や境内・本堂等の見どころには目をくれず、長い坂道の両側にずらりと並ぶ売店の土産物を次から次へと物色し、飲み食いに興じる子どもたちの姿には閉口するばかりです。

修学旅行での私の最大のネタ話といえば、清水寺でおみくじの「凶」を引いたことがあることです。それも1度ならまだしも2度も。

自身いろんな場所でおみくじを引いて「凶」が出たのは、後にも先にも清水寺だけです。また、自分の親しい人の中でも「凶」を引いたという話は滅多に聞いたことがありません。まあ、「凶」を引いたことを口外することを躊躇しない私のような人間の方が少ないはずなので、それはもっともなことなのかもしれませんが。

1回目に「凶」を引いた時は愕然としました。まず、清水寺ともあろう日本一のレベルのお寺が、おみくじに「凶」をあえて入れているのかと。人を嘆き悲しませる所業をするのは、神様なのか、仏様なのか、一体何様なのか、と。

何はさておいても、「凶」が醸し出す負のオーラ。「凶悪」、「凶暴」、「凶器」、「凶弾」……。嫌なイメージしかありません。凶を引いた瞬間、本当に不愉快な思いに襲われました。

その後おみくじについてわかったことは、次のような内容です。

・おみくじの「凶」の割合は、その神社仏閣が自由に設定している。
・凶の割合は、通常で概ね10～20%程度であるが、清水寺や浅草寺などは、凶の割合がかなり多い方である。
・大吉、吉、中吉、小吉、末吉、凶、などというのは順番ではない。おみくじの本分は何を引いたかではなく、そこに書かれている内容が重要。
・おみくじの内容とは、神様仏様からのアドバイスであり、「良い」「悪い」を判断するのが主体ではない。
・凶はチャンス！　実に厳しいことが書かれていることが多いが、裏を返せばそこに書かれている内容から気付きを得て、今の自分を見つめ直すことができる。おみくじの内容に注意して改善していくことこそが大切。

「凶」は決して珍しくないし、おみくじに順番はないと慰められ、また「凶」は、これ以上は下に落ちることはなく上がるだけ、ということか、と自分を納得させました。

その数年後の修学旅行。その時は、事情があって中国から日本に来たばかりの、日本語の読み書きもままならぬ自分のクラスの転校生に付き添って、清水寺を2人で一緒に回りました。まだまだ日本にも不慣れで、買物等にも全く無関心な様子なので、「おみくじでも引こうか」と彼のためにお金を出して買ってあげました。すると、またまた出た出た「凶」の洗礼。まずいと思って、日本語は読めないだろうから何とかごまかそうとしました。でも、よく考えたら、彼は漢字の大先輩である中国出身者。でっかい「凶」の文字を見つめる彼の顔が、明らかに曇っていくのがわかりました。

身振り手振りで、「いやいやこれは自分の分なんだよ」と、もう1つおみくじを引いて出た「大吉」の方をプレゼント。何とか、日中友好に亀裂は入らずに事なきを得た懐かしい思い出です。

先週の修学旅行は、体調不良者もトラブルやアクシデントもなく、マナーや礼儀面も合格点のすばらしいものとなりました。3年生には、この修学旅行の成果を、今後の学校生活に十分に活かしてほしいものと期待しています。

そして、「吉」なる状況を弾み・励み・自信にするのはもちろん、「凶」なる状況を恨み嘆き落胆することなく、自身への叱咤・激励として次へのステップへのバネとする人生を、運に左右されるのではなく、運を呼び込む人生を、ピンチをチャンスにできる力、つまり「凶」を「吉」に転化できるような生きる力を身に付けてほしいと願っています。

あの日から数年後に中国に帰国して今は大人になった彼も、北の大地で元気に頑張ってくれているでしょうか。もしかしたら、インバウンドで賑わう日本にも観光旅行で訪れ、清水寺でおみくじをまた引いたかもしれないなあ。もしそうなら、今度は「吉」が出ただろうか、それとも「凶」が出ただろうか。

いずれにせよ、君の人生を決めるのはおみくじではない。

君自身だからね。

53 R6（5／7）
「地上の星」は今どこにあるのだろう

あの番組が帰ってきました。

この4月6日から、NHKで「新プロジェクトX～挑戦者たち～」という番組がスタートしました。タイトルにあるように、以前放映されていた「プロジェクトX～挑戦者たち～」という番組の新シリーズです。

2000年（平成12年）3月末から2005年（平成17年）にかけて約5年間放映された前シリーズを、とても興味深く毎週楽しみに視聴していました。中島みゆきの主題歌「地上の星」や田口トモロヲの独特なナレーションも相まって、高視聴率を誇る人気番組でした。前シリーズ同様、今シリーズの主題歌もナレーターも変わらず、昭和世代には懐かしい番組の復活を、個人的にとても嬉しく感じています。

この番組は、無名の人々の知られざる活躍を描いたドキュメンタリー番組です。斬新な演出手法など、その後のテレビのドキュメンタリー番組の礎となった番組としても評価が高く、視聴者に好評だったのは、それまでのドキュメンタリー番組が有名人や偉人を取り上げたものが多かった中で、陽が当たらずとも各方面で活躍した人や組織を拾い上げて光を当て、感動秘話や知られざるエピソードを取り上げた内容が、多くの人々から受け入れられたからです。

私も常日頃から、学校生活の中で特に目立ちはしないながらも、委員会や清掃や奉仕活動に地道に黙々と取り組んでいる生徒を高く評価しようとすることに重きを置いてきた（No.40「『ひまわり』よりも『たんぽぽ』が好き！」参照）ので、この番組には深く共感したのです。

折しも、前シリーズがスタートした2000年は、「ゆとり教育」の大号令のもと、新学習指導要領の改訂で、学校教育に「総合的な学習の時間」が創設された時期でした。「総合的な学習」って何？何をやればいいの？と、当時の現場の先生方にとってはかなり混乱と試行錯誤の連続だったのです。

そこで、自分の学年の総合的な学習の時間では、この「プロジェクトX」を録画したり、ビデオ化されたものを購入して教材として有効活用したものです。また、担当した生徒会で、生徒会スローガンを「プロジェクトS」と銘打って各種学校行事を大いに盛り上げたり、文化祭のステージ発表で、「地上の星」を熱唱した懐かしい思い出もあります。

そんな当時世間の耳目を集めていた超人気番組だからこそ、反面、多くの場面でパロディの対象になったり、行き過ぎた取材や事実誤認の内容が関係者からクレームを受けたりすることも少なからずありました。

その中で私が一番覚えているのは、大阪府の淀川工業高校を番組で取り上げた「ファイト！　町工場に捧げる日本一の歌」という回の放送です。

「淀川工業高校は、その地域では荒れている学校として評判が悪く、音楽など全く縁がなかった高校だったが、新任の先生が周囲の反対を押し切って男声合唱部を設立し、合唱を通じて生徒を更生させ

郵便はがき

料金受取人払郵便

新宿局承認

2524

差出有効期間
2025年3月
31日まで

(切手不要)

160-8791

141

東京都新宿区新宿1－10－1

(株)文芸社

愛読者カード係 行

ふりがな お名前			明治 大正 昭和 平成 年生 歳		
ふりがな ご住所	□□□-□□□□			性別 男・女	
お電話 番 号	(書籍ご注文の際に必要です)	ご職業			
E-mail					
ご購読雑誌(複数可)			ご購読新聞 新聞		
最近読んでおもしろかった本や今後、とりあげてほしいテーマをお教えください。					
ご自分の研究成果や経験、お考え等を出版してみたいというお気持ちはありますか。 ある ない 内容・テーマ( )					
現在完成した作品をお持ちですか。 ある ない ジャンル・原稿量( )					

書　名			
お買上 書　店	都道 府県　　　市区 郡	書店名	書店
		ご購入日	年　月　日

本書をどこでお知りになりましたか?

1.書店店頭　2.知人にすすめられて　3.インターネット(サイト名　　　　)

4.DMハガキ　5.広告、記事を見て(新聞、雑誌名　　　　)

上の質問に関連して、ご購入の決め手となったのは?

1.タイトル　2.著者　3.内容　4.カバーデザイン　5.帯

その他ご自由にお書きください。

(　　　　)

本書についてのご意見、ご感想をお聞かせください。

①内容について

②カバー、タイトル、帯について

弊社Webサイトからもご意見、ご感想をお寄せいただけます。

ご協力ありがとうございました。

※お寄せいただいたご意見、ご感想は新聞広告等で匿名にて使わせていただくことがあります。

※お客様の個人情報は、小社からの連絡のみに使用します。社外に提供することは一切ありません。

■書籍のご注文は、お近くの書店または、ブックサービス(0120-29-9625)、セブンネットショッピング(http://7net.omni7.jp/)にお申し込み下さい。

合唱コンクールに出場した。荒れた学校の出場に、コンクール会場にはパトカーが見回りをし、この学校の参加に主催者側も大きな警戒感を抱いていた」という放送内容でした。しかし、事実は違ったのです。

実際には、「当時の学校は荒れてもいなかったし、前々から全国大会出場レベルの吹奏楽部があって、男声合唱部設立も早くから校長は賛同していた。合唱コンクール時も、主催者側は数ある参加校の1つとしてしかとらえておらず、パトカーなど来た事実はなかった」のです。

テレビやマスコミは往々にして、視聴率や購読数目当てに、このような事実誤認や行き過ぎた演出に陥ります。猛省してもらいたいものです。当事者に対して甚だ侮辱的で失礼極まりなく、名誉を傷つける所業です。

そもそも〝荒れた〟学校という表現自体どういうつもりなのでしょう。一般的には、他の生徒や、学校、地域への多大なる迷惑行為・触法行為などの目立った問題行動をする生徒が一人でもいれば、あるいは集団全体の傾向・雰囲気として極端にモラルが低いということを周囲が認知するところになれば〝荒れた〟学校というレッテルを貼られることになるのでしょうか。

私も、かつて何度も生徒指導困難校に勤務した経験があります。当時、変形服を着る生徒、喫煙を繰り返す生徒、器物損壊や暴力をふるう生徒とも真剣に向き合ってきました。確かに周囲からは〝荒れた〟学校と噂されてもいました。毎日毎日それはそれは大変な日々でしたが、そんな子どもたちも、はじめから悪くなろうと思って悪くなった生徒は一人もいませんでした。今では成人して幸せな家庭を築いて、今でも付き合いのある人間がほとんどです。

ただ当時、そういった一部の生徒の表面上の素行だけが興味本位でクローズアップされ、確かに学校が周囲からいい印象を抱かれていない現実には、真面目に一生懸命頑張っている生徒や、学校を良くしようと必死に頑張る自分を含む先生方のことを思うと、心が痛むような切ない思いをしたのは事実です。

私は、新年度早々、この新津二中を、市内で1番、日本で1番の中学校にしたいと生徒に言いました。しかしそれは、すべての子が外目から見て品行方正であればいいということではありません。いろいろな生徒がいますし、学校は生き物ですし、いろいろな問題も当然起こります。

周囲の評価や評判や噂話の類など気にすることなどありません。周囲におもねる必要もありません。内部の人間にしかわからないことはたくさんあるのです。よくわかってもいない外野の人間が、あれこれ興味本位で噂することに惑わされる必要はありません。何もわからない不確かな情報をもとにしての、言いたい人間には言わせておけばいいのです。我々保護者や教職員の最大の評価者は、今我々と向き合っている目の前の子どもたちです。

常に足元を固めましょう。一人でも多くの「地上の星」を見出してください。一人でも多くの子どもたちに光を当ててください。

高い空からツバメに教えてもらわずとも、日本一の学校を目指すためにその最大の役割を担うのは、教師・保護者・地域の我々大人なのです。

54 深い眠りであなたは未来を変えられますか

R6（5／17）

〈「睡眠・食事」について考える①〉

「先生は、おじいちゃんと同じ匂いがする」

恥ずかしながら、数年前にこのように生徒に言われて、ちょっと、いや大いにショックだった覚えがあります。

そうか自分も年をとったものだなあ、これは多分、まさかの加齢臭を指摘されてるんだろうなあ、との私の暗い表情を察したのか、

「先生、そういう意味で言ったんじゃないんです。先生は、田舎にいるおじいちゃんのようにやさしくて、雰囲気が似ているんで……」

その子は実にやさしい子でした。

「若さ」だけは生徒にかないません。具体的に一番うらやましいと感じるのは、子どもたちの方が一般的に深く長く睡眠が取れる年頃だということです。我が子も中学生の頃、部活がない休みの日など、親が起こさなければ何時間でも寝ているような有様だった覚えがあります。寝だめは無意味、寝過ぎはよくない、などとも言われますが、今や夜中に目が覚めてトイレに立つ私には、何ともうらやましい姿です。

また、保護者の方など大人に目を向けると、夜勤のある職種など、睡眠の時間帯が不定期な仕事に就いている方は、さぞ日々の体調管理がたいへんなのにすごいなあ、と敬意の念を抱くばかりです。

さて、今年度の教育ビジョンで、生徒の人間形成の「根っ子」の部分である、基本的生活習慣の確立・規範意識の醸成に向けての栄養素として、7つの項目を掲げたことはこれまでも述べてきました。『あいさつ』『メディア・コントロール』『モラル・マナー』『睡眠・食事』『親切・やさしさ』『奉仕』『体力』の7つです。今回は、その中の『睡眠・食事』の『睡眠』に関する話です。

かつて文部科学省が実施した「生活習慣と子どもの自立等との関係性に関する調査」では次のような相関関係が見られたという調査結果が出ています。

・睡眠習慣のある子どもの方が学力が高い。
・学校がある日とない日で起床時間が2時間以上ずれることがよくある子どもほど、午前の授業中に眠くて仕方ないことがよくある。
・学校から帰宅後に30分以上の仮眠を取ることがある子どもほど、午前中に調子が悪いことが多い。
・就寝時間が遅い子どもほど、自分のことが好きという割合が低く、何でもないのにイライラすることが多い。
・寝る直前まで各種の情報機器（スマホ、パソコン、ゲーム等）に接触するほど、朝起きるのがつらい。

また、先日（5月15日）、（社）日本睡眠教育機構認定の上級睡眠健康指導士をお招きして1年生と保護者を対象に「睡眠講話」を実施しました。やはり、様々の検証データをもとに、『睡眠』が教育、つまり学力や日常生活、人間形成にさえも大いなる影響を与えることへの言及がありました。このようなエビデンスがなくとも、何と言っても、1日24時間中の多くの割合を占めるのが『睡眠』なわけですから当然のことだと思います。

特に昨今、この『睡眠』の重要性がクローズアップされてきているのは、あの大谷翔平選手の影響かもしれません。大谷選手の睡眠時間は10時間という報道が繰り返しなされていましたから。この講演でも、子どもたち本来の理想の睡眠時間は10～12時間などとの話がありました。

しかし、現実に目を向けると厳しいものがあります。つまり、遅くまで塾で勉強したり、習い事やスポーツ・文化活動で頑張ったとしても、結果的に睡眠時間が大いに削られることになったら本末転倒です。ならば、諦めるもの、カットするものが当然必要です。食事やお風呂の時間をカットするわけにはいきませんから、必然的に真っ先に削るべき対象となるのは、スマホをいじったりゲームに興じたりする時間しかないわけです。

ということは、『睡眠』は『メディア・コントロール』の問題でもあるわけです。大谷選手だって、遠征先でも外出したりして遊びに興じることもしないなど、徹底した自己管理があればこそ、前人未到の成績が残せたわけなのですから。

昔から「寝る子は育つ」と言われます。睡眠時間が長い方が物理的に大きくなるという研究結果はないそうですが、深い睡眠の間に成長ホルモンが分泌され、健全な成長に好影響を与えることは事実です。

一方で、「悪い奴ほどよく眠る」という言葉もあります。これは、巨匠黒澤明監督の1960年公開の有名な日本映画のタイトルとして使われたことから世間一般となった言葉です。この映画は、ある組織の偉い立場にある人間が、汚職事件の黒幕として自分の暗躍を隠蔽し、末端の人間に責任と罪をかぶせて死に追いやった物語をベースにしたものです。

「本当に悪い奴というのは、表に自分が浮かび上がるようなことはしない。人の目が届かない裏の世界で悪いことをして、他人に責任を押し付けて、本人は何の良心の呵責も感じずにのうのうと枕を高くして寝ている」という意味です。

生徒のみんなには、これからの人生、自己実現を図りながら、地域や社会に大いに貢献できるような人間になってほしいものと願っています。

中には、将来的に、それなりに高い社会的地位や組織の重要な立場につく人もいることでしょう。今、良質の睡眠を取るのは、責任転嫁・責任放棄を常とし、欲にまみれ、他人を犠牲に自分だけが利益を得て、他人の苦しみや痛みには全く無関心であり続け、枕を高くしてのうのうと眠るような人間になるためではありません。もしそのような生き方をすれば、真の安らかな眠りなど永遠に訪れるはずはないものと肝に銘じるべきです。

ひと昔前なら、「かの皇帝ナポレオンは睡眠時間が3時間だった」と持てはやされていましたが、今や睡眠の世界でも、ヒーローは大谷翔平なんですね。

羊が1匹、羊が2匹、羊が3匹、ホームランが4本、ホームランが5本……。

今回の話はここまで。おやすみなさい。

55 R6（6／3）

「感謝の心」こそが最大の「栄養」なり〈「睡眠・食事」について考える②〉

「校長先生、毒味（毒見）の時間ですね」

冗談交じりで時々生徒にからかわれることがあります。そうです、給食のことです。学校の給食責任者である校長または教頭は、生徒の給食開始時間の30分前までに『検食』を行うことになっています。

これは、学校給食法第9条「学校給食衛生管理基準等」で定められていることです。ですから、子どもたちよりもちょっと先にいただいて、異物の有無、加熱・冷却状態、異味・異臭、食量、味付け、色彩、生徒の嗜好との関連等を食べながらチェックし、日々、「検食記録票」なるものをつけているわけです。

『検食』の目的は、文字通り大切な職務です。万が一毒物などが混入されていて、生徒や教職員の命や健康に影響を及ぼす事態になったらたいへんです。というわけで、生徒が言う『毒見』という表現もあながち間違いとは言えません。一方で、「校長先生だけずるい」などと子どもたちに言われることもあり、一足先に食べることにやや後ろめたい気持ちがないと言えば嘘になります。

さて今回も、教育ビジョンにおける人間形成の「根っ子」の部分である、基本的生活習慣の確立・

規範意識のための7項目、『あいさつ』『メディア・コントロール』『モラル・マナー』『睡眠・食事』『親切・やさしさ』『奉仕』『体力』のうちの、前号に引き続き『睡眠・食事』の『食事』の方に関する話です。

学校での食事と言えば、もちろん先に述べた給食です。

給食の提供方式は大きく分けて3パターンがあります。Ⓐ自校給食方式、Ⓑセンター方式、Ⓒスクールランチ（複数メニュー選択制給食、注文しなければ弁当持参）の3つです。当校はⒷのセンター方式で、新津東部学校給食センターというところで作られたものが毎日トラックで運ばれてきます。

私は、これまでこの3つすべての給食の提供方式に加え、完全弁当持参の学校にも勤務経験がありますが、Ⓒのスクールランチが初めてだったのは、校長として勤務した前任校でした。

スクールランチの学校と教育委員会との定例会議に出席した際、配付された資料を見ると、Ⓒ方式の中学校の中で、自分の学校がダントツで最も弁当持参者割合が高い、つまりスクールランチの注文率が低いというデータが提示されたので、「うちの学校の保護者は偉いなあ」と鼻高々に隣の席の校長先生に呟いたところ、怪訝な顔をされました。そこで、教育委員会の担当者にちょっと質問をしました。

「弁当持参者の割合が高い方が好ましいとお考えなのですか？　それともランチ注文者が多い方が好ましいとお考えなのですか？」

「スクールランチは専門の栄養士の立てた献立で、栄養のバランスを考えて作っていますから、できればスクールランチの注文の割合が多いにこしたことはないのですが」

「でも、弁当には親の愛情がたくさんつまっていますよね」

「それはそうですが、弁当だと子どもの好きなおかずに偏る傾向にあります。栄養のバランスを考慮している親御さんばかりではありません。また、スクールランチを注文しないで、コンビニで菓子パンやお弁当を登校途中に買ってくる生徒などもいますので」

「でも、母親がお弁当をお父さんと兄弟の分など何人分もつくる家庭なら、1人分多くなってもそれほど手間は変わらないはずなので、あえてスクールランチは注文しないと思いますよ。そして、栄養のバランスも大事ですが、親の愛情も大切ですよね」

このようなやりとりが続きましたが、教育委員会の担当者の歯切れの悪さだけがとても印象に残っています。


もう1つのエピソードは、以前にも記した（No.26「成長と幸せの象徴『コメ』礼賛！」参照）内容です。

私の友人が、小学校の時に母親がつくってくれたお弁当を、ある日残して帰ったら、それ以降、一生、二度と母親がお弁当をつくってくれることはなかったというのです。

さらにもう1つ。元サッカー日本代表のゴールキーパー川島永嗣選手は自己管理が徹底していて、食事にも最善の注意を払っていました。高校時代のある日、お弁当を開けた川島選手は、すぐさま公衆電話から母親に電話し、「おかずに冷凍食品を入れないでほしいと頼んでいたのに、今日は入っているじゃないか」と母親を強く責めたというのです。

周囲の友人が、「お母さんだって忙しいんだから、たまにそうゆうことだってあるよ。俺たちの弁当と比べたって、すごい弁当なんだから、そんなに怒らなくたって」と諫めるのにも頑として納得しませんでした。

さて、まとめです。

規則正しい食生活や栄養のバランス等はもちろん大切ですが、私たちがそれと同様、あるいはそれ以上大切にしなければならないのは、感謝の気持ちではないでしょうか。いつも食事をつくってくれる親御さんなどの家族、栄養士や給食調理員の皆さんにも。もっと言えば、食材をつくったり育てたりしてくれている農家や漁業従事者等の皆さんすべてへの感謝の気持ちです。

川島選手のプロ意識はさすがです。彼にとっては多分、冷凍食品が添加物を使用しているのが許容できないのでしょうが、今や冷凍食品は手作りに負けないくらいおいしいのも事実です。食生活や食文化の向上に寄与している企業や食品開発者のたゆまぬ努力にも、敬意を表し感謝するべきです。

食い意地が張っている私は、これまでに給食がまずいと思ったことも、残したことも一度たりともありません。我が教職人生の最大の誇りです。

この原稿を書いている日の給食のメニューは、ごはん、打ち豆のみそ汁、鮭チーズフライ、茎わかめのきんぴら、牛乳。本日も異常なし。おいしくいただきました。私の口に運ばれるまでにこの食事に関わってくれたすべて人に向けて、心から「ごちそうさまでした」——。

56

最後まで頑張れる人間になりたい！

R6（6／6）

父は、小学校5年生の娘の校内マラソン大会の応援に行った。校舎周りを2周するマラソン大会。体型もポッチャリ型で、決して運動が得意ではない子だったので初めから成績は期待していなかったが、結果は最下位だった。

娘にこう言った。

「よく頑張ったね。一番輝いていたよ」

娘は喜んだ。

小学校6年生になった翌年、またマラソン大会の応援に行った。スタートの場所に集まる子どもたちの様子を見ていると、自分の娘だけが、ポツンと一人ぼっちで集団の後ろに佇んでいた。

父は思った。

（はじめからやる気のない態度だなあ。それでなくても足が遅いんだから、少しでも有利になるように前の方にいればいいのに。本当は走りたくないんだろうなあ。そうだよな、昨年はビリだったし……）

結果は、今年もまた昨年同様の最下位だった。

父は娘にこう言った。

「今年もよく頑張ったね。今年も、とっても輝いていたよ」

スタートの時に抱いた思いは、特に告げなかった。

小学校の卒業が間近になったある日、娘が卒業文集を持ち帰った。中に、小学校の思い出の作文が載っていた。娘の作文のタイトルは『マラソン大会のこと』だった。

父は、その作文を読んでハッとした。

> 5年生の時のマラソン大会で、私は、校舎の裏のあたりを走っているとき、誰も見ていなかったので歩いてしまいました。
>
> 6年生になって、今年は絶対に歩かないで頑張ろうと思いました。でも、みんなに追い抜かれると嫌な気持ちになるし、頑張る気持ちが減ってしまうので、走っていてしょんぼりしないために、初めから一番後ろで走り出しました。
>
> 今年は、最後まで歩かないで走れました。そして、タイムも去年よりずっと良くなって、本当にうれしかったです。

父は、その時に、スタートラインの後方で一人佇む娘の真意を初めて理解した。そして、あの日あの時、あんな感情を抱いた自分を大いに恥じた。自分が抱いたマイナスの感情を娘に伝えなくて本当に良かったと述懐した。

この話は、かつて、新潟青陵大学大学院教授の碓井真史先生からお聴きした、先生自身と先生のお嬢さんとのエピソードです。

碓井先生は、重大な犯罪や事件が発生するとマスコミからコメントを求められるなど、全国レベルのテレビ・ラジオ・新聞・雑誌等のメディアにも頻繁に登場する、言わずと知れた全国的にも有名な社会心理学者です。また、数十年にわたって、新潟市のスクールカウンセラーの1人として活躍していただいています。

私と碓井先生の出会いは、お互いがまだ30代の頃に遡ります。私が当時勤務していた中学校に、スクールカウンセラーとして年度途中に配置されたのが碓井先生でした。スクールカウンセラーが学校に配置される試みが始まった本当にハシリの頃でした。今でこそ、スクールカウンセラーは全市展開になっていて、教育現場に欠かせない当たり前の存在ですが、当時は我々教職員ですら、「スクールカウンセラーって？　何するの？」という状況でした。

全校集会での着任のあいさつは実に鮮烈でした。演台に用意したスタンドマイクをやおらはずして手に持つと、颯爽と演台の前に進み出ました。そして、その軽妙洒脱な底抜けに明るくユニークな話術に全校が引き込まれたのです。私自身、「この人はただ者ではない」と思った鮮明な記憶があります。

さて、碓井先生は、「人間が幸福になるには、目標に向かっている段階で、自己肯定感を高めるということが重要である」と説いています。同感です。社会心理学では、自己肯定感を高めるためには、

①周囲から愛されている実感がある（包み込まれ感覚）、②人と話が通じる・わかってもらえるという実感がある（社会性感覚）、③自分は最後までがんばれる人間だと実感できる（勤勉性感覚）、④自分を受け入れ自分を好きになれる（自己受容感覚）——が必要だといいます。

もし6年生のマラソン大会の後、碓井先生が娘さんに次のように言ったらどうだったでしょうか。

「また、今年もビリだったね。あんなに後ろの方からスタートして、初めから全くやる気が感じられなかったなあ。もちろん結果は期待してなかったけどさ。もう少し頑張れたんじゃないの。お父さん仕事休んでわざわざ見に行ったのに……」

これで、もう完全にアウトです。子どもはひどく傷つき、どんなに自分なりに精一杯頑張っても、どうせダメなんだと思ったに違いありません。これは、決して人間が幸せになる過程ではありません。碓井先生はさすがでした。

才能や能力に個人差はありますが、子どもたちはすべからく自分の個性や能力を生かして、人生を輝かせたい、自分を輝かせたいと思っているはずです。そういった思いを潰してしまうのは、本人の努力不足ではなく、時にして周囲の環境なのです。

人間にとって最も大きな環境は人間です。子どもの幸せのために、子どもを取り巻くすべての人間の人間力が問われていると、あらためて痛感します。

私も、息子と娘が中学時代に、部活の大会や練習試合で応援に行くことがありました。よく口にしていたものです。

「何で勝てないの？　努力が足りないんじゃないの？　もうちょっと頑張れないの？　せっかく見に行ったのに」

子どもたちは、そんなことを言われる筋合いはないという理不尽さと、家族や応援してくれる周囲の期待に何とか自分も応えなくてはならないという気持ちの狭間で、さぞ苦しんだことだろうと今更ながら猛省します。


いよいよ市内大会の決戦を迎えます。勝てなくてもいい。勝たなくてもいいのです。願うのは、周囲から「愛され・応援される・励まされる」に値する戦いぶりを見せてほしいということのみです。

私は、最後の最後まで諦めないで頑張る君の姿を、この目に焼き付けたいだけなのです。

57 R6（6／14） あの紙ヒコーキ、くもり空わって中庭に積もる！

先日、思いがけない私宛の小包が、学校に送られてきました。

中を開けると、ある「学級だより」をまとめた分厚い冊子が入っていました。高校の同級生だった女性が、私の「校長だより」を当校のホームページで見つけて読んでくれたようで、「青春時代が懐かしくなった」と謹呈してくれたものでした。

彼女は大学を卒業して数年間小学校の教員をしていましたが、結婚を機に退職。いただいた「学級だより」の冊子は、当時彼女が担任だった時のものです。「あすなろ」というタイトルもその中身も昭和の香りがして、長い年月で用紙もかなり色褪せてはいましたが、手書きで手作り感満載の温かなぬくもりに彩られた思いがけない贈り物にとても感激しました。

『道』『ON THE ROAD』『ZENSHIN』『On Your Mark』『○年○組学級通信』『△年△組学級だより』――。これらは今年度の当校の「学級だより」の名称です。その他、『学年だより』『保健だより』『図書館だより』『新風タイムズ（コーディネーターだより）』『CS通信』『ようこそ校長室へ！』等々、学校から発出されている「たより」の類はたくさんあります。

「たより」の内容には事務的な連絡も含まれているものもありますが、特に「学級だより」は、ネーミングの由来や命名にそれぞれの思いが込められていたり、その先生の個性や人間性が垣間見えて趣があるものです。それぞれに読み応えがありますし、私自身も読んで勉強になることがたくさんあります。

教職にある私の妻も、金曜日に必ず発行することにしていて、朝早く起きて家でパソコンに向かっている時は、ほぼ「学級だより」の作成です。極めて要領が悪く仕事が遅いこともあり、「家に持ち帰って仕事しているようなら、特に無理して発行する必要などないだろう」と、ことあるごとに言い続けてきましたが、「〝こだわり〟だから。誰にも迷惑かけているわけじゃない」の一言で片づけられます。教職についてから三十数年、一貫して『Guts』という名称で発行していてルーティンになっているようです。

「生徒や保護者がみんな読んでくれるといいけどね」

と呟くと、いつも

「自己満足だから」との一言。

むろん各種「たより」の発行は、学年・学級・担当個々の裁量です。コミュニケーションのツールの1つに過ぎません。日々の会話や対話はもちろん、生活ノート（当校での『My Road』）など、情報交換・情報発信の有効な手段は他にもたくさんあります。十二分に生徒や保護者とコミュニケーションが取れていて信頼関係が構築されるのであれば、「たより」の発行の有無は、それぞれの担当者の考え・判断として全く問題ないものととらえています。

働き方改革と情報過多が叫ばれるこの時代、情報量ややりとりの整理、そして業務の精選は大いに必要だと痛感します。

そんな中、私もあえて、本校長だより（『ようこそ校長室へ！』）を発行・発信させていただいています。自身の教育理念や学校経営方針なども織り込みながら、自分なりの考えを思うがままに綴っています。ただ、不特定多数の人が読むことを考慮して、個々の事情や立場等で読み手が不快にならないように、いろいろなことに配慮して書いているつもりでいます。そのため、メール配信やホームページにアップする前には職員に配付し、誤字・脱字や不適切な内容や表現がないかどうかのチェック機能を果たしてもらっています。もちろん職員自身にも読んでもらうためであるのは言うまでもありません。

6月3日配信の No.55「『感謝の心』こそが最大の『栄養』なり」をメール配信前に職員に配付すると、ある職員からこんな指摘を受けました。

「この内容では、お弁当は母親がつくるもの、そしてお弁当をつくる家族は常にこの上ない愛情を込めて毎々お弁当をつくっている、というのが常識、当たり前ととらえられるので、場合によっては違和感を持つ人もいるのでは？」

なるほどその通りだと思いました。私もこの号を仕上げた直後、何か納得いかないものがありましたが、ストンと落ちたような気がしました。そして手直しして正式に発信したのです。

その話を妻に話すと、妻にはこんなことを言われました。

「私のかつての男子の教え子の中に、いつも自分でお弁当をつくってくる子がいたよ。それは、別にお家の人がつくってくれないんじゃなくて、自分がお弁当をつくることが好きで、お弁当づくりに喜びを見出していて……」

なるほど、そういう子もいるんだなあ、とも思い知らされました。発行すること自体、自分自身の勉強になることが多々あります。

担任時代の私は、『Sanctuary』（聖域）という名の「学級だより」を発行していました。でも毎年、前年のものをマイナーチェンジして使い回せる手抜きした要領よい構成で、決して褒められた代物ではありませんでした。

若かりし頃勤務した、いわゆる生徒指導困難校では、学級だよりのプリントに目を通すこともなく、紙ヒコーキにして中庭に向けて飛ばす生徒が何人もいました。その度に、中庭に舞い落ちた学級だよりを隣の学級担任と一緒に拾い集めては、互いの学級だよりの落ちた枚数を数えて自虐的に競争したものです。同い年同士で、「絶対にいい学校にしような！」と誓いながら。

一方、同窓会で、「今でも取ってありますよ」と、色褪せた実物の「学級だより」の束を持参して泣かせる生徒もいます。

「たより」をなぜ書くのか。広報、周囲への啓発・啓蒙、共感・協働・理解への希求、そんな恐れ多い考えは毛頭ありません。こだわり、自己満足、ルーティン、まさにその通りです。でもそれ以上に、教師人生の反骨と感動の歴史を呼び起こし、それを自分への最大の叱咤と応援歌にしてくれる、それが私にとっての「たより」の立ち位置です。

58 R6（6／21）
そして〈頭《こうべ》〉を垂らす謝罪の王様！

先般、札幌市の中学校で、小学校から引き継いだ新入生の生徒指導に関する個人情報のプリントを体育館に置き忘れ、それが複数の生徒の目に触れることになり、スマホで撮られた画像がSNSで拡散されるという事案がありました。決してあってはならないことです。

この報道を受けて、自身の黒歴史が蘇りました。30代前半の頃の、次のような忘れられない出来事です。

自分が担任するクラスのB子が万引きをしました。学校で本人に厳しく指導し家庭連絡をした翌日、B子の父親が学校に怒鳴り込んできました。こちらの指導に納得がいかなかったのだろうかと身構えていましたが、怒っていた内容はそうではなかったのです。

娘が万引きした事実を他の子が知っていて、自分の娘がいたく傷ついているというのです。父親は、学校のせいで情報が漏れたのだと。外部に漏れることなどないように、指導は細心の注意を払っていたので、あり得ないと思っていました。しかし、父親の話を聞き進めていくうちに、その噂の情報源が、どうやら同じクラスのC子で、同時に、情報が漏れた理由も知ることになったのです。

前日、授業開始時より早目に教室に入った時のことです。教卓を囲んでクラスの子と雑談しながら時間を過ごし、授業開始のチャイムが鳴るまでわずかな時間があったので、ちょっと用をたしに近くのトイレに向かいました。その時に、教科書やチョークなどの授業用具と合わせて、授業の進度などを記録する備忘録のノートもそこに置いていったのです。

自分が席を離れたわずかな隙に、雑談の相手の1人だったクラス1おしゃべり好きなC子が、私のノートを勝手に開いて見ていたらしいのです。いたずら気分でノートを開いたのでしょう。開いたページに、「○月○日、B子万引き」と、確かにそこにはそう記されていました。

わずかな時間とはいえ、そこにノートを置き去りにした自分の過失は認めざるを得ません。弁解の余地はありません。「しまった！」としか言いようがありませんでした。

B子が万引きした事実をもとにした保護者への説明や指導は置き去りになり、逆にその父親からは一方的にお小言やお叱りを言われ続け、私は一方的に謝り続けました。父親に完全にマウントを取られたわけです。

しかし、しかしですよ……。

（人のノートを勝手に開いて覗き見るような不届きな行為をC子がしなければ。そして、お父さん、そもそもあなたの娘さんが万引きなんかしなかったら、こんな事態になることはなかったのですよ。それも、お宅の娘さん、万引きは今回が初めてではないじゃないですか——）

そう言いたかったけれど言えずに、ただひたすら頭を下げ続けました。

札幌の案件も、学校や教師の完全なる過失です。弁解の余地はありません。学校や教育委員会は、誠実に真摯に謝らなければなりません。

しかし、一方で、「この学校は生徒が自由にスマホを持ち込んでいるの?」「普通、そんな個人情報を安易にSNSにアップする?」という思いを抱く人は、学校関係者でなくとも少なからずいるのではとも考えます。

謝るときは、何に謝り、誰に謝るかが問題です。確かに物事が良くない方向に進んでいれば、どこかに問題や責任があるわけですから、その原因をはっきりさせたり、解決に向けて努力することは必要です。正確な情報確認に基づいて、今後どうすべきか、どうあるべきか、を考えることこそが重要です。しかし現実的には、問題の本質は置き去りにされ、他の人間のあら探しや悪意をもってとことん関係者を追い詰める現代の風潮には、やや辟易します。

「自分も悪いけど相手の方がもっと悪い。だから謝らない」
「これは自分の担当ではない。だから謝らない」
「謝れば自分の非を公に認めることになる。だから謝らない」
「訴訟がからんでくると、謝罪すること自体、自分の非を認めることになるから謝らない」

こんな傾向も多々ありますが、全く理解できないわけでもありません。

もちろん、取り返しがつかないことについては別次元です。学校で言えば、学校の一方的な責任で生徒の命が失われることになったりしたら、どんなに謝っても謝って済む問題ではないはずです。

しかし一方で、生徒だって、我々教師だって、親だって、ミスや過ちを犯すことは現実的にあり得ます。特に子どもに何か問題があると、「いや学校が悪いんだ」「先生が悪いんだ」「子ども自身に問題があるんだ」「家庭が悪いんだ」「地域が悪いんだ」「国が悪いんだ」「世の中が悪いんだ」なんてことになる。そして、全く当事者とは関係のない人間が声高に叫んだり、煽ったりする場合だって多々あります。

問題なのは、子ども不在で議論が進み、自分のことは皆棚に上げて、責任の所在を自分以外のところに求めることばかりに躍起になる場合です。人は皆、そして学校だって、家庭だって、地域だって、国だって、完璧じゃないのに。

若い頃、大好きだったベテランの先生がいました。特に、授業が上手いわけではありません。生徒指導や部活動指導が熱心というわけでもありません。一見、のほほんとして何も考えていない、掴みどころのない前川清のような先生でした。でも、どんな先生にも反抗・反発するいわゆる〝問題児〟たちが、その先生の前では実に素直でいい子でした。その中の生徒の1人に、ある日その理由を尋ねてみたのです。

「これまで親からも他の先生からも地域の人からも、全部自分が100％悪者扱いされ続けてきて、ダメ出しばかりされてきた。でも、あの先生は、100のうち1でも2でも自分に非があると思うと、自分のようなダメな人間にも、本当にすまなそうにすぐ頭を下げてくれる」

納得の回答でした。私も同感でした。同僚として、親子ほど年下の私に対しても同じような場面が何度もあったからです。

まずは、取り返しがつかない過ちが絶対に起こらないようにすべきです。取り返しがつく過ちやミスならば、次に同じことがないようにするにはどうすればいいか、それをまず最優先に考えるべきです。その過程での我々の言動の中心に、一番大切にすべき子どもの存在を、片時も忘れることなしに。

思い起こせば、いろんな人に謝ってばかり、頭を下げてばかりの人生でした。でも、「ごめんなさい」「すみませんでした」「申し訳ありません」を、「ありがとう」よりも素直に心から言える人間になりたいものです。

生徒にも、保護者にも、先生方にも、地域の人にも、そうあってほしいものです。

59 君が「特別」な存在でなくなる日

R6 (6/27)

6月20日(木)、3年生を対象にした人権講話を、秋葉区人権擁護委員協議会との共催で実施しました。講師に、ナマラエンターテイメント(新潟お笑い集団)の森下英矢さんをお招きしての「人にやさしく」という演題での講話でした。

今後、子どもたちは人権作文に取り組みます。人間尊重の重要性、必要性についての理解を深め、豊かな人権感覚を磨くきっかけにする取組にしていきたいと考えます。毎年、人権擁護委員協議会が推薦する講師として森下さんが挙げられているのは、ナマラ所属の芸人さんだから話術に長けているということより、彼の子育て経験から、適任者だとみなされているものと私は受け止めています。

以前、小中学校の教職員を対象にした彼の講演会に参加したことがあります。今回の中学生向けの講演は、正直、時間が限られていた上、当たり障りのない一般論的な話で、私も生徒も多少もの足りなさを感じましたが、その時の講演では、自己や自分の家族をありのままに開示し、人権の大切さや障がいを当たり前に理解できる社会のあるべき姿について数多くの示唆をいただきました。

森下さんには、9歳になる『やたちゃん』という子がいます。2歳半になる時に、自閉症スペクトラム障害、注意欠陥多動性障害(ADHD)、重度知的障害の診断を受けた、発達障害のお子さんです。ほとんど言葉を発することもできないそうですが、毎日明るく元気な生活ぶりの中、その子育てのエピソードや家族としての思い出、子育てにおける気づきや感動を生き生きとユーモアたっぷりに軽妙に語られました。

森下さんは、その時の講演の最後に、教育のプロを自認していると思われる約80名の我々教職員を前にこのように語りかけました。

「やたちゃんは、周囲の人のやさしさを生み出すことのできる存在です。自分と関わる人間に、自身の持つやさしさを発揮できる機会を与えてくれる存在なんです。弱者だからこそ、相手の感受性を引き出せるのです。偏見・差別なんて、この世の中では何の意味もないこと。弱者と呼ばれる人間に誰もが対等に接することのできるような学校や社会になるように、先生方も頑張ってください」

そう励まされました。

我が国は、２００７年（平成19年）に、国際法である「障害者の権利に関する条約」を批准し、人々の多様な在り方を相互に認め合える全員参加型の社会である「共生社会」の形成を、国としての重要課題としています。

新潟市でも、２００８年（平成20年）に「新潟市自治基本条例」において「一人ひとりの人権が大切にされる新潟」を目指すことを宣言しました。そして「新潟市人権教育・啓発推進計画」のもと、人権文化を育む歩みを進めてきました。

さらには、2016年（平成28年）4月から「新潟市障がいのある人もない人も共に生きるまちづくり条例（共生のまちづくり条例）」を施行し、障害もある人も、ない人も、安心して暮らせる社会の実現を目指しています。

新潟市の『教育ビジョン』や『学校教育の重点』の中でも、誰もが安心して学べる環境づくりや特別支援教育の推進を重点課題に掲げています。

これら国や自治体の動きもさることながら、自分が幼い時分（昭和40年代頃）と今と比べると、私たちの人権や差別に対する感度は大きく前進したと感じています。田舎育ちの自分のことを思い返すと、今では信じられないと思いますが、外国人を見て指を差していた人がいる光景を目にすることもありました。日常会話やテレビのアニメ、歌謡曲等にも、差別用語が何の問題もなく使われていたように思います。今はそんな光景は、ほとんど見当たりません。

一方、私の肌感覚からすると、そういった偏見や差別の意識は、単に地下に潜って表面上に浮き出てこないだけであり、本質的にどれだけ世の中の人権意識が進歩したのかどうかは懐疑的なところもないわけではありません。例えるならば、今まで面と向かって悪口を言っていたのに、それは明らかに問題なるからと、陰でコソコソと、もっと醜くてひどいことを言っている雰囲気になったような、そんな懸念も感じています。今のSNSの誹謗中傷の類の状況がその証左ではないでしょうか。

当校だけでなく、ほとんどの学校で特別支援学級が設置されていますし、通常学級の中にも特別な配慮を要する子どもたちは少なからずいます。周囲にその子のことを理解できない人間がいたとすると、トラブルが起きることは当然あり得ます。しかし、それらのトラブルが起因する要因は、その子の有する障害の特性であり、その子自身に責任があるわけでは決してないのです。その子への理解が進んでいない、配慮の仕方がわからない、とすれば、それは周囲の努力不足です。

具体的な配慮については、友だちも我々教職員も、関係の諸機関も、そして地域の人間も、その子の周辺で関わるみんなでともに考えるべきことだと思います。

そんな子への理解が進むことを、森下さんは「相手の感受性を引き出す」と表現しています。トラブルや面倒くさいことに巻き込まれることを嫌がっていたりするのではなく、その子を理解する努力をすることは、自らの感受性を高め、その子や集団との関わりを通して自分を大いに成長させることにつながるのです。

「あの子のせいで……」――ではなくて、「あの子のおかげで」という言葉が当たり前となる、そんな学校や社会をともに目指したいものです。そして、相互の人格と個性を尊重し合い、多様な在り方を相互に認め合う集団づくりこそ、学校が目指す理想の姿だと考えます。

学校での特別な支援を要する児童や生徒は、全国的にも増加傾向にあると言われています。極端な話、今で言う特別な支援を要する児童や生徒が、仮に全体の大多数を占める状況になったとしたならば、今度は逆に少数のそれ以外の子どもたちが「特別」ということになるのでしょうか？

そもそも、「特別」という言葉が、人と人との垣根や壁の如く使われることがない、使う必要がない世の中こそが、共生社会と言えるのではないでしょうか。特別支援教育を「特別なもの」ではなく「当たり前の教育」として定着させることこそが学校の使命だと考えます。

私にとって新津第二中学校の子どもたちすべてが、「特別な存在」、「特別な人間」です。

あえて「特別」と表現する必要はどこにも見当たりません。

60 R6（7／4）「原風景」ありますか？〈新潟市体育大会を終えて〉

人間の記憶ほど不確かなものはありません。つい昨日のことでも、何をしていたのか思い出せないことがよくあります。

ところが数年前、数十年も前の昔のことなのに、今起こっているが如く、鮮烈・鮮明に覚えていることもあります。人には、ある程度の年月が経った後にも、ずっと記憶に焼き付いている、特に幼い日の思い出や風景があります。それがいわゆる「原風景」と呼ばれるものです。

今から50年も前の小学校低学年の時、近隣の市町村の釣り堀に鯉を卸して売りにいく父の仕事についていきました。５トントラックの荷台に酸素ボンベ付きの巨大な水槽を載せ、たくさんの生きた鯉を卸すのでした。

怒ってキレると恐ろしく怖い存在の父でしたが、営業先で「お父さんの仕事についてくるなんて偉いね」などと自分が褒められると、照れて相好を崩す父の顔が忘れられません。

数軒当たって営業しましたが、鯉は一匹も売れませんでした。帰りに父とラーメンを食べました。父は終始無言でした。店内の客は我々親子だけで、沈黙の中、麺をすする音だけが虚しく店内に響きました。決しておいしいラーメンではなかったことも、味覚とともに鮮明に覚えています。

自営で水産加工業を営み、朝から晩まで働きづめの両親でしたが、なかなか商売が上手くいかず、いろんな商機を探して両親が最も苦悩していたのがちょうどその頃だと知ったのは、やっと商売が軌道に乗り始めた、自分が成人した頃になったずっと後でした。

その父もあの世に逝って早15年。生きてきた中で、喜怒哀楽の場面は常にありました。昔を振り返ることもよくあります。しかし、自分がピンチに陥った時、辛くて苦しい時に限って、なぜか決まって父について鯉を売りに行ったあの日のことが鮮明に蘇るのです。そして、あの時の「やるせなさ」がグッと胸に込み上げてきて、周囲に誰もいなければ大粒の涙が自然に溢れてきます。そして、「こんなことでくじけてたまるか、負けてたまるか」という思いをもたらしてくれるのです。

そんなかけがえのない私の「原風景」なのです。

成功体験や楽しかったことを思い出すと、実に晴れ晴れとした気分になり、これから生きる未来への自身や励みになります。しかし、それだけで人は本当に成長できるのでしょうか。もちろん、消し去りたい思い出もあるはずです。トラウマや悪夢のような辛く悲しい過去や出来事を思い出して苦しむことなども決してあってほしくないことです。

一方で、子どもたちには、自分を前進・成長させるパワーに転換できる「悔しさ」や「屈辱」や「やるせなさ」や「辛さ」や「切なさ」があるならば、その気持ちをいつまでも忘れないで、その思いを大切にしながらたくましく生きていける人間に成長してほしいと願うのです。

なぜなら、嬉しいことや楽しいことより、悲しいことと辛いことの方が、ずっとずっと多い。それが人生だと思うからです。

さて、生徒の皆さん、6月の市内大会たいへんご苦労様でした。

私も、できる限りたくさんの会場を見て回って、多くの新津第二中学校のみんなが頑張っている姿をこの眼に焼き付けてきました。

まず一番に感じたことは、先に述べた「原風景」とも関連することです。

人間は2つのパターンに分かれると思うのです。それは、上手くいかなかったことを振り返って後悔したりいつまでも嘆いてくよくよするタイプと、あっさり忘れ去ってすぱっと切り替えたりできるタイプにと。通常は、後者の切り替えが速い方が美徳のように思われがちですが、やっぱり人間が成長するためには、上手くいかなかったことの後悔や、失敗したことや、負けたことの悲しみや、やるせなさの思いを、ずっと胸に秘めて、その後の人生に活かすことも大切だと思うのです。

世の中には、負けたり、上手くいかなかったら、その場で涙を流すものの、ちょっと時間が経てば、悔しさなんかも忘れ、また普通に生きていける人の方が大多数だと思います。でもそれでは、これまでの努力は時間の浪費で、再び同じような過ちや失敗を繰り返すはずです。

次に、あらためてやっぱりスポーツっていいなあ、という思いです。スポーツに限らず、人間が何か1つのことに集中している姿、必死に頑張っている姿は、とても清々しく、一言で実に「カッコいい」姿なのです。目の輝きが普段と違うのです。

ぜひ生涯を通じて、運動やスポーツや芸術・文化活動等にいそしみ、自分が熱中できるものを見つけ、豊かな生き方をして、自分が感動する、周囲に感動を与えられる人生を歩んでほしいと、あらためて感じました。


そして最後に。この大会を通じてあなたは何を得たのでしょうか？　勝敗や入賞等の有無よりも大切なものがあったはずです。それは、周囲から自然と「愛され・応援され・励まされる」ような人間・チームとして大会を終えられたかどうか。学校に残っていた皆さんも、仲間が必死で頑張っている姿を思い描きながら、心の中で必死にエールを送ることができたかどうかです。

この市内大会を通じて、あなただけにしか価値を判断することができない賞状やトロフィーを、あなた自身の心に与えることができたかどうか。それが、この市内大会における、皆さんの「振り返り」の最大のポイントです。


今尚心の底に宿る、はかない思い出の父との鯉の行商。

「鯉ははかない」——全くその通り。

人生ではかないものは「恋」だけではなかったようです。

61 R6（7／11）

心に響く義母と実母のブルース

「おまえさん、誰だっけ？」

全てはここから始まりました。約1年前に、近くの妻の実家で一人暮らししている84歳の義母から、私に向けて突然発せられた言葉です。「認知症だ！」と気づくのにそう時間はかかりませんでした。そして、「実母に続いて今度は義母もか」との思いでもありました。

遠く離れた我が実家で暮らす88歳の実母は、里帰りしていた私が、遠距離を数時間かけて運転して新潟の自宅に戻ると、到着時間を見計らった頃に電話をよこしては、

「無事着いた？　ああ安心した。遠いところありがとうね。ご苦労様。また来てね」

と、必ず連絡をくれていました。

ところが、認知症の症状が出始めた頃、帰郷して新潟に戻ったある日、同じように電話を取ると、

「どうして到着の連絡をすぐ寄こさないんだ。お前がそんな腐った根性の持ち主だとは思わなかった」

と怒り口調でまくしたてて、一方的に電話を切ったことがありました。生まれてこの方、最大級のショックでした。

そして実母に続いて義母もか、と。

義母も同様に、あの日以来、実の娘である妻に、

「私のお金、あんたが盗ったんだろ。早く返して。返さないと交番に届けるよ」

などと事実無根のことを言い出したり、夜中の2時、3時に電話やメールを寄こして、わけのわからない話を持ち出して攻撃的に怒ったりすることが見られるようになりました。

正気に戻った時に、送られてきたメールの内容を見せると、義母は全く記憶にない自分の娘（妻）へのひどい仕打ちに、自己嫌悪に陥り、自分を責めながら、ひたすら妻に謝り続けました。こういったことが何度も繰り返されてきたのです。

ジキルとハイドのごとき振る舞いに、妻も私も切ない思いを募らせる日々が続き、友人・知人や公的機関の各方面に相談する機会も増えました。義母も実母も、まだ認知症の初期段階の軽度で、今では上記のようなことが時折見られはしますが、身内や様々な関係機関等の周囲のサポートのおかげで、何とか日常生活にはほぼ困らない小康状態が続いています。

さて、先週6月21日（金）、1年生を対象に「認知症サポーター中学生養成講座」を実施しました。実施の狙いは、子どもたちの立場で認知症についての正しい理解を進め、認知症の方も含めともに地域で安心して暮らし続けられる地域づくりと、そのために自分に何ができるかということを考える機会にすることでした。

講師は、秋葉区社会福祉協議会や荻川地区社会福祉協議会等の皆さんにお願いし、とてもわかりやすく明快な説明のおかげで、貴重な講座となりました。
いただいた「副読本」の中には、認知症の家族の気持ちを理解することの大切さや、認知症の人を介護する家族には大きな負担がかかること、家族を応援することでその負担が少しでも軽くなれば、認知症の人にもよい影響を与えることなどが書かれており、そのために、家族の「いま」の気持ちを知る大きな手がかりとして、4つのステップが示されていました。

〈ステップ1〉とまどい・否定
以前の本人からは考えられないような言葉や行動にとまどい、「こんなはずではない」と否定しようとする。
〈ステップ2〉混乱・怒り・拒絶
様々な症状を示す本人にどう向き合えばいいかわからず混乱したり、本人を責めたり拒絶したりして、疲れ、不安、苦しみが増大する。
〈ステップ3〉割り切り
医療・介護などのサービスを上手に利用すれば、家族で何とか乗り切っていけるというゆとりが生まれ、負担感が軽くなる。
〈ステップ4〉受容
認知症に対する理解が深まり、本人のあるがままを自然に受け入れられるようになる。

実際に介護する家族は、この4つのステップを行きつ戻りつしながら、一生懸命認知症の人をサポートしているとのこと。当事者としての実経験から、まさにその通りだと痛感します。妻も、今なお悲しく切ない思いは度々繰り返しはしていますが、最近はよくこう言っています。


「赤ちゃんと接していると思えばいいよね」

「側にいてあげられる時間が増えて、最高の親孝行ができているわ」


実母と義母には共通点・類似点があります。現役時代は、無口で気のいいだけが取り柄の頼りない亭主（先立った実父と義父）を立てながらも、実質的に尻に敷いて家業を一手に取り仕切り、朝早くから夜遅くまでがむしゃらに働いていたこと。頭の回転が速く、怖いもの知らずで気が強くて、でも気配りが細やかで、人情味に溢れていたこと。そして、特にこれといった趣味もなく、贅沢もせず、自分のことはいつも後回しにして、家族のことをいつも最優先に考えて生きてきたこと。

実母の最近の口癖は、

「子ども3人、孫5人、ひ孫6人、ああ幸せな人生だった。もう何も思い残すことはないわ」

義母の最近の口癖は、

「死ぬ前の最後の最後に迷惑かけて本当にすまないね。でもね、あんたらもいつか私のような立場になる日が来るかもしれないんだよ」

ともに重い言葉で、ずしりと心に響きます。

私も妻も、正直、2人の子どもが成人して手がかからなくなって少しはゆっくりできると考えていましたが、それとは入れ替わるように介護が待ち受けていました。

老いた2人と接していると、「生きる」とは何だろう？　「幸せ」とは何だろう？　と、つくづく考えさせられます。そして導いた答えは、「生きる」こととは「幸せ」とは、「大切な人に寄り添うこと」なんだなと。

生徒のみんなには、家族、身内、地域の人に寄り添える人間に育ってほしいものと願っています。そして保護者や先生方にも、常に生徒に親身に寄り添う存在に。

家族にであれ、親族にであれ、地域の人にであれ、「大切な人に寄り添う」こと、すなわち「生きる」こと、いや、その実、私たちは寄り添った相手に「生かされている」のかもしれません。

母よ、あなたは今尚偉大なり。

62 R6（7／18） 医は仁術！　教育もまた然り

内科検診、尿検査、眼科検診、歯科検診、心臓検診……。年度始めから続く一連の検診等が一通り終わりました。健やかな身体づくりは、人としての成長の源です。先週19日に、「ほけんだより7月号」と、生徒各自への「定期健康診断の記録」を配付しました。今後特に受診や治療の必要がある場合には、ぜひこの夏休みの期間を利用して確実に対応していただきたいと思います。

さて、特にコロナ禍を経て、医療従事者の皆さんのご苦労ご努力には、これまで以上に深い敬意の念を抱いています。看護師、医療技師、事務員等の皆さん、そして、もちろんお医者さんはたいへんな職業だと痛感します。

医師は教員と同様免許が必要ですが、司法試験と並んで最も難関な国家試験に合格しなければなりません。誰もが簡単にはなれない職業です。一般的に、社会的地位も高い職業だと思います。

私も、学生時代の友人、教え子、教え子の保護者、学校医、銀行員時代の取引先等々、知り合いの中には多くのお医者さんがいます。また、自分や家族が診察していただいた方もいます。今回は、私が出会ったお医者さんの話から。

内科医のA先生

自宅の近所の開業医で、代々妻の実家のかかりつけのその当時70代の先生である。患者は近所の顔見知りの方ばかり。医院の建物は質素で地味な佇まい。

「インフルAかなあ？　Bかなあ？　検査キットが切れてるからわからんなあ」

「この痛みの原因は何だろうなあ。とりあえず痛み止め出しておくか」

なんて対応でやや不安で頼りない面はあるものの、夜中の2時だろうが3時だろうが、嫌な顔一つせずに起きて親身に対応してくれる。

「義母さんは元気にしてるか？」

「子育ては順調か？」

など、受診の間、いつも家族を気遣う優しさに溢れた世間話のおかげで、痛みが和らぐような気分になったものだ。

小児科医のB先生

子どもが幼い時分に世話になった先生。医院はいつも大勢の子どもでごった返している。総合病院から独立した開業医で、近隣の遠くの市町村からも来院する。朝6時に無人の医院の玄関ドアが自動で開錠し、入口の所定の箱に診察券を入れた順番で診察となるので、朝の5時台から行列ができた。冬の猛吹雪が吹き付ける早朝などは、さすがに並ぶのが辛かった。

受診は実にてきぱき。看護師とも阿吽の呼吸で、泣き叫ぶ子どもたちを、次から次へと無駄な動きなく受診する。親御さんへの病状等の説明も丁寧で歯切れがよく、とても評判が良かった。しかし、口の悪い知人の中には、「強い薬を使っているから治りが早い、っていう評判だよ」などと揶揄する者もいた。

内科医のC先生

自分が担任するクラスの子の父親で、大学病院勤務。その子が風邪で休んで学校に再登校してきた際に、

「いいなあお父さんがお医者さんだと。薬もお父さんが用意してくれるの？」と聞いたら、

「父はいつも『風邪ぐらいで安易に薬に頼るな。栄養を取って安静にしていることに限る』としか言いません」

そのお父さんとは面識はなかったが、周囲からは「人格者」との評判で、その娘の教え子も、教師である自分が恥ずかしくなるほど立派な生徒だった。

眼科医のD先生

我が娘が幼い頃、目が痛いと泣き出した。休日だったので、急患受け入れ先を探したところ、ようやくある開業医が見つかった。ちょっと遠い場所だったが娘を連れて行った。長い間待たされてようやく受診となったが、診察途中に外線の電話が先生宛にかかってきた。先生は、我が子の診察を中断して電話に出た。電話の内容が聞こえてきた。どうやらゴルフ会員権のセールスのようだった。決して短くない時間、笑い声を交えながら、泣いて痛がっている我が子をよそに電話を優先していた。許

せなかった。

眼科医のE先生

行列ができる眼科の開業医で、白内障・緑内障等の名医と言われ、特に高齢の患者でいつも医院はいっぱいだった。

「めくら（※差別語ですが事実なのであえて）になってもいいのか？」

「何でもう少し早く来なかったんだ？」

など、患者を怒鳴る大声が待合室までいつも響いていた。何とも乱暴な先生だと思っていたが、手術の腕の良さはもちろん、「口は悪いけど患者のことを第一に考えてくれる」「誤解されやすいけど、本当は思いやりのあるやさしい先生なんだ」というのが患者さん方の評判だった。なるほど、あれだけたくさんの患者が来院するわけだった。

耳鼻科医のF先生（の奥さん）

御主人は、私が銀行員の営業マンの時の取引先の開業医。いつも患者でいっぱいで、県内でもトップクラスの高額納税者、つまりお金持ちだった。毎月、銀行の手続き関係で、自宅に出入りしていた。ものすごい豪邸だった。初めて訪問した際に、奥様から厳しく叱責された。

「うちに来る時には、インターホンで銀行の名前なんか名乗らないで。黒い営業カバンも持たずに手ぶらで入って。誰が聞いたり、見たりしているかわからないでしょ。前任の担当者とちゃんと引き継ぎしたの？　しっかりしてよ」

大事な顧客とはいえ、上から目線の言動にいつも閉口していた。


さて、同じ「先生」と呼ばれる立場で、同じ免許が必要な職業、人間を相手にする職業人として、先生方は上記内容をどのように受け止めますか？

授業が上手い、部活動指導が一流、業務が迅速――もちろんそれはそれでとても素晴らしいことですが、教師としてそれよりも一番大切なことは、「子どもの心に寄り添う」ということだと私は思います。そして、偉ぶらない、偉そうにしない。

医師が人の病気やケガを診て治すプロならば、私たちも、子どもの心を癒し成長をサポートするプロであるわけですから。

63 R6（7／24）

君の「秘密基地」はどこにある？

幼い頃、実家の裏に空き地がありました。近所の子どもたちにとって格好の遊び場でした。敷地の片隅に古びた木造の物置小屋があって、我々自称「少年ギャング団」は、その中に筵《むしろ》や家で使わなくなった布団や家財などを持ち込んでは、『秘密基地』に見立てて遊んだものです。わくわくドキドキ、楽しかった思い出がたくさん詰まっていました。

映画「スタンド・バイ・ミー」、小説「トム・ソーヤの冒険」、マンガ「20世紀少年」などでも、『秘密基地』は重要なキーワードや舞台として物語の大きな要素となっています。

さて、昨年、たまたまテレビをつけたら、NHKの「チコちゃんに叱られる！」という番組で、「なぜ子どもたちは『秘密基地』をつくりたがる？」という内容を扱っていて、とても興味深く視聴しました。子どもたちが『秘密基地』をつくるには、それなりの理由があるとのことで、ある大学の先生がその理由を解説していました。その内容は以下の通りです。

「我々人間も含めた動物は、自らの命を守る行動として本能的に3つのパターンを身に付けている。それは、「戦う」「逃げる」「隠れる」である。

その中の「隠れる」という本能が、『秘密基地』をつくりたがる行動に駆り立てる。どうやら、生き延びるために、危険に対して準備をしておかないと気が済まない本能が働くらしい。

つまり、子どもが『秘密基地』をつくりたがるのは、無意識に命を守る行動をしている。自分たちが設定した世界で大人に見つからない練習をしている。」


さて、それでは、巷に自由に立ち入ることのできる空き地や廃屋がなくなり、集団で、外で遊ぶ機会のめっきり減少した現代の子どもたちにとって、『秘密基地』なんてあるのだろうかとふと考えました。そうだ、現代の『秘密基地』はネット空間ではないだろうか、との思いに至ったのです。

『秘密基地』とは、親や他人に知られたくない自分たちだけの場所や空間であり、そういった意味では、昔と比べることができないほどセキュリティが働いているのも、ネット空間ならではなのかもしれません。そして、『秘密基地』が、自らの命を守る行動であるならば、子どもたちがネット社会に夢中になることを、我々大人が嫌悪したり、全否定したりすることは、もちろん間違っているのではないだろうかと。

一方、リアルの『秘密基地』は、秘密といっても、親や大人はその存在やそこで何が行われているかも薄々わかった上で、容認し、許容し、秘密のふりをしていました。例えば、家の中での押し入れや炬燵の中も、れっきとした『秘密基地』だと言えますが、幼い子に、「あれ、○○ちゃんがいない。どうしたんだろう?」なんてわざとお母さんが本人に聞こえるように言って、身を隠していたつもりの本人が出てきて、母親が大げさに驚いたりしてあげると、本人が大喜びするのは今でも見られる光景でしょう。

このように、もちろん実質は決して〝秘密〟ではありません。我々の幼少時代も、親に内緒のつもりで、『秘密基地』でいろんな遊びや悪ふざけや、いたずらの相談や、ちょっとした秘め事をしていたかもしれませんが、その実、親たちは、ある程度のことは把握していたのだと思います。

ところが、ネット空間はやっかいです。子どもが、どこの誰とどんな会話ややりとりをしているかまでの詳細や全容はもちろん把握できません。自分の子どもを取り巻く『秘密基地』の広さや、そこで結びつく人間関係の実態や雰囲気もわかってないはずです。ネット空間は、本当の「秘密の場所」に陥りやすいのです。

そして何より心配されるのは、子ども自身はそこを『秘密基地』と思っているかもしれませんが、結局は、容易に第三者に見つかってしまう可能性もある、頼りにならない『秘密基地』であり、いつでも危険にさらされる可能性をも秘めている、危険な『秘密基地』だということです。

いよいよ明日から夏休みです。先日19日に全校で「ＳＮＳ学習会」を実施しました。新津第二中学校のスマホ・ＳＮＳの使用状況についての現状を確認し、スマホ・ＳＮＳに潜む危険性について実例をもとに指導しました。その後、各クラスでグループワークを行い、特に夏休みに注意しなければならないことを自分たちで考える機会を持ちました。

　このように、様々な機会を通して、情報モラルに関する教育活動や指導を今後も繰り返していきたいと思います。これらの学習や啓発の手段や機会を決して無駄にせずに、ぜひ、保護者の方にも情報モラルに関する家庭での見取りと働きかけを切にお願いするものです。

　それは、現代の子どもの『秘密基地』であるネット社会を、リアルな『秘密基地』同様、大人や親の手のひらの上で踊っている存在にするためなのです。

　自分の身は自分で守るのは子どもとしての本能かもしれませんが、親や教師には、自分にとって大切な子どもたちをしっかり守ってあげて、本人が傷ついたり、他の人間に決して迷惑をかけないように、子どもを正しく導く大人としての重要な責務があります。

　何卒よろしくお願いします。

「ボーっと生きてんじゃねーよ！」

と、チコちゃんに叱られることが決してないように。

64 R6 （7／29）

知らないふりするのも時には愛情！

いよいよパリオリンピック・パラリンピックが開幕しました。当校卒業生の原《はら》わか花《ば》さんが出場する7人制ラグビーの予選も始まり、その活躍を心から期待するばかりです。

さて、今般のオリンピックに関わり、飲酒・喫煙の噂が流れた女子体操代表選手の出場辞退が話題になりました。本「校長だより」を毎回読んでいただいている内の3名の方から、奇しくも同じコメントが私に寄せられました。

「周囲から『愛され・応援され・励まされる』ような人間・集団づくりを目指している校長先生にとって、今回の件をどうとらえていますか？」というような内容です。

ネットやテレビを賑わせている話題で、有名人やそれなりの社会的立場にある皆さんがそれぞれの持論を述べているようですが、その詳細については把握していません。真実がどうなのかもわかりませんし、さして興味はありませんでしたので。

何ともコメントのしようがないのですが、仮に、彼女が私の愛すべき教え子で、問題が発覚する前に自分のところに相談に来たとしたら、多分、次のような話をすると思います。

「とにかく事実を話すんだ。酒とタバコのことがもちろん事実なら、その詳細について包み隠さず話すのだ。そして、自分がこれまでどれほど体操を愛し体操に打ち込んできたのか、どれほど人一倍努力してきたのか、日本女子体操界の期待を一身に背負ってそれがどれほどのプレッシャーでありストレスがあったのか。それは、決して周囲からの同情を引くためのものではない。それが事実なら事実として熱く語れ。

その結果、オリンピックに出場できようができまいが関係ない。されどオリンピックかもしれないが、たかがオリンピックだ。オリンピックだ。オリンピック出場が人生のゴールではない。

もし、出場できたとしたら、今回の件で迷惑をかけた人の分まで頑張ればいい。出場できなければ、そのやるせなさをバネに、もう一度自分を見つめ直して新たな目標に向かって頑張ればいい。世間がどう納得するかではない。君がどう納得するかだ。一度や二度の取り返しのつくような失敗や過ちで、その人間のすべてが否定されるわけではない。君が、本当に周囲から愛され・応援され・励まされるに値する人間かどうかは、これからの生き方次第だ」と。

結局最終的に、彼女は、オリンピックの出場を辞退しました。何の客観的事実も事情もわからない中、単なる推測で私見を述べさせていただくならば、出場辞退は仕方ないことだと思っています。

それは、彼女は酒・タバコは1回のみだと主張しているようですが、本当にそうなのかと疑義を抱くからです。これまで長年にわたって子どもの数々の問題行動に関わってきた経験からすると、飲酒・喫煙・万引きが発覚した時に、「今回が初めてのことです」などということはほとんどありませんでした。夜中に集団で酒・タバコのどんちゃん騒ぎをして、その場にみんなと何時間もずっと一緒にいたのに、「自分だけはしていません」などということはほぼあり得ないのです。
スピード違反をした人間が、その時だけたまたまスピードオーバーして運悪く警察に見つかった。それは「たまたま運が悪かった」のではないのです。あなたが、それ以外の時もスピードを出し過ぎていることがあるからなのです。
つまり、彼女の酒・タバコの事実が問題ではありません。彼女が嘘をついていると私は思うのです。それでアウトです。私もSNS上の野次馬と同等の輩だとお叱りを受けそうですが、あくまで、経験上からの推測の域を出ない私見だと思ってご容赦願います。

それにしても、SNS等の影響もあって、昨今は、世間の耳目を集める話題があると、当事者に関係のない第三者が騒ぎ過ぎのような気がします。今回の件も、彼女に根本的な責任は当然ありながら、精神的に未熟な未成年の彼女をそういった環境から守れなかったこと、彼女が必要以上のバッシングを受けているのは、周囲の大人や無責任な世間の風潮だと思っています。今彼女のために一番できることは、そっとしておいてあげることです。やってしまったことは元には戻らない。でも、取り返しがつくことなら、挽回ややり直しが効く寛容で優しい社会であってほしいものです。

学校でも、生徒の飲酒・喫煙はもちろんのこと、何か大きな問題行動を起こしたりすると、保護者に学校に来てもらって事情を説明し、家庭での今後の本人への指導・見取り・見守り等をお願いする場合があります。その結果、事の重大さにもよりますが、保護者が家庭に戻って、子ども本人にどのような対応をするかは、その時々、様々な事情でまちまちだと思います。

ただ、本人に冷静に丁寧に説諭するならまだしも、

「今日、忙しいのに学校に呼び出されて、本当に恥ずかしくて情けなくて仕方なかった。おまえをそんな人間に育てた覚えはない。なんてことしてくれたんだ、まったく」

なんて子どもを頭ごなしに叱ったら、子どもは果たしてどんな気持ちになるでしょうね。その子は、心の底から反省もしないし、いい方向に絶対育たないと思います。

一方で、帰宅した親が子どもに何も言わないで、いつも通りに明るく振舞ったとしたら、こっぴどく怒られると思っていた子どもは考えるはずです。

「母さんは今日学校に呼び出されて、自分がしでかしたことは全部知ってるはずだし、先生にもいろいろ言われただろうに、どうして何も言わないんだろう……」

子どもが、例えばこんな風にいろいろ思い巡らせることこその方が、私はその子に大いなる成長をもたらせるものと思っています。あくまでケースバイケースですが。

大人である我々ももちろん、子どもだって様々な失敗や過ちを犯します。教師も保護者も、時には烈火の如く厳しく叱ることも大切、優しく諭して言い聞かせることも大切、そして、時と場合によっては、わかっているのに見逃したり、知っているのに知らないふりをする無言の指導も効果的なことがあるはずなのです。

先日、バックネット裏で、高校野球の試合を観戦しました。

「いいピッチャーなんだけど、もう少し下半身使わないとだな」

「あそこはバントだろ」

「監督を替えないと一生甲子園いけないね」

周囲の皆さん、口々に言いたい放題。

野次馬根性は人間の性ですが、世の中は、野球観戦するおじさん連中の呟きレベルの、総批評家、総評論家、総解説者時代に突入しました。そして、自分が正論だと思うことはとことんマウントを取りに来る、そんな風潮が益々加速しています、
私自身は、とても生きづらさを感じる世の中になってきました。少なくとも、物事が上手くいかなくとも、自分の方が全くの正論と思えども、決して感情的にならず、当事者の気持ちに寄り添い、様々な立場の考えに思いを馳せ、争いごとはしたくない。

だから、こう言われないように頑張りたいと思うのです。

「どの面下げて」「どの口が言ってるんだ」と。

65 摩天楼の迷宮は霧の中か藪の中か〈私のニューヨーク物語①〉

R6（8／5）

益々グローバル化が加速する現代社会です。教育の世界にも、日本国外で日本人の教育を主とする教育機関が存在するのはご存じでしょうか。いわゆる「在外教育施設」と呼ばれているものです。

その名の通り、海外にある、海外に在留する日本人の子どものために、日本国内の教育に準じた教育を実施するために設置された教育施設です。

国（文部科学省）の施策によって、そういった教育施設の教職員等として、2〜4年間、日本国内の現役やシニアの教職員を海外に派遣する制度があります。私は、その派遣要員として、2003年（平成15年）からの4年間、ニューヨークに赴任し、「ニューヨーク補習授業校」という在外教育施設で管理職（赴任当時37歳で日本では『教諭』でしたが、現地では職務上『教頭』という職名）として勤務しました。

ここで、在外教育施設についてもう少し説明します。在外教育施設は、大きく分けて、（1）日本人学校、（2）補習授業校、（3）私立在外教育施設の3つに分かれます。

（1）日本人学校

その名の通り、国内の教育と同等の教育を行うことを目的とする全日制の教育施設です。

在籍する子どもたちは、主に、その国に駐在する企業や政府機関等で働く家庭のお子さんが中心です。管理職等も含めた教員のほとんどは、日本から派遣された現職またはシニアの教職員です。日本国内と同じ教科書を使用し、国内の小中高校と同等の教育課程を有する旨の認定を受けています。単に学校が海外にあるというだけで、基本的には日本の学校と同じです。

ただし、日本政府（文部科学省）から多大な人・モノ・金の支援を受けてはいますが、一般的には、設立運営の主体は現地の日本人会等であり、それなりの授業料も徴収しているところがほとんどの、私立的な性格を有する学校と言えます。

世界で49カ国・1地域に94校が設置されており、約1万6000人が学んでいます。

（2）補習授業校（補習校、補習学校）

平日（月～金）に現地の学校や国際学校（インターナショナルスクール）等に通学している日本人の子どもに対して、土曜日や日曜日、平日の放課後などを利用して、主として、国語や算数（数学）などの一部の教科について、日本語で授業を行う教育施設です。

規模は様々で、幼児部から高等部まで設置している全校数千人の大規模な補習授業校もあれば、わずか数名の子どもしか在籍していない学校もあります。日本人学校同様、現地の日本人会や保護者会等が設置運営主体ですが、後者のような小さな補習授業校は、保護者を指導者とする寺子屋風とか家庭教師的な学校とは名ばかりの組織もあります。

（1）の日本人学校が、管理職も担任の先生方も、日本から派遣された現職またはシニアの先生方であるのに対し、補習授業校は、義務教育課程（小中学生）の児童生徒が最低でも100名超在籍しないと、文部科学省からの派遣教員は手当てされません（100名を超えて1名、400名を超えて2名など派遣数に規定あり）。ですから、派遣者がいる補習授業校は規模の大きい一部の学校に限られます。それも管理職としての基幹要員のみです。担任の先生方は、原則、現地で採用したその国に永住・在留している日本人や保護者等が務めています。そして一般的に、採用条件に教員免許所有の有無は問われません。

世界で、51カ国・1地域に242校が設置されており、約2万1000人が学んでいます。

(3) 私立在外教育施設

国内の学校法人等が母体となり海外に設置した全日制施設です。こちらも文部科学大臣から国内の小中高校と同等の課程を有する旨の認定を受けた学校ですので、それぞれの教育課程を修了した者は、日本人学校と同様、上級学校の入学資格を有します。また、日本人学校以上に高額な学費等が必要になります。

世界で4カ国6校（慶應義塾ニューヨーク校、早稲田渋谷シンガポール校、立教英国学院、帝京ロンドン学園、スイス公文学園、西大和学園カリフォルニア校）のみの設置です。

文部科学省の支援は日本人学校がメインで、補習授業校は、いわばお情け、おまけ程度の扱いであり、人的支援については、マネジメント要員数名が派遣されるのが実情です。

ですから、在外教育施設に応募する教員は、日本人学校での勤務を前提に志願する者がほとんどで、実際、毎年の派遣教員の人数も圧倒的に日本人学校への派遣が多い（全体の約9割）わけです。しかし、一部の人間は補習授業校へ派遣されるのです。

因みに、派遣は各都道府県と文部科学省の面接で選抜されますが、派遣先が日本人学校か補習授業校か、そしてどの国へか、どこの学校へかは、志望者の希望に応じることはなく、すべて文部科学省の差配です。

派遣先が補習授業校に決まった者は、その時に初めて「補習授業校って一体何なの？」という事態になる場合が往々にあります。私もそうでした。我々学校関係者ですらそのような認識なのですから、一般の人たちの補習授業校に関する知識や認識は、過去も現在もほとんど皆無であるように思われます。

ところが、国の支援や世間一般の知名度・認知度、多少なりとも耳にしたことのある頻度は日本人学校の方が圧倒的に上にもかかわらず、前記のデータが示すように、全世界での学校数も在籍者数も、実は補習授業校の方が断然多いのです。

そんな補習授業校という未知なる世界、そして世界最大の大都市ニューヨークに向けての新たな旅立ちに、自分も含め、家族全員不安しかありませんでした。

中学校教員を休職した妻、7歳の長男、3歳の長女を帯同し、20時間超のフライトを経てジョン・F・ケネディ空港に降り立ったのは、松井秀喜氏がニューヨーク・ヤンキースに入団し、バスケットボールの超スーパースター、キングことレブロン・ジェームズがNBAデビューを果たした2003

年（平成15年）、4月3日のことです。

テレビや映画で、「こんな国（アメリカ）を相手に、日本はよく戦争をやったものだ」などの内容のセリフをよく耳にしたことはありますが、空港から借家に向かう迎えの車の中から見る縦横無尽に張り巡らされたハイウエイをまるでおもちゃの車列のように数珠つなぎで疾走する外車の群れを見て、私も同じ思いが自然に湧き上がってきたものです。

霧雨で空がどんよりと鉛色に曇るあいにくの天気の中、車窓から遥か遠くに望むマンハッタンの摩天楼群は霞んでいて、まるで蜃気楼のごとき幻にさえ思えました。これから進む道程は霧の中か、それとも藪の中か、と暗示しているような……。

以後4年間、日本に帰国することなく、日本の文化、慣習、生活環境、教育事情等とは勝手が違う世界に右往左往し怒涛の日々を送りながら感じたことを、ぜひお伝えしたい。子どもたちには、国外で頑張っている子が世界中にたくさんいることを、保護者や先生方には、教育に関する新たな視点や異なる見方・感じ方で視野を広げていただくために。

66　R6（8／6）

ゲームボーイが僕を救ってくれた！〈私のニューヨーク物語②〉

私の在外教育施設の派遣先であったニューヨーク補習授業校は、その規模、歴史ともに世界の補習授業校では1、2の存在で、私の赴任当時、1000人超の幼・小・中・高校生を抱えており、校長1名と教頭3名がマネジメント要員として日本から派遣されていました。教頭はそれぞれ3つの地区校を現場責任者として任せられ、校長が全体の統括です。

補習授業校は日本人の教育を主とするものですが、在校者には様々な家庭の子弟がいました。大きく分けると、両親ともに日本人または片方の親御さんが日本人（ハーフ）の永住組、そして日本から仕事の関係でやってきた駐在組の2グループです。

特にニューヨークは、人種の坩堝《るつぼ》と言われている通り、永住組は、担任の先生方や保護者の中にも様々なバックグラウンドをもつ人がたくさんいました。

一方で、日本の民間企業や政府関係機関等に勤務する駐在員にとって、自身の子どもの教育に関する選択肢は、大きく次の3つに分かれます。

① 日本人学校に在籍

日本にいる場合と同等レベルの日本の教育を望んでいる。特に、小学校から中学校へ、中学校から高校への受験期を近い将来に控え、帰国してからの進学を考えると、日本と変わらない学校生活や日本語による指導の方が望ましい。また、在留期間がある程度短期間（長くても2年未満）とあらかじめわかっている場合。

もう1つは、現地校（アメリカの学校）に入れたとしても適応が難しいと判断、あるいは一旦現地校に入れたが、言葉の問題も含め適応ができなかった場合。

②現地校（アメリカの公立校）＋補習授業校に在籍

現地校は、外国籍の子や特別支援への取り出し授業などを含むサポート体制が、日本より格段に手厚い体制が備わっていることもあり、せっかくアメリカに来たのだから、現地のアメリカの学校に子どもを通わせる。ただし、いずれ日本に帰国して日本での生活が主となるので、そのために日本の勉強もしておく必要があるし、日本の教育文化を味わわせておきたい。よって、平日は現地校、土曜日は補習授業校に通うという2本立て。

③現地校のみに在籍

平日（月〜金）に現地校のみに通う。補習授業校等の日本の教育に準ずる教育施設には通わず、家庭教師、民間の塾で日本の勉強をカバー。あるいは自学（家庭学習）で対応。

私の担当する地区校は、永住組よりも、いわゆるたくさんの日本人駐在員が居住する地域に位置していた学校でしたので、当時、全校の幼児・小中校児童生徒の約7割を、前記②に該当する駐在組の日本人家庭の子が占めていました。それ以外の3割程度の子どもが、いわゆる永住組です。両親のどちらかが日本人とのハーフの子ども、または両親ともに日本人だがアメリカで生まれたアメリカ国籍の子たちでした。

補習授業校は、日本語で日本の授業をするところであり、決して日本語の語学学校ではありません。しかし、永住組の家庭は、日本人である片方の親または両親の意向が強く働き、子どもには、少なくとも日本の新聞が読めたり、日本にいるおじいちゃんおばあちゃんと日本語で会話ができるレベルの日本語力や日本語の学力をつけさせたい、運動会等の日本の教育文化を体験させたい、日本人としての〈identity〉を感じてほしい、という様々な理由で、子どもを補習授業校に入れる場合も多いのです。

私自身は、アメリカに行ってすぐに、小3の息子と年中組の娘を、アメリカの現地小学校、現地幼稚園に問答無用で入れました。そして、アメリカでの生活に慣れ始めてから、加えて自分が教頭を務める補習授業校にも通わせました。

もちろん我が子も英語は全く喋れなかったので、子どもにとっては酷なことだったかもしれません。特に渡米直後は、日本での仲の良い友達との別れも加わって、親の想像以上に子どもたちは相当切なく不安な日々だったに違いありません。

アメリカの現地校は、外国籍の子への英語の取得をはじめとする、特別な子への学習支援体制が手厚く充実しているのはとてもありがたいことでしたが、渡米間もない頃は、全く言葉が通じずコミュニケーションが取れないことや文化の相違から、度々クラスの子とトラブルになり、いじめられたりして、子どもも、我々親も、悩み苦しむ日々が続きました。

夕食では、特に長男が、これまでにないくらい大量の食事を毎晩摂ることに驚いていましたが、それがストレスからくる過食であるということも後から気づきました。

しかししばらくすると、現地のアメリカの子どもたちと少しずつ仲良くなったのです。彼を窮地から救ってくれたのは、何と「ゲームボーイ」でした。

「ゲームボーイ」は、アメリカで通称〈NINTENDO〉と呼ばれて親しまれ、アメリカの小中学生たちも夢中でやっていました。たまたまアメリカの子の誰も持っていないゲームソフトを長男が所有していたことをきっかけに、クラスの子がうちに遊びに来るようになり、それから頻繁に互いの家で遊ぶようになったのです。

彼は、ゲームを通じて遊んでいるうちに、少しずつ、少しずつ、無意識に簡単な英語力が身に付き、やがて1年もすると、完全に現地に溶け込むようになったのです。

話は変わりますが、周囲には同じように日本からの駐在員の子がたくさんいましたが、実は、英語に速く慣れる絶好の機会は「遊び」なのです。英語を覚えるのも仲良くなるのも「遊び」からです。特にスポーツが得意な子は、英語の上達も速いと言われています。

バスケでも野球でも、技術が優れていれば周囲から一目置かれる存在となり、友達から話しかけられる頻度も格段に多くなります。そもそも、運動が得意な子はコミュニケーション能力が高い傾向にあるとも言われています。

一方、日本の学校で比較的勉強がかなり優秀だった子が、現地校で不適応になるケースも往々にしてあります。優秀であるがゆえのプライドが邪魔をして、適当に単語を並べて自分の方から英語で話しかけてみようなどと能天気に考えられずに、完璧に自信が持てるまでは実践、つまり、自分の方から英語を話して試してみようなどと思わないのです。

そういった状態がずっと続くと、周囲の現地の子からは、この子は自分からコミュニケーションを取りたくないのだと判断されて、いずれみんなから話しかけてもらえなくなり、負のスパイラルに陥るのです。

スポーツであれ、芸術・芸能であれ、趣味であれ、遊びであれ、夢中になるものがある、得意なものがある、そして恥をかくことを恐れない、誰に対してもどんな状況でも物おじしない、「とにかくやってみよう」の精神が重要なのだとつくづく感じます。

それまで何の関心もなかった君に謝るよ。見くびっていてごめんよ、「ゲームボーイ」君。

67 サンドバッグ サタデー！〈私のニューヨーク物語③〉

R6（8／7）

No.65・66でも述べましたが、補習授業校は、土曜日や放課後等を利用して、主として国語や算数（数学）などの一部の教科について、日本語で授業を行う教育施設です。

私が派遣されたニューヨーク補習授業校も、毎週土曜日1日のみの学校で、授業日が年間40日程度の学校でした。

派遣が決まってから、「仕事何するの？」といろいろな人から聞かれましたが、聞かれても自分自身もよくわかりませんでした。

実際に赴任して、その仕事の異質なことに驚きました。とにかく一言でいえば「何でも屋」なのです。日本の学校の、校長、教頭、教務主任、研究主任、生徒指導主事、養護教諭、事務員、教員業務支援員、PTA担当、地域教育コーディネーター、用務員等々、そして教育委員会や教育支援センターの管理主事・指導主事、その役職のすべての仕事、つまり担任業務以外の一切を1人でやるようなものでした。当然です。授業日には、担任の先生の他は、2～3名の現地雇用の事務員以外、学校スタッフは私以外にはいないのですから。そして、自前の校舎が存在しないのですから。

現地の中学校を土曜日だけ借用して授業をします。朝早く1番に学校に行って、その日だけ日本の学校に様変わり、転換する様々な準備をします。各種サインや掲示物等をセットしたり、事務所から運んできた担任の先生から印刷するように頼まれた学習プリントや教材・教具を先生方に渡したり、授業改善へのアドバイスのために先生方の授業を参観して回ったり、借用校の備品等を破損した案件の処理をしたり、不審者情報に対応したり、先生や保護者の要望や苦情に応えたり、PTA役員の方々と打ち合わせをしたり、学校見学家族の学校説明や学校案内をしたり、転出入の申し出を受け付けたり、時には設置運営主体の教育審議会（大企業の代表者で構成）の役員と会議をしたり、すべて土曜日1日に濃縮されている業務で、目が回る様な忙しさでした。

関係する人間が一堂に会するのは週に1度のその日しかありませんので、ありとあらゆる報告・連絡・相談・要望・苦情・お願いのすべてが、先生方、保護者、教育審議会の役員等から山のようにきます。そんな1日が終わると、半端ない疲労感に襲われたものでした。

当然、教頭という管理職の立場ですので、先生方の研修のためのモデル授業はすることがあっても、自分で授業をすることはありませんでした。教員として一番脂ののっている時期だったのに直接子どもたちに指導できないことも、それはそれでストレスでした。

「土曜日以外は何しているの？」

これもよく周囲から尋ねられました。このことも、赴任するまではよくわかりませんでした。

日曜日と月曜日が休みで、火曜日から金曜日は事務所での仕事です。校長先生や自分の担当校以外の他の2つの地区校の教頭先生方と会議をしたり、翌週の授業の準備などの事務仕事が中心です。補習授業校全体の運営に関わる内容や、前回の授業日にもたされたあらゆる案件の処理に向けた会議や打ち合わせ、お願いされた印刷や資料の準備、授業改善のためのアドバイスや研修資料の作成などな ど、週1回の借用校での授業であるがゆえの下準備の仕事は、雑多で多岐にわたるものでした。

さて一方で、私がニューヨーク補習授業校への赴任が決まってから、現地で実際に勤務している派遣の現職先生方や過去にその学校に勤務した派遣教員等から、また、渡航前の文部科学省主催の中央研修会でも、いろいろな内部事情を聞かせていただきました。

事前に皆さんから話していただいた内容は、ほぼ同じようなものでした。ニューヨーク補習授業校は世界の在外教育施設の中でもかなり特異な存在で、学校運営の舵取りが極めて難しい学校であること、そのため派遣の先生方の心労は絶えず、メンタルが強くないと勤まらないし、公私の切り替えを上手にできない人間は潰れる——などと半ば脅されているようでした。

それらの情報が全く的外れではなかったことが、実際に勤務してよくわかりました。事前の情報と、現実を含めて、学校運営の舵取りが困難だとの根拠をいくつか挙げてみます。

① 子どもは、総じて学力は高い。ただ、永住組の子はアメリカ生まれで十分に日本語が身に付いていない子もいる。国籍・人種はもちろんのこと、日本語力の差、日本語による学力差が大きく異なる子が混在する学級集団を相手に、全体指導しなければならない授業づくりの難しさがある。

② 現地の担任の先生方はアメリカに永住している日本人で、平日は別の正規の仕事をしていて、土曜日だけ教鞭を執っている。教員免許をもっている人は稀である。日本の先生方に比べれば、全

体的に教科指導力は見劣りする。
③　現地の担任の先生方は、勤務年数が長いベテランの先生が多く、補習授業校の存在意義と自分がその教員であることに誇りを持ち、学校を長年支えてきたのは我々だと大いなる自負を抱いている。文部科学省からの派遣教員は、何のリスクも負わずにたかだか2～4年で交代する物見遊山の輩だととらえている先生も中にはいる。
④　現地の先生方、現地採用職員や永住組の保護者の日本人は、ニューヨークに永住するに至る経緯やキャリア、バックグラウンドは多種多様だが、世界一の大都会で生き馬の目を抜いて生きてきただけあって、海千山千の人物ばかりである。
⑤　日本の駐在員は、有名大手企業の金融・商社・メーカー、政府機関等の、いわば高学歴・高収入の方が多く、教育に関しても熱心で一家言もっている人も多い。
⑥　週に土曜日に1度の学校だが、担任の先生方は自分の学級の指導・管理が主である。図書の貸し出し、巡視による安全確認、学校行事の運営、放課後クラブ活動の運営、学級の連絡等、保護者のボランティアに頼らざるを得ない。そういった仕事やそれに伴う人間関係の煩わしさから、補習授業校を選択するのを敬遠したり、年度途中や新年度を機に学校を辞める家庭も少なくない。
⑦　現地の先生方と設置運営主体である教育審議会とが、コントラクト（労働条件に関する契約）を交わしている、世界でも稀な在外教育施設である。その中の最も重要な内容の1つに、シニオリティ（seniority・先任権）の条項がある。
⑦　日本人のコミュニティは狭い。例えば、日本の食材店などは少なく限られているので、そこで

買物する先生方や保護者は多い。「教頭先生が、先週大根と人参を買っていった」など、プライベートの情報は瞬く間に拡散する。

⑧ 現地のアメリカ人（特に白人）から差別・偏見を感じる場面が多い。

「どんな仕事をしていたの？」

と聞かれれば、例えるなら〝サンドバッグのような仕事〟というのが一番的確でしょうか。いろいろな方々からいろいろな相談・不平・不満・要望・要求・愚痴・恨み節等々が、特に土曜日に怒涛の如く浴びせられました。

あちこちから打たれても殴られても蹴られても、決して壊れずに必ず中心に戻って来る。それこそが私に与えられた最大のミッションだったのかもしれません。

68 R6（8／8）

浪花節なんだよ教師人生は！〈私のニューヨーク物語④〉

ニューヨーク補習授業校は、世界の在外教育施設の中でもかなり特異な存在で、学校運営の舵取りがとても難しい学校であるとの根拠をNo.67で列挙しました。もっと詳しく述べてみます。

何はともあれ、一番心を痛めて苦労したのは、学校経営・学校運営についてです。もちろんニューヨーク補習授業校は公立学校ではないので、学校運営原資として、年間40回程度の学校にもかかわらずそれなりの授業料をいただいていました。駐在組の皆さんは勤務する会社等の補助が手厚く、永住組の皆さんも経済的には大きな問題がない方がほとんどで、大幅な値上げがなければ、授業料のみが単独で議論のメインになることはほとんどありませんでした。

ニューヨーク補習授業校が、在籍保護者から不平・不満が噴出し、子どもが年度途中に学校を去る選択がなされたり、年度進級更新をしてくれなかったり、新規転入を敬遠される理由は、大きく分けて2つあります。

1つは、「教育の質」の問題。もう1つは、「保護者の負担」の問題です。今回は「教育の質」の問題について述べます。

No.67でも述べましたが、1つの同じクラスに在籍する子どもたちの日本語力に半端のない差があるのです。学習の前提である日本語力で、スタートラインが全く違う子を相手にしなければなりません。日本の正規の学校の先生であったとしても指導に苦慮すると思います。

担任の先生方自身も永住組の人間ですから、現地校に加えて補習授業校にも通う子どもたちの置かれている立場や苦労をよく理解しているすばらしい先生ばかりでした。しかし、学習指導技術という面では、もっと頑張ってもらいたい先生もたくさんいました。

駐在組からは「こんなんじゃ学力なんか身に付かない。もっと高いレベルの授業を」という声、永住家庭からは「日本語力が低い子にもっと配慮した授業を」という要望は、そういった学習指導技術や生徒指導力が極端に物足りない先生が担任しているクラスの保護者から、かなり辛辣に寄せられました。その声が向けられるすべての矛先はもちろん私です。

中には、「日本語力別にクラス分けしたら？」などの意見も度々議論されましたが、「様々な子がいる中で等しく教育活動を行うことこそが補習授業校の存在意義であり魅力だ」という原理原則が曲げられる余地はありませんでした。そして、「たかだか週1回の学校にそんなに高い理想を求めなくても」というのも、私個人としての偽らざる本音でした。

しかし、「補習授業校に求めるべきものが見い出せない」「子どもを学校に通わせることに価値が見い出せない」と判断した家庭は、容易に学校を去っていきます。ですから、私の役割は、先生方の授業力向上のサポートをはじめ、子どもたちや保護者に納得してもらう学校づくりをすること、そして補習授業校の本来の魅力を理解してもらって、その輝きを失わせないことでした。

折しも私が赴任した2003年（平成15年）は、2年前に起きた同時多発テロ事件の影響で、ニューヨークに進出していた日本企業が次々と撤退し駐在員を引き上げていた、つまり、補習授業校にとってもどん底の時期でした。1クラス内の駐在組の子の人数が減少するにつけ、永住組の割合が相対的に増えたことで、前述の日本語力に起因する学習面の不満がますますエスカレートしました。

そして転入者よりも転出者が多ければ、当然在籍者総数が減ります。するとどうなるのか。クラス数が減ります。そして次の年度は、経営を成り立たせるために、最も経営を圧迫している人件費を削減するために先生を解雇せざるを得ない状況が訪れるのです。

それと関連して、ニューヨーク補習授業校が他の在外教育施設に類を見ないのは、現地教職員集団と設置運営主体との教育審議会（在留日本企業の役員がメンバー）との間で、コントラクト（労働条件に関する契約）が存在し、その中にシニオリティ（seniority）の条項が盛り込まれていることでした。シニオリティとは「先任権」と呼ばれるものです。労働条件の決定について、勤続年数が長い先生の方が、後から職に就いた先生よりも有利な扱いを受けられる権利のことです。

具体的な例で示すならば、今年度30クラス、つまり30人の先生を雇用していたとします。来年度の幼児・児童・生徒総数及びクラス数が減って、経営上28人の先生しか雇えない状況だと2人の先生が過員です。一体誰に辞めてもらえばいいのか？　それは経験年数が短い先生からとなるのです。

私が赴任した期間に、実際この重大局面に直面しました。来年度、クラス数が1減になるため、1

人の先生に辞めてもらわなければならない状況となったのです。シニオリティの規定で対象の最も経験年数が短い先生は、若くて元気で研究熱心で、生徒や保護者からも評判もよく、私自身もその指導力を高く評価しているA先生でした。

保護者たちは私にこう訴えます。

「どうしてあんないい先生が辞めなければならないんですか？　A先生よりも指導力のない先生は他にもたくさんいるじゃないですか。辞めさせるなら、あのB先生の方じゃないんですか？　みんなそう言っていますよ。誰が見たって不合理ですよ」

その通りなのです。B先生はベテランの先生には違いないのですが、実際保護者からのクレームも多く、私も何度も個別の研修や話し合いを通して、授業や子どもへの対応についてアドバイスを繰り返し、テコ入れしてきた方なのです。

一方、教職員代表の先生はこう言います。

「日本からの派遣の校長・教頭は、コントラクトができた歴史をわかっていない。バブルの頃は、生徒の数がどんどん増えて４０００人を超えた時もあった。地区校もあちこちにたくさんできた。そんなイケイケドンドンの時代は、先生の数が足りなくて、教育審議会は『明日からでも来てくれ』と、様々な好条件・好待遇を提示して多くの先生を確保した。そんな混沌の中で労働基準を整理しようと双方の合意でできたのが、法的に正当なコントラクトだ。

今回辞める先生が出るのは、教育審議会側経営陣の経営努力不足でしょ。それでも、どうしても辞めてもらわなければならないとしたら、コントラクトにより仕方がないけどA先生ですね。

しかし、そもそも先生方の優越なんて、何を基準に何を根拠に判断できるんです？　もしB先生を辞めさせて訴えられて、教頭先生、裁判に勝てます？　保護者の評判が悪いからとか、自分が見て指導力が低いからなんて漠然とした主観で、本当に裁判に勝てます？　多分勝てませんよ。負けたら膨大なお金を請求されますよ。そればかりか、裁判に負けたら、B先生の指導力に問題なしと法的にもお墨付を与えられたことにもなりますよ」

大いに悩みました。B先生は人間的にはとても好きな先生でした。私がそのまま何もしなければA先生が自動的に辞めることになるのですが、でも私は、シニオリティの行使によるA先生ではなく、B先生に辞めてもらう選択をしたのです。

何度も何度もB先生とひざ詰めで話し合いました。これまでの自身の授業や指導ぶりの振り返り、ニューヨーク補習授業校のおかれている窮状、保護者の厳しい意見、私の私見等々。

最終的には、B先生自身が自発的に辞めるということになりました。訴えられることはありませんでした。B先生とこれまで構築してきた信頼関係がベースにあってのことでしたが、最終的には「どうかわかってくれませんか？」「学校全体のことを考えてください」と訴えました。訴訟大国アメリカにあって、極めて日本的で情実的で浪花節的な手法でした。B先生は、他にも仕事を持っていたので、今後、収入面ではさほど問題ないことだけが慰めでしたし、訴えられることにもなりませんでしたが、それでも忸怩たる思いでした。それは今も尚です。

B先生と向き合って身に沁みてわかったことは、先生方が補習校で何年も頑張ってきたのは、決してお金のためでなく、「海外で頑張る日本の子どもを支えてきたのは自分たちだ」という大いなるプライドです。「物見遊山の観光気分の腰掛けのつもりの日本からの派遣教員に、私たちの苦労などわかるはずはない」と突きつけられているような。

学校の先生になって、まさか人の首を切ることになるなんて。こんな経験は、日本では考えられません。この十字架を今でも忘れずに背負い続けています。

69 R6（8／9）

ゴジラが突然やってきた！〈私のニューヨーク物語⑤〉

先にも触れましたが、私がニューヨークに赴任したのは、松井秀喜氏のニューヨーク・ヤンキース入団と同時期でした。海を渡ったのは、10日間くらいの違いだと思います。今は、大谷翔平選手が全国民の絶大なるヒーローかもしれませんが、当時は松井選手とイチロー選手がプロ野球界のヒーローの双璧であり、海外で活躍するスポーツ選手のトップランナーだったのです。

学校の仕事は、異国の地の日本とは異質な業務でしたのでかなりのストレスでしたが、松井選手の出場する試合を現地で何度か家族で見に行く機会があったのは、楽しく忘れられない思い出です。

その松井選手が、渡米して2年目、レフトへの打球を補球した際に、左手首を骨折するアクシデントが起こりました。在留日本人はこぞって心配し、彼のプレーをしばし見られなくなることを残念な気持ちでいました。そこで、私の勤務する補習授業校は、松井選手の一日も早い回復を祈って、全校生徒で色紙や千羽鶴を送ったりしたのです。

噂では、日本人学校も同様な取組をしていたようで、そのお礼にと、松井選手はまず日本人学校を訪問しました。日本人学校は半ば文部科学省公認の正規の学校ですので、日本人学校を差し置いて、我が補習授業校に先に来ることなどは絶対にないだろうと、補習授業校関係者の誰しもが納得して受け止めていました。

でも次は当然、我々ニューヨーク補習授業校の番だと、私も周囲も大いに期待していましたが、いっこうにその気配がないのです。日増しに、生徒、保護者、先生方からの私へのプレッシャーが増幅していくのがわかりました。

「一生懸命鶴を折ったのに、どうして来てくれないの？」
「うちの学校の方が日本人学校よりも子どもの数は何倍も多いのに……」
「松井はいつうちに来てくれるんだ？」
「教頭先生何とかしてよ！」

私も指をくわえているわけにもいかないので、大学時代、銀行員時代、日本人会のあらゆる人脈を駆使して松井選手来校への道を模索しました。いろいろなツテを使って働きかけても来てくれる確証を持てないまま、さらに日数が経過し、周囲の雑音も次第に影を潜め、松井選手の来校のことなど忘れ去られようとしていたある日、突然私宛に1本の電話がかかってきたのです。電話の相手は、松井選手のマネージャー兼通訳のH氏でした。

「教頭先生、たいへんごあいさつが遅くなって申し訳ございません。先生の学校の子どもたちから松井にたくさんの激励をいただきありがとうございました。大変遅くなりましたが、松井がぜひ御校に伺って、子どもたちに直接お礼をさせていただきたいと言っています。急ですが、明日お伺いしたいのですが……」

キターーーーーーと興奮しました。

「つきましては、1つお願いがあります。先だって日本人学校を訪問した際は、子どもたちを押しのけるように、保護者や先生方が我先にと近づいてきて写真を撮ったり接してきたんです。松井はああいうのを快く思っていないのです。お礼を伝えたい真の主役は子どもたちで、子どもたちを最優先に大切にしたいのです。そこで、日本人学校の二の舞にならないように、今回松井が学校を訪問することは、先生の胸の内だけに留めてもらって、他の誰にも絶対に教えないでいただきたいのです」

翌日、我が校に向かう車中の松井選手とマネージャー氏と逐一携帯電話で連絡を取り合いながら、迎え入れのタイミングを見定め、ある秘策に打って出ました。松井選手が到着する時間を見計らって、全校に次のような緊急放送を入れたのです。

「全校の皆さん、授業中ですがよく聞いてください。これより緊急の避難訓練を実施します。訓練ですので、慌てず落ち着いて対応してください。『ただいま学校に不審者が侵入しました。全員、大講堂に避難してください』――」と。

実施の事前連絡もない避難訓練など前代未聞のことだったので、だれもがとても訝しい表情で大講堂に集まってきました。全員が揃ったのを確認してから、

「皆さん、不審者ではありませんでした。スペシャルゲストの方がいらっしゃいました」

そう言って、松井選手を登場させたのです。

あの時の子どもたちの驚きと絶叫たるや、忘れようにも忘れられません。松井選手からの御礼の言葉のあと、質問コーナーで盛り上がって終わると、マネージャー氏が私に、

「先生、松井を入れて子どもたちと記念撮影しても構いませんよ」

そう言ってくれたのです。

と言ってもサプライズの演出だったために、誰もカメラなど持ち合わせていませんでしたし、私自身もそんな余裕がありませんでした。ところが、松井選手の動静を伝え聞いて取材に来ていたフリーのカメラマンさんがいたので、

「すみませんが、記念写真を撮っていただけませんか？」

と、お願いしてみたのです。

すると、慌てて松井選手のマネージャー氏からこう言われました。

「ダメダメ、このカメラマンは、『Number』などの有名雑誌に松井の写真を頻繁に掲載している一流のスポーツカメラマンなので、集合写真なんてとんでもない」

しかしそのカメラマンさんは、

「いいですよ」

と嫌な顔をせず引き受けてくれたのです。当時30クラスほどあった各クラスが順々に集合隊形をつくり、松井選手自らがあっちにこっちにと移動して集団の撮影の輪に入ってくれました。

記念撮影の写真を販売する段取りをしたところ、一流のプロのカメラマンが撮影した記念写真ということもあり、日本の実家や友人に送るからと何枚も購入する家庭ばかりで、たくさんの注文が入りました。販売代金が臨時収入になったことで、結果的にそのカメラマンさんからもたいへん感謝されることになったのです。

松井選手来校の様子を子どもから聞いた保護者は、自分たちが蚊帳の外であったことにやや不満の色を見せつつも、その理由に理解を示し、子どもとともに喜びを爆発させせました。

最後に松井選手と二人きりになる時間がありました。体だけでなく、心も大きく、誠実さや謙虚さが伝わる方でした。

「今日はありがとうございました。先生の仕切りはお見事でした。完璧です」

そう感謝されて、サインをいただいたのが昨日のことのように蘇ります。


この松井選手来校の件は、校長先生にも妻にも内緒でした。校長先生には、

「秘密にしろと言われたとしても、上司である俺には普通伝えるものだ」

と、ひどく怒られました。

それ以上に妻には、

「私に話したからと言って、私が他の人に漏らすとでも思うの？　信じられない。呆れた。妻の私にも知らせないなんて」

と、本気でキレられました。

いろんな人にどれだけ、「ここだけの話だけど……」と打ち明けたかったことか。「明日、松井が学校に来るんだぞ！」と、どれほど大声で叫びたかったか。でも、そうしなかったのは、約束を破ったら何か物事が上手くいかない結果になるんじゃないかといった漠然とした思いです。日本一おしゃべり好きの私が口の堅さを貫いた一世一代の覚悟。人生最大の勝負の瞬間だったのです。

私のようないい加減な人間が、教師を辞めないでこれまで続けてこれたのは、松井選手が学校を去る際に、ある言葉を私に残していってくれたからかもしれません。

「それにしても、先生は学校の先生に全く見えませんね。先生のような、学校の先生らしくない先生に出会ったのは初めてです」

教師人生最大の賛辞と受け止めています。

70 R6（8／10）

あの時も「炎のランナー」がいた〈私のニューヨーク物語⑥〉

No.67で触れた通り、補習授業校の関わる永住組である担任の先生方、保護者、事務所勤務の現地事務職員等の皆さん、そして日本からの駐在員の皆さんも、一言でいうと〝ただ者〟ではない方が多かったのは事実です。補習授業校に関係する方ばかりでなく、ニューヨークに住んでいる日本人は、総じて、個性的で魅力的でたくましくて、そしてしたたかな皆さんが多かったのは、仕事をしていても生活をしていても、ひしひしと感じるものでした。

仕事や日常生活を通じて、日本とかなり違うなあと感じたのは、その自己主張の明確さです。自己主張の「強さ」と言い換えてもいいかもしれませんが、「明確さ」といった方がより的確だと思います。日本では、「こんなこと言ったら気を悪くするだろう」「こんなこと話したら波風が立つな」などと相手や周囲に気遣うがために、言いたいこともあえて言わずに控えてとか、あえて言わない方が、などということを美徳としている傾向にあります。それが日本人のいいところだと信じて疑わない人も少なくないはずです。

とは言え、その傾向も時代とともに薄れ、昨今は学校でも、「ここまで言うかなあ」と、正直、自分の主義主張を声高におっしゃる保護者や地域の方も随分と増えてきたように思いますが……。

ニューヨークで初めて洗礼を浴びた1例を挙げます。

父は日本人、母はジューイッシュ（ユダヤ人）のハーフの子です。ある日、その母親が次のようなことを言ってきました。

「自分の家庭はユダヤ教です。ご存じだと思いますが、ユダヤ教では安息日というのがあって、安息日は聖なる日であり、戒律として労働など何もしてはならないと定められています。3週間後の土曜日の授業日が『運動会』となっていますが、その日が安息日にあたります。うちの息子が一番楽しみにしている一番の学校行事ですし、リレーの選抜選手にもなっています。はっきり申し上げますが、運動会を別の日にしてください」

もちろんこれは英語のやりとりで、私にこれだけの英語での交渉力はありませんので、事務所の永住の日本人スタッフを介してのものです。この内容を伝え聞いたとき、呆れるというより、「これがニューヨークか。さすがニューヨークだ」と感嘆の気持ちさえ覚えました。


ちょっと話が逸れますが、補習授業校にとって、それはニューヨークに限らず、「運動会」というのは学校の大きなウリの1つです。授業だけでなく、日本独特の学校文化を経験させたいという家庭は日米ともに多く、子どもたちも大いに楽しみにしています。特にアメリカの現地校では、日本の運動会のようなものとして「Field Day」がありますが、基本的には自由参加のゲームや単純なレクのような地味な個人競技です。よって、特に、アメリカのお父さん連中にとって、運動会における「綱引き」や「大玉転がし」など、親子で一緒に参加する団体競技はとてもお気に入りで、子ども以上に嬉々として参加するのです。

運動会で使用する用具等は、我々派遣教員がトラックを借りて片道1時間もかけて大手日系運送会社の貸し倉庫に取りに行きます。担任の先生は子どもの管理だけを行い、運動会の進行、用具の後かたづけ等々、保護者総出の一大イベント、それが補習授業校の最大行事である運動会なのです。

話を戻します。学校の年間の行事予定はずっと前に決まっていますし、あなたの宗教、あなたの家庭、あなたの息子の都合で、何百人もが参加する一大行事を、「はいそうですか」と簡単に変更できるわけがないでしょ、と誰しもが思うはずです。不合理な要求でしかないと。

しかし、これと同様な主張、この手の要望は、このケースのみならず日常茶飯事的にあるのです。ただし、こちらもそれ相当の正当な理由を明確に伝えれば、特にごねることも、ゴリ押しすることもほぼほぼありません。相手側からすれば、自分たちの要望を明確に公に伝えただけであって、何が何でもそうしてほしいということではなく、そうしてくれたらラッキー、そうなったら儲け物くらいの感覚なわけなのです。

いろんな人に言われました。アメリカは「言ったもん勝ちの国」だよと。したがって、こんなことまで言ってくるのか、信じられない要望、などもたくさんありますが、こちらも言いたいことを言うと簡単に諦めてもらったりすることも多く、簡単に引き下がってくれる場合もたくさんありました。

そこへいくと、今の日本の方が面倒かもしれません。世間一般的に、保護者からも地域からも匿名の電話が学校に来ます。自分の子どもに直接関係のない内容に関する、筋が通らない主張や要望も年々増えてきているようでなりません。

ただし、アメリカでは、全く納得がいかないことや、こちらに大いなる非があることは、すぐに裁判所に訴えます。そのハードルは高くありません。大訴訟社会であることもまた、もう1つのアメリカの顔です。日本でも、教育関係の案件が裁判沙汰になるケースも増えている傾向にあります。基本的には、でき得るなら、そうならないように、日常的な学校と生徒・保護者の信頼関係の構築に全力を尽くし、たとえ問題行動が発生した場合であっても、事実関係を明確にしながら、常に子どもの利益を中心に据えて、丁寧で誠実な解決の道を互いに模索すべきだと思っています。

さて、1981年（昭和56年）に公開された『炎のランナー』というイギリス映画をご存知でしょうか？　第54回アカデミー賞最優秀作品賞に輝いた名作中の名作です。映画もさることながら、このサウンドトラックの『タイトルズ』という曲は、日本人なら誰しもが耳にした機会がある有名な曲です。特に、テレビ等の競走シーンのゴール場面で多く使用されていますので、そのメロディーを耳にすれば「ああ、あの曲か」とわかるはずです。

この『炎のランナー』は、2人の実在のランナーがモデルで、1924年（大正13年）のパリオリンピックが物語の大きな舞台として用意されています。ランナーの一方がユダヤ人で、100m競走の予選日がユダヤ教の安息日にあたったため、日程変更を国ぐるみで掛け合うものの不調に終わり、周囲からは安息日に走ることを説得されますが、神への信仰はそれに勝るとして安息日に走ることを拒否するのです。決して、スポーツドラマではありません。深い深い社会派の人間ドラマです。ぜひ機会があればご覧になってはいかがでしょうか。

運動会の日程を替えてくれと要求してきた当事者の子は、結局、予定されていた運動会をどうしたでしょうか。彼は、ちゃっかり運動会に参加しました。白組のアンカーとして快走し、見事に1等のゴールテープを切ったのです。その年齢ではまだまだ信仰心が不足していたのか、ニューヨーク補習授業校の運動会の魅力が信仰心に勝っていたのか……。

それは、「神のみぞ知る」ではなく、「彼のみぞ知る」だったのでしょうね。

71 R6（8／11）

あれは竜宮城？　それとも鬼ヶ島？〈私のニューヨーク物語⑦〉

ニューヨーク補習授業校は、世界の在外教育施設の中でもかなり特異な存在で、学校運営の舵取りがとても難しい学校であるとの根拠の1つを、「教育の質」の観点からNo.68で述べました。今回は、「保護者の負担感」の観点からです。

繰り返しますが、ニューヨーク補習授業校は土曜日だけの学校で、土曜日だけ現地校の校舎を借用します。また、担任以外の先生がいません。よって、学校運営において、保護者・PTA（ニューヨーク補習授業校では「父母会」という組織）の協力は不可欠です。

まず、銃社会のアメリカですので、学校のセキュリティのために校内を定期的に巡視する保護者当番があります。子どもたちが休み時間に、クラス単位で日本語の図書をカフェテリア（ランチルーム）に借りに来るので、その貸し出しの当番があります（蔵書は、たくさんのカートに載せて用意されており、借用校の倉庫の1室を借用して授業日に持ち出す）。幼児部の活動のサポート、初等部の運動会や6年生を送る会、中高等部の球技大会など、保護者の多大なマンパワーが必要となります。特に運動会は補習授業校最大のイベントなので、保護者の仕事が細分化されて割り当てられます。その他、節分の豆まき、七夕、クリスマス会、習字教室、その他、担任の先生にお願いされたボランティアでの協力に対して、学級代表者（クラスマザー）には、クラスへの連絡やボランティア人員のとりまとめなどの仕事が加わります。その他、父母会が独自で取り組む、放課後クラブの活動などもあります。ですから、子どもを学校に送ってきて、そのまま学校にずっと居続ける保護者も少なからず出てくるのです。

こういった仕事や割当、それに伴う人間関係を煩わしく思う保護者も、特に駐在組にはそれなりにいて、補習授業校に通わせる費用対効果を考えて、年度途中や年度替わりに辞めていく家庭も存在していました。

当時、私がやるべきことは、先生方の授業力を含めた「教育の質」を上げること、そして、こういった「保護者の負担感」を少しでも和らげることに努めることでした。

父母会の役員と様々な協議を重ね、負担軽減のためのシステムの見直しや創意工夫を図っていきました。ただ、学校の性質上、最低限の保護者の協力が不可欠なのは当然であって、そのための理解と協力は、在校生保護者にも、新規に転入・入学を検討している家庭にも丁寧に説明しました。それは、PTA活動の存在意義が声高に叫ばれている日本の学校でも不変の論理です。

「お父さんお母さんが、自分のために汗を流して働いている姿を子どもが目にすることは、何にも勝る教育である」と。

さて、今回まで7回にわたって、在外教育施設であるニューヨーク補習授業校での経験を踏まえた内容について書かせていただきました。

赴任前に、日本の知人・友人からは、皮肉を込めてこんなことを言われたものです。

「いいなあ、1日しかない学校なんて」
「部活動がなくて楽だね」
「4年間遊びに行ってくるようなもんだな」

とんでもない。ここまで述べてきたように、仕事上のストレス、プレッシャーは、日本の学校と比べられないほど大きいものでした。自分の責任ではないことがほとんどなのに、自分と関わるあらゆる人間の不平・不満・愚痴・クレームの類は、すべて自分自身に向けられてきたからです。ですから、良かれと思ってとった言動で恨みを買ったり、自分の味方だと信じていた人間が実はそうではなかったり、嫌な思いもたくさんしてきましたし、人間の醜い部分も嫌というほど見てきました。授業日前日の金曜日の夜は、ほとんど寝付けませんでした。

しかし、様々な人とのすべての出会いは、かけがえのないものでした。

現地組であれ駐在組であれ、あるいは補習授業校の日本国籍以外の保護者であれ、皆さんそれぞれ類まれなキャリアや肩書をもった、いろんな意味ですごい人ばかりで、一言でただ者じゃない人が多かったのは確かです。個性的で魅力的で、率直に言えばアクが強くて押しが強くて一筋縄ではいかない、交渉相手として見るならばタフな存在で、大いに苦労したのも事実です。ただ、そういった方々と丁々発止で向き合ったことは、とてもいい勉強になりました。

また、日本人のコミュニティは狭く、公私の境が曖昧な状況であったのも事実です。ただ、それは海外在留の身としては当然のことで、勤務する補習授業校の保護者等の関係者や、子どもの学校つながりで親しくなった方々がたくさんできて、今でも家族ぐるみで濃密なお付き合いをさせていただいている方もいます。また、松井秀喜氏の他にも、日本では容易に会えない有名人の方々と顔を合わせる機会が持てたことも貴重な経験でした。

現地のアメリカ人との付き合いで、上から目線で差別や偏見の対象と感じて嫌な思いをすることも往々にありましたが、それもまた1つの人生経験だと受け止めています。そして何よりも、日本国内以外にも、頑張っている日本人の子、日本人をルーツとする子、そしてその保護者を含めた日本人がたくさんいるということを知りました。

特に補習授業校の子は、平日は現地校で、土曜日は補習授業校での週6日学校に通います。現地校だけでなく、補習授業校では1週間分の宿題・課題が出され、日本の子の何倍もの努力を重ねていました。それ以外にも、地域のスポーツや芸術のクラブ活動にも熱心に取り組むなど、日々全力疾走でした。そしてそれ以上に、保護者のサポートやバックアップも常に本気モードでがむしゃらだったのです。

当時私が関わっていた子どもたちは、今では20代半ばから30代半ばですが、多くの卒業生が、現在は世界各地や各方面で活躍している噂を見聞きするにつけ、大いなる誇りと喜びを感じます。因みに、私が赴任していた当時の在校生には、現在モデルでタレントの河北麻友子、ＯＧには宇多田ヒカルなどがいます。

自分の仕事の都合でニューヨークまで連れてきた家族にも、心から感謝しています。迷惑をたくさんかけましたが、何より幸せだったことは、朝食も夕食もいつも４人でともにできたことです。仕事、仕事、部活部活で家庭を顧みなかった罪滅ぼしを、まとめてようやくできた気分でした。

文部科学省の規定で、日本への一時帰国は認められない時代でした。４年ぶりに帰国した日本の教育現場に戻ると、もはや浦島太郎状態で、リハビリに相当時間がかかりました。

今では、20年も前に、かのニューヨークの地で自分が働いていたことなど信じられません。果たしてあの日あの時に息づいていた場所は〝竜宮城〟だったのでしょうか？　それとも〝鬼ヶ島〟だったのでしょうか？　そんな幻想的な迷宮で得た知見や経験を、その後の日本での教育に十分に還元できてきたとしたら、おとぎ話としては上出来だと感じています。

※No.65～71内のデータ等は当時のもので、記憶が不確かな部分もありますので、ご理解ご容赦ください。

72 R6（8／26）

教師は「フリオチ」の達人たれ

今夏、アメリカから知人の親子が遊びに来ました。

お父さんは日本人ですが、アメリカの女性と結婚してニューヨークに永住したので、その子はもちろんハーフです。ですが、日本語も会話程度ならできますし、ひらがなやカタカナ、簡単な漢字も読むことができる、いわゆるバイリンガルなのです。

その子が我が家でくつろぎながら新聞に目を通している時、

「なかはらはーって誰？」

といきなり私に尋ねてきました。

「ナカハラハー？」

何を言っているのかさっぱりわかりませんでしたが、新聞に目を落として思わず吹き出しました。そこには、新潟市長の名前が載っていたのです。「中原八一」と。

『中原』は苗字、『八一』は名前で、カタカナの『ハー』じゃなくて漢字だよ。『八《はち》』と『一《いち》』で『やいち』と読むんだよ」

と、笑いながら説明しました。

日常のこんな笑い話は実にほっこりする瞬間です。笑うということは、健康にも脳の活性化にも、精神衛生上も、とても良いことだと思っています。

さて、学校が再開します。学校の日々の授業も、生徒にとって「おもしろい」とか「楽しい」ものであってほしいものです。ただし、授業が「おもしろい」「楽しい」というのは、もちろん、こんな笑い話や、私の大好きな親父ギャグを連発することで、授業を脱線させて受けを狙うことではありません。具体的には、「なぜ？」「どうして？」と思わせるような、生徒の興味・関心を喚起する課題や授業の展開内容であること。生徒が、わからなかったことやできなかったことが、授業を通して理解できたりできるようになって喜びを見出すこと。「もっと知りたい」「もっと追求してみたい」と思わせること、などです。

そして、授業がおもしろくて楽しいものであるための要素として、授業中の生徒と教師の「共感」と、教師サイドの「フリオチ」のテクニックが不可欠だと考えます。

「フリオチ」とは、打ち上げ花火に例えるなら、花火の導火線に火を点けると火が線に伝わって火薬に引火し、ドーンと花火が打ち上げられる——この「導火線」が「フリ」で、「火薬」が「オチ」でしょうか。

また、新潟市の授業づくりの観点から言えば、「フリ」が「学習課題」で、「オチ」が「まとめ」とでも言えるでしょうか。

この「フリオチ」が達者な職種の人間と言えば、お笑い芸人だと思います。そうでなければ笑いは取れないですから。

かつて視聴した『人志松本のすべらない話』の中で、絶妙な「フリオチ」に出会いました。「ほっしゃん」というお笑い芸人の提供した話ですが、我々の授業づくりにも参考になる要素があります。

これほんのちょっと前の話なんですけど、後輩連中とお酒飲んで酔っ払って、夜中に家に帰ってきたんですよ……。

（お〜、今日は一体何の話なんだ？

⬇これは授業で言えば『導入』か？）

酔っ払って深夜に帰宅したら、ガス代を何カ月も滞納していたため、郵便受けに、明日支払わないとガスが止められるという通知が来てたんです。明日こそ支払いを忘れないようにと、寝る前にメモ用紙をちぎってボールペンで『ガス代を忘れない』と書いてテーブルの上に財布でおさえて置いて、酔い潰れてそのまま寝たんですよ。

（うん、うん、

それから一体どうなったんだ？

⬇お〜、これが今日の『学習課題』なのかなあ？）

朝起きたら、奥さんの様子がいつもと変で、やたらと不機嫌な感じで……奥さんから、
「昨日は遅くまで、随分お楽しみだったんだね。〝ガスヨ〟って女は誰なのよ？」

（えー、これが「まとめ」ですか？
➡そもそも〝ガスヨ〟なんて名前の女性なんていているんかい？）

「授業」こそが学校の生命線です。前述したように、「おもしろい」「楽しい」授業づくりをしなければならないのは当然ですが、教科の本質そのもので勝負しなければなりません。もちろん授業で笑いを取れということではなく、先生方には、このような「フリオチ」のテクニックも、指導技術の参考にしてほしいと思います。

私は、テスト結果よりも、「その先生の〝授業〟が好き」と生徒に言われることが一番だと思います。「その先生が好き」ではありません。必要以上に生徒に迎合したり、生徒の機嫌を取る必要はありません。「その先生の〝授業〟が好き」と言われる授業を目指すこと。逆に「その先生の〝授業〟が好き」という授業ならば、いずれは、結果、つまり学力も伴うものだと思っています。

一方で、有名お笑い芸人などの醸し出すオーラは、教師として身に付けるべき資質に通ずると感じます。どんなに情報化が進み、ＧＩＧＡスクール（＊）の時代と言っても、機械はあくまで道具に過ぎず、ＩＣＴ（情報通信技術）活用は手段であって目的にはなり得ません。授業をするのはあくまで

生身の人間です。教師自身の個性・人間性・人間的魅力・全人格が問われます。
日本人で『ハー』さんとか『ガスヨ』さんという名が存在すると思った人間がいたからこそのこれらの実話を見れば、そんな人いるわけないに決まっていると思う自分の方が、人として未熟でスケールが小さいのでしょうか？

（＊）「GIGAスクール」＝文部科学省が推進する「1人1台の情報端末を小中学校に配備し、学びの形をアップデートする」構想。GIGAは〈Global and Innovation Gateway for All〉の略で、「全ての人にグローバルで革新的な入口を」という意味。

73 R6（9／4）

綱引きや駆け引きのその先にあるもの

前期期末テストも終了し、いよいよ来週末には、新風祭（体育祭）を迎えます。生徒会が中心となって全校生徒が考えてくれた新風祭のスローガンは、「心を一つに」。シンプルで、端的にみんなが目指すべき姿を表したものだと思っています。

新風祭を楽しみにしている生徒が多くいる一方で、運動がそれほど得意でない生徒の中には、ちょっと憂鬱に感じる生徒もいるのではないでしょうか。でも、終わってみれば、みんなで力を合わせて競技や応援に取り組み、1つの目標に向かって一丸となってやり遂げた達成感・充実感や感動はかけがえのないものだと感じるはずです。「心を一つに」。それが、まさしく体育祭の良さ、体育祭の存在価値です。

今年度もこれまで、各競技の内容や各軍団の応援の中身など、生徒会や3年生の応援リーダー中心に準備を進めてきました。また、パネル担当の生徒も、夏休み中何日も学校に来て、パネルの制作に取り組み、夏休み中にとてもレベルの高いパネルを仕上げてくれました。今週から、新風祭に向けた本格的な練習に入りましたが、すばらしい新風祭になることを心から祈るばかりです。

さて、毎々体育祭を実施するにあたり頭を悩ますのが、学年や全校の種目を何にするかです。

学校によっては、毎年毎年1から考えて決めるのは大変なので、数年間同じ競技を固定して実施しているところもあります。しかし、その時々の生徒の希望や意見が反映されないデメリットもありますし、担当の先生の希望や思い入れなどもあります。また、競技内容自体を生徒自身が考えることが、ある意味生徒自身の成長の糧としての勉強になります。そのため当校では、その年ごとに競技内容を担当の生徒が中心になって先生方に相談しながら考える形にしています。最近の一般的な傾向は、その学校の実態に合わせて、数ある定番の競技にちょっと一工夫凝らしてという形が多いように思います。

私が体育祭で一番好きな競技は、「綱引き」です。

綱引きは、かつてはオリンピック競技だったということをご存知な方も多いでしょう。1920（大正9年）年のアントワープ大会までは正式競技でした。現在も、綱引きの国際大会が盛大に開かれ、国際オリンピック委員会（IOC）に加盟している国際綱引競技連盟（TWIF）という組織が、オリンピック競技への復帰を目指しているとのことです。

私が、「綱引き」を一押しする理由は、主に、左記の3つの点からです。

（1）準備する用具が綱のみであること
（2）ルールが単純明快で、勝敗がわかりやすいこと
（3）個々の力量が全体の勝敗にどのように影響したか不明であること

（1）については、綱の移動や、綱の位置の調整、綱を巻く後かたづけにやや手間はかかりますが、細々した道具を準備・セットする必要がなく、基本的に綱1本というのは確かに面倒ではありません。（2）は、特に観戦している側から見ると、多少遠くから離れていても勝負の行方や結果が一目瞭然なので、後腐れがなく終われます。例えば、騎馬戦などは、相手チームが叩いたとか、やれ帽子を押さえてズルしたなど、競技中や競技後に不満が出ることもこれまで何度も経験してきました。綱引きにはそれはありません。ただし、本当の競技スポーツとしての綱引きは、明確で厳格なルールが設定されていますが、体育祭では全体の人数合わせの調整くらいで、厳密にいえば公平ではないのは言うまでもありません。

そして、重要なのは（3）です。例えば、全員リレーなどは、足の遅い子が何人にも抜かれたりすると、心ないチームメートから「おまえのせいで」なんて言われたりすることも懸念されます。逆に、ゴボウ抜きして勝利の立役者になった子はヒーロー扱いかもしれません。

ところが綱引きは、誰もが平等な立場で競技に参加し、誰がどれだけの力を発揮し、その力がチームのためにどれだけ役に立ったかは、誰にもわからないのです。ですから、極端なことを言えば、頑張っているように見せかけて、実はいい加減に手を抜いていても誰から責められるわけでもなく、逆に、どんなに必死に頑張ったとしても、ヒーロー扱いされることはないのです。

実際はどこの学校でも、もちろん当校の生徒の中にも、わざと手を抜く不届き者は存在しないはずですので、まさしく「ONE FOR ALL」を体現する競技として、綱引きはやっぱり体育祭競技の王様だと考えます。

運動会やチーム分けで「紅白」に分かれるのは、その昔、源氏と平氏の源平合戦で、敵と味方を間違えないように、平氏が白旗、源氏が赤旗を掲げて戦ったことに由来すると言われています。

この「紅白」と同様に、物事の是非や善悪をはっきりさせることの慣用句で、「白黒をつける」という表現もあります。「綱引き」という言葉も、慣用句として、何らかの利害関係により複数の組織や団体が相互に圧力をかけたり牽制したりしながら、自分側に有利に物事が運ぶように画策したり工作し合う意味で使われます。

このように、体育祭だけでなく、勝敗を競い合う性質のものには、「敵味方」「真逆」「裏表」「分断」「対立」「駆け引き」など、負の内容を意味する表現が多いのは当然です。しかし、新津第二中学校の新風祭は最終的にそうあってはなりません。

昨年度も話しましたが、みんなで目指す真の「3冠」とは、他のチームとの相対的評価である競技・パネル・応援の「3冠」ではなく、個々やチームとしての絶対的評価である『感動』・『感謝』・『感激』の「3感」です。

そのためには、「○○のせいで」「△△の責任で」などという思いを、誰にもしない、させない、感じさせないような、互いのひたむきさや一生懸命さを互いに認め合い、支え合い、互いを応援したくなる、創立77周年に花を添える熱い熱い戦いを期待しています。

「心を一つに」

このスローガンに込められた思いを深くかみしめながら、クラスでひとつに、チームで一つに、そして最後に全校みんなで一つになろうよ。

74 R6（9／24）

「異議なし」！　お後がよろしいようで

落語が好きです。昭和中期の名跡である桂文楽、古今亭志ん生や三遊亭圓生などはテープやCD、テレビの再放送等でしか聴いたことはありませんが、学生時代は寄席に何度か通ったものです。既に鬼籍に入った人気者の古今亭志ん朝や立川談志などは、生で聴いたこともあります。落語家個々の個性や芸力もさることながら、落語は日本の誇り高き芸術であり文化であると、今も昔もひしひしと感じます。

古典落語ももちろんのこと、新作落語も捨てたものではありません。現役の落語家だと、特にテレビでもおなじみの立川志の輔の新作落語は、とてもストーリーが練られていて、腹を抱えて笑える内容ばかりで大好きです。

立川志の輔師匠は、毎年、新潟で独演会を開催しており、とても楽しみにしています。毎回、古典の大作と自身の新作落語の2本を披露するのが定番ですが、数年前の独演会では、古典もさることながら、新作の方は、彼自慢の持ちネタである「異議なし！」という演目が秀逸でした。内容を簡単に解説すると以下の通りです

「異議なし！」

築数十年の古マンション、13世帯ある自治会の会合に集まるのは、いつもきまった4人の個性的なメンバー。本日の会合の目的は、近所のマンションでひったくりの被害があったので、自分たちのマンションにもエレベーターに防犯カメラを付けてほしいという要望が居住者から出た。そのため業者を呼んで、今後の対応策をみんなで相談することになったというもの。

業者の担当者からは、「防犯カメラを付けるにはどうしても100万円以上かかる」と言われ、他に方法はないものかと話し合う。エレベーターの壁にお札を貼ろうとか、エレベーターそのものの使用を禁止にすればいいとか、荒唐無稽のアイデアが次から次に出され、話し合いは、問題の本質からとんでもない方向にどんどんズレていく……。

実際聴かないとその面白さは伝わるものではありませんが、志の輔ワールド全開の内容と師匠の名人話芸に、私は抱腹絶倒の連続でした。実は、この落語を聞きながら、「問題の本質を見極める」ことが大事であるということについての、ある有名なエピソードが思い出されたのです。

新作落語を創るには、必ずその元になるネタがあるはずです。そうだ、もしかしたら志の輔師匠は、あの話をヒントにこの落語を考えたに違いないということを確信したそのエピソードとは……。

これもある古いオフィスビルでの話。テナントに入っている企業やビルの利用者から、「エレベーターが遅い！」というクレームが増え問題になります。エレベーターは2台ありますが、どちらも制御システムが古く昇降スピードも遅いので、待ち時間が長過ぎるというクレームです。

さて、あなたがオーナーなら、この問題をどう解決するでしょうか？

真っ先に思いつくのは次の2つでしょう。

「昇降スピードが速くなる工事をする」

「エレベーターの台数を増やす」

しかしこれは費用が膨大にかかり現実的ではありません。

「2台のエレベーターを、高層階用と低層階用に分けて利用してもらう」

これだと費用はほとんどかかりませんが、利用者個々の良識に委ねるだけで、根本的な解決にはなりません。困ったオーナーが、社内からアイデアを募って、その中のある対応策を講じたところ、最小限の費用でクレームは1件もなくなりました。

一体、どんな方法をとったのでしょうか？

その解決策とは、

「各階のエレベーターの前に大きな鏡を付ける」

でした。エレベーターの前に鏡を設置してみると、待っている人は身だしなみや髪を整えたり、お化粧のチェックをしたりして、自分のことが真っ先に気になるようになり、待ち時間が気にならなくなったのです。

このエピソードのポイントは何か？　利用者にとっての困り事は「エレベーターの待ち時間が長い」ということでしたが、オーナーにとっての問題の本質は、「エレベーターが遅い」ことではなく、「利用者からのクレームを無くす」ことだったわけです。要は、クレームさえ無くなれば問題は解決するので、別にエレベーターが遅いままでも全く構いません。実際、エレベーターの待ち時間はまったく同じなのに、鏡を設置したらほとんどクレームがこなくなるという結果になったのです。

もし、「エレベーターが遅い」ことが問題の本質だと思い込んでいたら、エレベーターを速くするために最新の制御システムを導入したりして、経費も時間もかかったはずです。そして、実際数十秒速くなったところで、体感的にはあまり待ち時間は変わらず、クレームが無くなることはなかったかもしれません。

さて、人間誰しも、具体的に何かしらの課題解決に取り組んだり、問題の処理にあたる時には、いろいろな観点から物事を考えようとします。特に、経費と労力に対する効果、つまり「費用対効果」「コストパフォーマンス」を最も重視するでしょう。できれば、最小限のコストと努力で、最大限の効果をと。しかし、対象となるべき効果の内容、つまり、問題の本質を取り違えると、無駄な努力に留まらず、時には逆効果をもたらすこともあり得ます。

また、このエレベーターの問題にせよ、これがベストな解決策だとは限りません。他にもっとベターＩ&ベストの解決策や方法があるのかもしれないのです。

つまり、一般社会では、学校のペーパーテストのように解答が1つだとは限らないことだらけです。導き出した解答がベストとも限りません。

子どもたちにとって、益々予測困難なこれからの時代に向けて、どんな変化にも積極的に向き合った課題解決力が必要となります。解答がない課題に向かって、最適解を求める力こそが求められるのです。そのために、学校の授業でも、また家庭・地域のあらゆる生活場面でも、知識や情報を適切に得る力を身に付け、様々な体験を積み重ね、柔軟な発想ができるようにすること。そして、自分以外の人と考えを伝え合い、合意形成し、課題解決するコミュニケーション能力を高めていくことが益々重要だと考えます。

この新作落語「異議なし！」のオチがどうしても思い出せません。でも、聞き終えた直後でも、また何度でもお金を払って聞きたい満足感でいっぱいになったことだけは記憶しています。

子どもたちにも、日本の誇るべき伝統文化の落語に、もっと興味関心を持ってもらいたいものですが、決して人生の〝落伍者〟にはなってほしくはないですね。

本日も、お後がよろしいようで。

75 R6（10／3） 「おんぶ」と「だっこ」どっちがいい？

2年生が今週、「職場見学」を実施します。また、この夏休みに、2年生の中には、保育や介護の現場の「職場体験」をした生徒もいるようです。将来、そういった進路を思い描いている人も少なくないようです。

私たちの生きる社会は、「ゆりかごから墓場まで」と言われます。保育、保健、介護、医療等の仕事を学ぶ学校での取組や、これから生まれてくる赤ちゃんや幼児などに関する学習や体験など、年齢や立場が違う相手に接したり援助したりすることに関する学習や経験は、皆さんにとって机上では得られない有意義な成長の機会だと考えています。

数組のお母さんや赤ちゃんに学校に来ていただいて、実際に中学生が赤ちゃんと触れ合ったり、施設等でお年寄りや障害のある人たちと接するような教育活動などは、コロナ禍の影響もあってか、昨今はなかなか実現が難しくなりました。しかしこれらは、人間本来のやさしさが全面に表出する、たいへん微笑ましく有意義な取組です。

これまでの経験から、このような取組後の生徒の感想文を読むと、生命誕生、命の大切さ、共存社会、生きがい、性に関する知識等々に深い思いを馳せ、真剣に学習に取り組める活動だと受け止めています。

以前、ある尊敬する校長先生から興味深い話を聞きました。それは、「この頃の若いお母さんは、子どもを『だっこ』はするけど、『おんぶ』はしなくなった」というのです。なるほど、そう言えば、街中で見かけるのも圧倒的に〈前で『だっこ』〉が多いような気がします。確かに、ひと昔前は〈後ろで『おんぶ』〉が当たり前でした。

それでは、『だっこ』と『おんぶ』の違いとは何なのでしょうか？　それはお母さん側の利便性だけでなく、赤ちゃんの状態にも大きな違いが出ます。一言でいえば、赤ちゃんの「見る景色」です。『だっこ』は、お母さんが赤ちゃんの顔や様子をずっと見ていられるので、お母さんにとっては至福の時がずっと続きますが、赤ちゃんはお母さんの胸や腕しか見えていない場合が多いのです（昨今は、赤ちゃんを前向きで『だっこ』している場合も増えているようではありますが）。

その保育士さんの話では、お母さんと赤ちゃんが同じ方向の同じ物を見て、例えば「ブーブーだよ」などと子どもに語りかけながら言葉を覚えさせることが大事で、「きれいだね、可愛いね」といった感情や感性も、同じ景色を見て共感し合うことで育まれていくというのです。赤ちゃんの視野を広げ、親子で様々なものを見ることによって、「あれは何だろう？」と興味を持ち、赤ちゃんの好奇心はどんどん広がっていくとのことでした。

私は、これまで全校生徒には折に触れて、人間のもつ五感（視角・聴覚・触覚・味覚・嗅覚）を総動員して本質を見ぬく心と眼を養ってほしいと訴えてきました。

五感の中でも人間が外部からの情報収集に使うのは、視覚が８割だということですので、それは大人だけでなく赤ちゃんも同じことで、『おんぶ』で赤ちゃんの視野を確保しておくことはとても大切なのですね。

『だっこ』は密着しているようで、実はお腹の辺りに隙間ができる場合も多くあります。『おんぶ』は『だっこ』よりも密着性が高いために、互いの温もりをしっかり感じることができます。そして、親は自分からは見えないからこそ敏感となり、余計に背中で赤ちゃんの動きや温もりを感じることができます。一方、赤ちゃんはお母さんの心音を聞くことができて、より安心して落ち着いて過ごすことができるということです。

信頼すべき者同士、愛するべき者同士が、お互いを見つめ合いながら生きるべきか、同じ方向を見ながら生きるべきか、それは、人それぞれ、ケースバイケース、ともにメリット、デメリットありと、意見が分かれるところでしょう。

どちらも大切なはずです。子どもたちも様々な場面で、友だちや先生方や家族の皆さんと、いろいろな時間や空間を共有しています。その中で、お互いがしっかり向き合いながら、お互いじっくり話を聞いたり相談にのったりしながら、お互いを見つめ合いながら、心に寄り添う人間関係を築いていくことが大切なのは言うまでもありません。

一方で、ともに同じ方向の景色を見て、同じ空気を吸って、同じ息吹を感じて、同じ感情を共有して、お互いが同じ１つの気持ちになろうと努力することもまた重要だと気づかされます。

要は、お互いが全くバラバラな別な方向を向いてさえいなければ良いのです。でも、実際は違います。世の中に、特に大人の中には、こう言いたくなる人も存在します。

「どっち向いて仕事しているんですか」

「どっち向いて子どもに接しているんですか」と。


そして生徒のみんなに。

『バカ』『アホ』『死ね』『クズ』『へたくそ』……。毎月実施している『学校生活アンケート』の中で、周囲から実際に言われて嫌だったとして、繰り返し挙がってくる言葉です。

このような言葉を、一言で『心ない言葉』と言います。私たちは、いつの間にか当たり前のように体は成長し、当たり前のように日本語をしゃべっていますが、生まれてすぐ言葉を発せられるようになったわけではありません。そして、皆さんの親御さんや家族も、そんな醜い言葉を発するために、赤ちゃんの時から皆さんに愛情を注いで可愛がって、手塩にかけて大事に育ててきたのではないはずです。


この世に生きとし生ける者同士、縁あって同じ学校で過ごす者同士、お互いを見つめ合い、みんなで同じ景色を見ながら、互いの喜びも、悲しみも、嬉しさも、辛さも、楽しさも、切なさも、全ての喜怒哀楽を共有し、これからも、安心・安全な学校を目指していきましょう。

そう、あのお母さんの背中のような、温もりに満ちた学校です。

76

R6（10／11）

「一歩、一歩」で目指す果てしなきゴール〈令和6年度前期終業式　校長講話〉

今日は令和6年度のちょうど中間地点となる節目の日です。

昨日10月10日は、１９９９年（平成11年）までは「体育の日」という祝日でした。祝日になった経緯は、今から60年前１９６４年（昭和39年）の１回目の東京オリンピックの開会式が10月10日だったからです。

では、なぜ東京オリンピックの開会式が10月10日に設定されたかと言えば、それまでの過去の気象に関する統計データで、10月に雨が降る確率が一番低い日とされていたからです。そうは言われていますが、実は、10月で晴れる確率が実際に一番高かったのは、10日ではなく、その前日の10月9日だというのは、知る人ぞ知る事実です。

いずれにせよ、天気も気温も1年間で一番過ごしやすい季節を迎えました。読書の秋、芸術の秋、食欲の秋、そして、スポーツの秋です。今週末の10月13日の日曜日には、新潟市で40回目の新潟シティマラソンが開催されます。フルマラソン（42・１９５㎞）に約９０００人、ファンラン（10・６㎞）に約３０００人が出場します。

人生はよくマラソンに例えられますが、その例えで言うと、今日は折り返し地点ということになります。折り返しとは、ちょうど全体の半分の地点だという意味で表現されるわけですが、よくよく考えてみると納得がいかない表現ですね。折り返すということは、ピストンして再び元のスタート地点に戻るということですから。元の位置に戻ってリセットをかけずに、もっとより遠くに遠くに、そしてより高みをめざして走り続けなければならないはずです。

いずれにせよ、大事な節目の中間地点を通過するわけですので、その心境も人それぞれでしょう。マラソンであるならば、中間地点を通過する人の感情は様々だと思います。

「あーまだ半分なのか、まだ半分もあるのか」と思う人もいれば、

「もう半分か。あと半分もがんばろう」と思う人もいるはずです。

マラソン同様、学校生活や人生の中のまとまった区切りの期間の中で、どちらの考えで中間地点を通過する方が好ましく幸せな生き方かと言えば、言うまでもなく後者なはずです。もちろん、勉強も部活動も人間関係も、決して楽しいことばかりではありません。辛くて苦しくて切ないことの方がむしろ多いかもしれません。それでも、後者のようにポジティブな発想をすることが重要です。そのためにはどうすればいいのか？

1つは、辛くて苦しい中にも、自分なりの喜びや楽しみを見い出す工夫や努力をしてください。もう1つは、常に想像力を働かせてください。ゴールした時やその先にある達成感・充実感・満足感がどれほどのものか、常に考えながら走り続けてほしいのです。

マラソン＆トライアスロン愛好家の1人として、大会に出場して沿道の多くの皆さんから応援をい

ただくことは本当にありがたく心強く思っています。多くの人が「頑張れ！」「ファイト！」と一生懸命応援してくださいます。でも、そんな応援してくださる方々にはたいへん申し訳ないのですが、正直、苦しくても十分頑張っているつもりなのに、さらに「頑張れ！」「ファイト！」と声を掛けられると、かえって辛くなる時があるのです。

子どもたちの中にも、日常生活や学校生活の中で、自分は頑張っているつもりなのに、親や先生に「頑張れ！」と言われるのは切ない、そう思っている子が少なからずいます。その気持ちがよく理解できます。

しかし、先般9月1日に佐渡国際トライアスロン大会に出場した際、最も苦しくて辛い場面で、「あ、欲しいのはこの声援だ！」という声に出会いました。

「一歩、一歩」

この声を耳にした瞬間。「そうだ、その通りなんだ！」と気分が晴れるようでした。

とにかく足を前に出してさえいれば、ゴールはおろか、どこにでもたどりつける。たとえ立ち止まったとしても、たとえ何歩か後退したとしても、また「一歩、一歩」前に踏み出せば、いつかは……。

「この一歩を踏み出し続けさえすれば、やがてゴールできるんだ」

そう考えると自然と元気と勇気が湧いてきました。マラソンも人生も前へ！　前へ！　なのだと。

レース中の我が最大の想像力発揮の幻影は、レース後の夕飯のキンキンに冷えたビールの最初の一口。その瞬間のために走っています。

77 R6（10／15）

ザ・「合唱」それは学校行事最後の砦！〈令和6年度後期始業式　校長講話〉

今日からいよいよ学校は後半戦のスタートとなります。後期すぐに迎えるのが、10日後の10月25日の合唱祭です。学校行事は、卒業式・入学式が別格の存在ではありますが、その次に位置するのは、修学旅行、体育祭（運動会）、合唱（合唱祭、合唱コンクール、音楽祭等）の三大行事だと思っています。「中学時代に一番思い出に残っている学校行事は？」という各種アンケート結果をみても、必ず上位3つに入る行事です。

以前は、学校行事はもっとたくさんありました。文化祭、芸能祭、球技大会、などもそうです。時代の変化とともに、様々な要因で授業以外の学校行事など各種活動は削減・精選・縮小の一途をたどっています。今後の部活動の地域移行が本格化すれば、中学校体育連盟主催の体育大会や各種文化的コンサート・発表会等もどうなるかわかりません。もちろん、選手激励会・報告会等もする必要がなくなることが考えられます。

仮に、世の中の流れや学校事情等で、修学旅行、体育祭、合唱の3つの行事のうち、2つをなくして1つだけ残すという究極の選択を迫られたとしたら、どうするでしょうか？　私は、悩みに悩みますが、合唱を残す決断をします。あくまでも個人的な見解です。

まず、修学旅行は、当然嬉しくて楽しくて、一生の思い出に残る貴重な機会かもしれません。でも、班別研修やテーマパーク等でいつもの仲のいいグループで行動する時間が多くを占めるのであれば、特に学校行事でなくて、プライベートでも同様の体験は十分にできるはずです。

次に、体育祭と合唱を比べてみましょう。この2つのどちらを選ぶかは、とても難しい選択です。体育祭は、当日の競技や応援の様子は胸を打つ感動のシーンがたくさんありますし、生徒自身も楽しいと思う人が多いのは確かです。また、学年や学級の垣根を越えた縦割りの交流や人間関係の構築という観点からも、教育効果は大きいと言えます。

なのに、なぜ合唱に軍配を挙げるかと言えば、これまでの教員人生を振り返ればこその理由があります。私自身、スポーツが大好きですし、体育祭も、毎年毎年常に感動に満ちた行事で大好きです。でも、決して涙することはありませんでした。

一方、合唱は、すばらしい発表を聴いた時には、思わず鳥肌が立ったり、感情が込み上げて自然に目頭が熱くなったりすることが何度かあったのです。特に3年生が、中学校最後の団結の証として心一つに歌い上げたメッセージ性も音楽性も高い合唱で。

体育祭は、リーダー等の一部の生徒の活動はそれなりに長期に及びますが、全校としての活動は数日間に限られます。また、競技やパネルも、もともとの運動能力や美術的センスが高い生徒が揃えばそれなりの結果がもたらせられます。

一方合唱は、スーパーな存在の一部の誰かに頼らずとも、だれもが平等の立場で参加できます。音楽の時間に始まり、数週間の長丁場にわたる人間関係の衝突、葛藤、協力や団結を経てこそ、聴くものを感涙させる1つのすばらしい作品が創られるのです。

以前の校長だよりでも触れたかもしれませんが、例えて言うなら、体育祭は打ち上げ花火、合唱は線香花火です。

大空に大輪を咲かせる勇壮な打ち上げ花火も綺麗かもしれませんが、私は暗闇と静寂の中で光を放ちながら、じわじわと輝きを強めながら自己主張する線香花火が大好きです。そんな美しさと純粋さとかけがえのなさとはかなさを合唱に感じるのです。

今年の合唱祭のスローガンは、「歌声でつなぐ絆」。

練習や発表は学級単体ですが、それぞれの練習への取組や実際の発表に触れて、他の学年・学級・友達の努力や頑張りを共感・共鳴・納得し、同じ目標に向かう集団や人間としての絆が感じられることを大いに期待しています。

合唱祭を成功させて、そのままの勢いで、後期を全力で駆け抜けてください。

78 R6（10／18）

夢と挑戦は時空を超えて！

今年のパリオリンピックに、我が新津第二中学校の卒業生である原わか花さんが出場したことに、全校生徒一同、誇らしい気持ちでいっぱいの嬉しい夏でした。

ご存知の通り、当校出身者には原さんだけでなく、近年では、ラグビーの稲垣啓太さん、野球の笠原祥太郎さん、古いところだと大相撲の太寿山さん（元相撲協会理事）などもいます。自分だけが知らないだけで、他にも、様々な分野で大活躍の方もたくさんいるでしょうし、その道の一流人やある分野では世界的に名を馳せている方も当然いるでしょうが、世間の知名度が大きければ大きいほど、その影響力はもちろん計り知れないものです。

「新津第二中」と言っても反応がないのに、「ラグビーの稲垣選手の母校です」と言うだけで、「へー」と返してくれる人がたくさんいるのはその証左でしょう。

有名人・著名人が自分と何かしらの関わりがあったり、自分の家族・親族・友人・知人・同窓生・同級生などにそういった人間がいると、どこか嬉しくなりますし、誇らしく感じるものです。

私などはまさにその典型で、裏を返せば、ささやかな人生しか歩んでこなかった何者でもない自分が、そういった華やかな経歴の関係者等を世間の羨望や尊敬の的としての分身として利用し、身内感覚で胸を張りたい気持ちがそうさせているのだと思います。

それはそれで決して悪いことではないと思いますし、自分の関係者・知人等身近な人間だからこそ、その活躍に敬意を払い、自分の人生の励みにもしたいものです。そういった観点から、私の残された人生で、今後、最も楽しみにしていることがあります。それは、高校の同級生、私の高校3年生時のクラスメートが、ノーベル物理学賞を獲得することです。

彼の名は、「香取秀俊」氏。

東京大学工学部卒業、東京大学大学院物理工学専攻教授、理化学研究所主任研究員の工学博士です。日本IBM科学賞、仁科記念賞、日本学士院賞、江崎玲於奈賞、基礎物理学ブレイクスルー賞、本田賞など、国内外の科学賞・学術賞を総なめにし、残るはノーベル物理学賞と、50代の頃からここ数年、毎年受賞候補として有力な1人に挙がっているのです。

彼がこれだけの受賞歴を誇り、ノーベル物理学賞の候補に挙がっているのは、主として、「光格子時計」という世界で最も精密な原子時計を開発したことによります。この「光格子時計」の精度は、通常のセシウム原子時計の1000倍にもなり、1秒狂うのに300億年以上かかる計算になると言われています。

この「光格子時計」の理論に関係する彼の講演を、同窓会の折に一度聴いたことがあります。本人はわかりやすく説明したつもりだと笑って話してくれましたが、理系出身の私でもわからないことだらけでした。

「光格子時計」の何がすごいのか。「光格子時計」及びその理論を用いれば、例えば、わずか1㎝の高低差で生じる重力の違いによる時間の遅れをも検出可能となるそうです。これにより、「光格子時計」は高度計や重力ポテンシャル計としての使用が可能となり、噴火や津波の予知やＧＰＳに代わる新たな測地技術にも飛躍的な貢献が期待されると考えられています。

また、２０３０年までに予定されている1秒の定義の変更でも、「光格子時計」は新定義の最有力候補だというのです。

同窓会の懇親会の中では、他の友人たちがこんなことも噂していました。

「あの『光格子時計』の理論って、アインシュタインの『相対性理論』にも匹敵するらしいよ」

「え、じゃあ、タイムマシンがいずれ創れるの？」

その可能性を判断できるほどの学術的な知識や理解を持ち合わせてはいませんが、我々凡人には理解しがたい、とてつもない理論ということだけは理解できました。

ノーベル賞受賞の日本人（アメリカ国籍取得者含む）は過去28人。オリンピックで過去金メダルを獲得した人間約２００人と比べれば、また、その賞金が日本円で1億円近いことなど、世の中で最も受賞が困難であるのが、ノーベル賞だと言ってもよいでしょう。

高校時代、おちゃらけ落ちこぼれグループの筆頭格であった私などは、香取博士と特に親しくさせていただいた間柄ではありませんが、このようないずれノーベル賞を受賞するであろうほどの大科学者と同じ学び舎で学校生活を送り、少なくとも高3の1年間は同じ教室で机を並べて授業を受けたクラスメートであったというだけで、ただただ単純にこの上なく嬉しい限りです。

それにしても、高校時代に同じ空間と時間を共有しながら、大学進学後の我々2人が歩んだ道は、そのベクトルの矢印の方向も太さも異質のものでした。

自分は、大学の講義そっちのけで自転車に乗って旅をしていました。ゼミの教授に「何しに大学に入ったんだ?」と怒られながら、やっとの思いで頭を下げてもらったお情けの単位で卒業。

一方、香取博士は、来る日も来る日も実験や研究に、寝食を忘れて没頭していたのだと想像に難くありません。

ひと昔前は、立身出世の象徴として「末《すえ》は博士か大臣か」と言われていました。香取博士はまさにその体現者で、その人間性も含め心から尊敬に値します。


しかし、生徒の皆さん、勘違いしないでください。博士や大臣が必ずしも偉いわけではありません。中には尊敬できない人もたくさんいます。この「ようこそ校長室へ!」でも何度もみなさんに訴えてきたように、たとえ凡人と言われようとも、たとえ社会的な評価など得られずとも、常に家族や友人を愛し、近隣の人間を大切にし、地域に貢献し、誰にも公正・公平で、他人に迷惑をかけずに、誠実にまじめにひたむきな真摯な生き方もまた、ノーベル賞級の立派な生き方だと思います。

日時計、線香時計、ふりこ時計、クオーツ時計……そして光格子時計。より正確な時刻・時間を求めて、時代とともに時計も飛躍的な進化を遂げてきました。夢を追いかけてひとかたならぬ努力で「光格子時計」を開発した香取博士は、今なお新たなる挑戦を続けています。平凡な生き方であれ、つつましい生き方であれ、常に夢を持ち続け、挑戦し続けることは誰にとっても大切なことです。時計の針が一秒一秒時を刻むように、我々もまた一歩一歩確実に歩を進めながら、粛々と。

79

R6（11／1）

叱られて 目には涙 心に花束

この夏、マイクロバスの運転ができるようになりたいと思い、中型車の免許取得（普通免許の8t限定解除）のため、近所の自動車学校（教習所）に通いました。

実習5時間の後、卒業検定を行い無事修了しましたが、いわゆる〝学校〟という類に通うのは35年ぶりのことで、指導を受ける立場になって、あらためて学校の子どもたちの気持ちがわかるような気がしました。

ハタチ前後の若者の中で、1人だけこんな自分より年上の親父相手に、さぞや指導教官の皆さんもモチベーションが上がらなかったことと気の毒ではありましたが、指導教官もなかなか個性溢れる方々ばかりで、生徒の立場での束の間の学校生活は楽しいひとときとなりました。

自分の身の上話を語ってリラックスさせようと気を遣ってくれる教官、いろいろ質問してきて私の素性を何かと詮索したがる教官、指導以外の余計なことは一切しゃべらない寡黙な教官、愛想よくおだてまくってくれる教官……。

そんな人間観察をしていると、子どもたちも我々先生方のことを、我々の知らないところで、さぞや、ああだこうだと好き勝手に噂していているんだろうなあ、という思いに駆られました。そして、もう

1つあらためて痛感したのは、やっぱり褒められるということは嬉しいものだということです。

「うまいね〜」

「完璧、完璧」

なんて言ってもらえると、本当に嬉しくなって。でも、そんな時にかぎって、ついつい浮かれて調子に乗って、あら脱輪なんて失敗が待ち受けていたのです。


褒めて育てる。これは教育の基本だと思います。子どもの自己肯定感を高め、自信をつけさせる効果は絶大です。ただし、おだてたりおべっかを使ったりするなど、闇雲に褒めても意味はありません。一般論として、褒める場合のポイントは次のようなことが挙げられます。

1 具体的に褒める
2 本人が気づいてなさそうなことを褒める
3 現在進行形で褒める
4 人前で褒める
5 時と場合によっては、まだできないことでも褒める

特に、1番について補足するならば、その子のもともとの能力や表面的な特性や状況に焦点を当てて褒めることや、結果だけを評価して褒めることは、往々にして逆効果になる場合があります。

1990年代の終わり、アメリカ合衆国コロンビア大学の著名な教授が、人種や社会的、経済的地位の異なる10歳から12歳までの子どもを対象にした知能検査で、成績が優れていた子たちに「頭がいいね」と褒めてから、その集団に様々な検査を追加していって検証した結果、次のような見解を導きました。

・「頭がいい」と褒められた子どもは、自分は特段頑張らなくてもよくできるはずだと思うようになり、必要な努力をしないようになる。
・「本当の自分は『頭がいい』わけではないが、周囲に『頭がいい』と思わせなければならない」と思い込む。
・「頭がいい」という評価から得られるメリットを維持するため、ウソをつくことに抵抗がなくなる。
・「頭がいい」と褒められた子どもは、実際に悪い成績をとると、無力感にとらわれやすい。
・難しい問題に取り組む際、歯がたたないと「頭がいい」という外部からの評価と矛盾する。この時にやる気を失う。
・「頭がいい」という評価を失いたくないために、確実に成功できるタスク、つまり楽な方ばかりを選択し、失敗を恐れる傾向が強くなる。

「頭がいいね」同様に、例えば、「才能があるね」「さすがお兄ちゃん」「さすが○○委員長」などの漠然とした褒め方は要注意です。褒める時は、その子の具体的な努力や行動を褒めることが肝要です。そして、褒めるべき対象は、結果ではなく経過なのです。実際、人を褒めること自体、そしてその褒め方は難しいものと実感しています。子どもを上手に褒めることのできる教師や親はさすがだと、褒め下手だと自認する私は手放しで褒めたいくらいです。〝あっぱれ〟そのもの。

褒められることが嬉しい、という一方で、人から叱られたり、厳しい対応を受けるようなことはないにこしたことはありません。当たり前のことを当たり前に完璧にやれる人間ならば、生涯、人に叱られたり厳しくされたりすることがない、なんて人間ももしかしたら存在するのかもしれませんが、それは極めて稀有のことでしょう。

私が教習所で指導を受けた教官の中で、特に厳しく無愛想な、まるで〝ゴルゴ13〟のような方がいて、注意や指導をするにしても、年上の自分に対して別にそんな怒り口調で厳しいものの言い方をしなくてもいいのでは？　と正直内心ムカついたことが何度もありました。

その教官が、すべての実習を終えた時にこんなことを言い残していきました。

「自分のことを厳しくてやかましいと感じたかもしれませんが、我々も、人の命に関わること、人の人生を左右しかねないことに間接的に携わっていますんで、まあ悪く思わんでください。ご苦労様でした。これからも安全運転で」

同じ指導者として身につまされる言葉でした。後になって、教習所で一番厳しいけれども、最も信頼の厚い教官だということも所内の噂で知りました。

職業柄、教師や親や地域の大人が、別にさほど大ごとでもないことなのに、不合理な理由で、自分の感情に任せて、人格を否定・侵害して、相手に恐怖感を与えて、などの形で、子どもを叱る場面を何度も目にしてきました。未熟な私も、過去にそんなことが皆無だったとは言い切れません。あってはならないことです。

しかし、〝褒めて育てる〟という一方で、本当に叱るべきことには本気で叱る、厳しく指導すべきことなら毅然と指導すべきだと思います。子どもの命や安全に関わること、社会的・道徳的ルールを守っていないこと、他人を傷つけていることなどなど、その子のためを思えばこそ、誠心誠意をもって本気で叱るべきです。もちろん、上手な叱り方のポイントや、人権には細心の注意を払うべきことは言うまでもありません。褒めることが上手にできないこと以上に、本当に叱らなければならないことを、本気になって上手な叱り方で叱ることができなくなった大人が増えてきたこと、そういう現代の世情を叱りたい気分でいます。

大きな声で〝喝〟と。

80 R6 (11/15)

みんな悩んで大きくなった！

私が教師になりたての頃、同僚の先輩教師が誇らしげに語っていた、その先生の恩師であるY教師の逸話があります。

Y先生によるある「道徳の時間」でのこと。キセル（列車等へ無賃・不正乗車）の話が話題にのぼりました。

「実は先生も高校生の頃、一度だけ切符を買わないで改札口を通り抜けたことがあってなあ」

と軽い気持ちで過去の事実を暴露すると、

「なーんだ、先生だって悪いことやってたんだ」

と数人の生徒から非難の声が上がりました。

ここからがその先生のすごいところ。すぐさま授業中にクラスの生徒全員を近くの駅まで引き連れ、駅員室に乗り込み、子どもたちの前で駅の職員全員に10年以上の前のことを深々と謝罪してみせ、さっと1万円札を差し出したというのです。

Y先生を崇拝し、自分をも「歩く道徳教師」と嘯《うそぶ》く彼の姿に、日頃のギャンブル三昧の素行を知っている我々同僚教師は、必死に笑いをこらえながら、話半分に聞いていました。本人は、「実話だ」と言うのですが、それが本当なら、さぞや相手の駅員の皆さんも大いに面食らったことでしょうし、子どもたちにもかなりのインパクトだったには違いありません。

私も他人のことをあれこれ言えるような、決して道徳的とは言えない人間ですが、正直、道徳の指導は難しいものです。きれいごとばかり並べて、価値の押し付けのような時間になってしまうことが往々にしてあります。でも一方で、教師の力量次第で生徒の興味・関心を大いに喚起できる授業ができる醍醐味もあります。やり方を工夫すれば授業する側もおもしろいし、普通の教科指導ではわからない生徒の内面や本性に迫ることもできます。場合によっては、教師自身の人生経験が問われることも往々にしてあるのです。

さて、様々な教育者・心理学者が人間の道徳性や道徳教育等に諸説を唱えていますが、人間の道徳性に発達段階があるということに異論を挟む人はいないはずです。道徳教育の理論では、道徳性の発達というのは、外的な統制から内面的な自律的な統制へと、一般的な知的発達と何ら変わることのなく発達する、あるいは発達すべきものだという考えです。

わかりやすく例を上げて説明しましょう。

小さな子ども同士が遊んでいます。今自分が使っているおもちゃを友達に「貸して！」と言われました。言われたその子の対応がいくつか考えられます。

①貸さないと、お母さんに睨まれて叱られるので、不本意だけど貸してやる。それは親切心や

仲良くしたいからではない。親に叱られないように振る舞い、罰や苦痛を回避するためだ。

②おもちゃを独り占めしたいところではあるが、今貸しておくと、今度は僕の好きなおもちゃを貸してもらえるかもしれない。いずれそれ相当の見返りが期待できる。

③自分がおもちゃを貸してあげれば、友だちや周りの大人を喜ばせることができるし、自分も認められる。決して、Give and Takeの打算的な欲ではなく、みんなに頼りにされ期待されるから貸してあげる。

端的に表現するならば、①は「罰回避・従順志向」、②は「道具的互恵主義」、③は「良い子志向」ということになります。ここで、道徳性の発達段階から言えば、①➡②➡③の順に道徳性が高いと言えます。道徳性の高さや道徳的価値の理解が道徳教育のポイントになります。

中学校では、2020年（令和2年）度から、道徳の時間は「特別な教科 道徳」として、位置づけられ、係る学習指導要領の一部改正等がなされました。

子どもたちに道徳的価値を理解させ、自己を見つめさせるという基本的な指導は変わりませんが、道徳的価値の大切さ、本質、意義等を多角的・多面的に考えさせ、議論する道徳への転換が求められています。また、生活と乖離しないような題材、「解決策」まで道徳の時間に考えさせる「問題解決型」の授業実践が重要とされています。これはとりもなおさず、昨今の、いじめをはじめとする問題行動等の深刻化・複雑化・多様化が背景にあるのは言うまでもありません。

私も若かりし頃、「裏庭の出来事」という題名の、モラルジレンマ、いわゆる葛藤資料をスライド画像とともに自作して、研究授業を実践したことがあります。教務室の清掃担当だった生徒2人が、教務室で集めたゴミを裏庭の集積所に持っていった時に、ある教科の定期テストの原案のプリントをゴミの中から見つけてしまいます。天使と悪魔のささやきの2人のやりとりがメインの内容です。

生徒には2人でペアになってもらい、「役割演技」をさせながら授業を展開しました。この「役割演技」というのは、道徳の授業での代表的・効果的な活動です。実際の場面に臨場感をもたせ、立場を替えながら、「自分だったらどうするか?」「自分で何ができるか?」を自分事として考えさせ、解決への見通しをもたせることを意識した指導がポイントでした。

実はこの自作資料、私の中学校時代の実話がベースになっています。私と仲良しだった友達2人で同じような経験がありました。一方は、「バレないから2人だけの秘密にして、テスト用紙を持って帰ろうよ」と言い、もう片方は、心の中では一瞬ラッキーと思いつつも、「ヤバいよ。先生に正直に言って返そうよ」と主張し、結局後者を選択したのでした。実際は先生に、「あ、いいよいいよ、それ本番で使わないから」と軽く流されて、呆気なくことは終わりを告げたのですが……。

因みに、道徳の分野で最も著名なハーバード大学教授であったローレンス・コールバーグ（1927～1987）は、道徳性発達段階の最高レベルは、『正義』と『慈愛』の原理が相互に指示し合い調和するレベルであり、この段階を代表する人物として、キリスト、ソクラテス、仏陀、孔子、リンカーン、キング牧師などを挙げています。

かつて大手洋酒メーカーの有名なテレビCMで、タレントで直木賞作家の野坂昭如氏も、「ソ、ソ、ソクラテスかプラトンか、ニ、ニ、ニーチェかサルトルか、みんな悩んで大きくなった。大きいわ、大物よ……」と歌っていました。そうだ、どんな偉人だって〝みんな悩みながら成長してきた〟に違いありません。悩んでいるのは君だけではないのです。私もそうでした。

実際の「裏庭の出来事」での私の友人は、当時も今も、道徳性の発達段階は私より上の人間です。私が、前者（秘密にしようよ）、後者（正直に言おうよ）のどちら側であったのか？　皆さんはもうおわかりですよね。

81 R6（11／19） 校長、学校長、絶好調！

先日11月13日に、3年生を対象にした主権者教育を実施しました。これは、新潟市の主権者教育推進プログラムを活用した取組です。

当日は、10人の新潟市議会議員の皆さんをお招きし、まず、生徒代表が議長・市長・質問者の議員役を演じての模擬市議会ロールプレイング、続いて2クラスずつ3グループに分かれて生徒からの様々な質問に議員の皆さんから回答していただく意見交換会、という内容でした。

この取組の目的の1つは、近い将来に選挙権が与えられる中学生に、政治や選挙をもっと身近なものとして興味・関心を高くもってもらいたいということ。もう1つは、益々一人一人の価値観やものの考え方が多様化する時代にあって、正解が1つに定まらない問題に対する「合意形成」・「意思決定」の方法やプロセスを学んでほしいということでした。

実は、私の祖父と父も町議会議員（旧村時代は村議会議員）をしていました。祖父は、昭和30～40年代頃、特に近くの自衛隊百里《ひゃくり》基地（茨城県・現小美玉町）からひっきりなしに発着するジェット機の騒音問題に力を注ぎ、小・中学校を防音校舎にすることに奔走するなど、いろんな人の相談ごとに真摯に対応し、最後は副議長を務めました。そんな私心なく汗を流す祖父を、子どもながらに誇らしく思ったものです。

そして、祖父の現役時代の、特に選挙活動でのドタバタを忌み嫌っていたとばかり思っていた父親が、祖父が亡くなって数年後に選挙に出ると言い出した時には、しばし落ち着いた日常生活に安堵していた身内の誰もが呆気にとられました。

「本人の人生だから仕方ない」

「好きにさせよう」

と冷めた眼で眺めつつ、立候補を寛容に容認したものです。祖父以上に長い在任期間で町議会議長も務めた父でした。


よって、私にとって、物心ついた時から選挙や政治は身近なもの、というより家庭にどっぷり浸った代物だったのです。家にはことあるごとにいろんな人が出入りしていました。特に選挙ともなると、幼い時分は、開票日の夜には兄弟全員が近所の家に預けられて大人たちの喧騒からあえて遠ざけられ、逆に大学生の頃は、選挙カーに乗せられて、ウグイス嬢ならぬウグイス息子として父親の名前を連呼させられ、選挙活動を手伝わされたものです。まさに、田舎の村社会での「ドブ板」「駆け引き」「打算」「裏切り」「義理と人情」「血縁・地縁」が交錯し、公言できない人間の醜い部分や嫌な場面もたくさん見てきました。

幸い？　祖父も父も落選することはありませんでしたが、当選するとここぞとばかりにすり寄ってくる人間や、いろんな注文や要望を持ち込んでくる人もたくさん見てきました。

一方で、かつて自民党副総裁だった大野伴睦《ばんぼく》氏が、「猿は木から落ちても猿だが、代議士は落選したらタダの人」と語ったように、落選すれば、当事者にとっては人生最大の挫折や敗北の類なのでしょう。そして同時に、その人間サイドに立っていた周囲の人の対応も、時に大きく変わるものです。その人の元から去る人、大きく距離を取る人、一切関わらなくなる人……。それは、その人への失望や価値観の相違に気付いての場合もあるでしょうが、それも含めた自分なりの損得勘定や打算が働いての場合が多いと思われます。しかし、当事者からすれば、それは大いに悲しむべきことかというと、一概にそうとも言えません。なぜなら、自分のことを本当に理解してくれる真の味方が鮮明になり、本質が見えてくるからです。

同じ目標を共有する今の学校生活においては、子どもたちには、辛いことで悩み苦しんでいる人間がいるならば、それだからこそ意識してそういった人間の心に深く寄り添える人間になってほしいものです。そういう人こそ、真の友人に値する人間です。もちろん先生方にとっては当たり前の責務です。


私は、子どもたちには、誰とでも「同じ距離」を取ってほしい、どんな友達とも「同じ熱量」で接してほしい、とは望んでいません。職員間の人間関係においても然りです。子どもだって、大人だって、気の合う人間もいれば、そうでない人間もいます。それは仕方のないことです。ただ、誰にでも「公正・公平」で「人の痛みがわかる」人間ではあるべきです。

そして一般社会では、自分が望む望まないにかかわらず、自分と気の合わない人間や、主義・主張の異なる人間と接する機会や必要性がより多くなるのも事実です。決して表面上の好き嫌いにとらわれずに、どんな人間とも、冷静なコミュニケーションを取って、目の前の諸課題に「合意形成」や「意思決定」が図ることのできる力を身に付けてほしいと願うのです。それこそが民主主義の根幹です。トランプやプーチンや習近平などだけが権力者ではありません。間接的であっても、国を統治し世の中を動かす権力は、皆さん一人一人に与えられているのです。

それが「主権」の意味するところです。

また、中華人民共和国の主席だった鄧小平は、「黒い猫でも白い猫でも、ネズミを捕るのが良い猫だ」との格言を残しました。政治家も教育関係者も、高い指導力や能力を発揮し、輝かしい成果や実績をあげることが最優先ですが、品性や人間性などはどうでもというわけにもいかないはずです。

世の中には聖人君子ばかりではないですし、私は他人のことをとやかく言える立派な人間ではありませんが、とかく「先生」などと呼ばれる方々や、ちょっと職務上の肩書が上になったり、社会的な立ち位置が上がって「○○長」なんて呼ばれるようになると、突如上から目線で急に偉そうにする人間が多いものです。勘違いしている方がかなりいます。実際、私が中学校の校長だとわかると、いまだに「すごいですねえ」と言われることがたまにあります。何がすごいのか全く意味が理解できませんし、決して言われて嬉しいと感じたこともありません。

当時、町議会議員に初当選した父に、貴重な自分の1票を投じた1選挙民の立場として1つだけ注文しました。

「有頂天になって、調子こいて、偉そうな振る舞いや、偉ぶった態度を取ったら、二度と応援しないんで。とりあえず、じいちゃんを超えてくれ」と。

毎朝登校時に、玄関前の通学路でいつも元気よくあいさつしてくれる生徒がいます。

「おはようございます、校長先生。今朝も校長先生に媚びを売りにきました」

そして、

「校長、学校長、絶好調！」

いつでもどこでも、常に〝横から目線〟の愛すべきA君は、私の立ち位置の最大の理解者です。

82　R6（11／21）

「おじさん」に捧げるバラード

「とんかつ フクちゃん」

私が大学時代にバイトしていたトンカツ店です。

早稲田大学キャンパスの西門へ続く商店街で、１９７０年（昭和45年）から２００４年（平成16年）まで30年以上にわたって営業していた、多くの学生によなく愛され、当時その店の名前を知らない学生は少数派だったと思うほどの名物店でした。

「チーメン」と「チートン」

「チーメン」とは「チーズ入りメンチ」、「チートン」とは「チーズ入りトンカツ」の通称で、その店の人気の二枚看板でした。しかし、それ以上にその店の評判を広めたのが、それ以外の〈変わり種メニュー〉の存在です。

具体的には、「チョコレート入りトンカツ」（通称：チョコトン）、「納豆入りメンチ」、「バナナ入りメンチ」、「大根おろしトンカツ」などもメニューにラインナップし、冬場の「1リットルとん汁」というのもこの店の名物でした。

注文数では「チーメン」と「チートン」がダントツでしたが、話の種にと、興味本位で「チョコトン」目当てに店を訪れる客も少なからずいたものです。

客として、またバイトのまかないとして、すべてのメニューを食した経験をもつ数少ない1人である私の感想としては、「チョコトン」、「バナナ入りメンチ」は確かに、話の種で食べてもリピートするには躊躇するレベルでしたが、その他はもちろんおいしくいただけました。個人的には、「納豆入りメンチ」がイチオシの私でした。

当時はメンチ類の定食が４５０円強、トンカツ類の定食が５００円強だったと記憶しています。学生にとっては手頃な価格でボリュームもあったので、特に体育会系の学生には人気でした。昨年プロ野球で日本一に輝いた「アレ」の岡田彰布《あきのぶ》監督や、オリンピック3連続大会（内1回は日本はボイコット）マラソン代表のレジェンドである現陸上競技連盟理事の瀬古利彦さんも、学生時代に出入りしていたお気に入り店です。その他にも、後にプロスポーツやオリンピック選手となる当時学生だった多くの人の胃袋を十分に満たしてくれた店でもありました。そして、有名人や芸能人が度々食レポに訪れ、テレビや雑誌などに何度も取り上げられたものです。

私も、取材に訪れたテレビでよく見るタレントを、何度か店に迎え入れたことがありました。次のエピソードは、私がバイトをする前の出来事ですが、店主の「おじさん」が何度も何度も私に聞かせてくれた話です。

「ある日、テレビの取材である芸能人がいきなり店にやってきてね。スタッフからも出演する芸能人からも、取材の最初も最後にも最低限のまともなあいさつなんて何一つなくて、俺が出したトンカツを手摑みで取って一口食って、わけもわからないコメント一言呟いて、さっさと店を出て行って帰っていったタレントがいるよ。

俺が心を込めて毎日提供している大事なものを乱暴に扱いやがって。とにかく無礼極まりない人間だった。彼だけは許せない。テレビの世界では、いい人の典型の、愛されキャラとして人気者のようだけど、あんな鼻持ちならない人間が、大人気ドラマの教師役なんて笑っちゃうよ」


かつて、主人公をつとめた中学校を舞台にした学園ドラマが高視聴率を記録し、その番組の主題歌も卒業ソングの定番として大ヒットするなど、テレビや映画にも引っ張りだこだった、長い髪がトレードマークのその人は、今でも元気に芸能界で活躍中です。

これは、あくまで1場面だけを切り取ってのおじさんの主観として聞き及んだ話であり、この芸能人の方の人間性云々を議論するものではもちろんありませんが……。


私が所属していたサイクリングクラブの4年上の先輩がその店でバイトを始めたきっかけで、その後、私も含めた私たちのクラブの歴代何人もの仲間が、長年その店のバイトを務めることになりました。その店で先輩が後輩に食事をおごったり、仲間と一緒に昼食や夕飯をとる機会も多く、さながら我々クラブの「第二部室」「梁山泊」「憩いとやすらぎの場」であったと思います。

自分も、自分が所属していたクラブ自体も、店のおじさんとおばさんにとても可愛がってもらいました。個性的なキャラクター揃いの部員や、自由闊達なクラブの雰囲気をとても気に入ってくれていたのです。

卒業してからも、私のところに、折にふれて電話をくれたものです。

「貝塚君、元気？ 今日、貝塚君が中3の時の担任だったっていう教え子の学生が、わざわざお店に食べに来てくれたよ」

「貝塚君、元気？ 貝塚君のクラブの仲間が大勢で店に寄ってくれて、早々に店を閉めて、今みんなで飲んで騒いでいるよ。貝塚君の噂話で盛り上がっているよ」

「貝塚君、元気？ 新潟で大きい地震あったけど大丈夫だった？ 貝塚君なら何があっても平気か、ハハハ」

「貝塚君、元気？ 今度ニューヨークに行くんだって？ しばらく寂しくなるね」

「貝塚君、元気？ まだ学校の先生続いているの？ え！ 校長先生？ マジ？」

去る11月16日、このおじさんとおばさん夫婦を囲む会が東京で開かれ、この時のために、日本全国から何代にもわたる30人ものクラブの仲間が集まりました。

私自身は1年前にもおじさんと2人きりでお会いして以来でしたが、その時と明らかに大きく変わった点がありました。

「貝塚君、元気だった？　学校の先生はあと何年？」

など、何度も何度も同じことを聞くこと、そして時折涙ぐむことでした。齢84歳。おじさんの老いの進行を痛切に感じた時間でもありました。

今となっては、人生の最後に一番何が食べたいかと問われれば、おふくろの味である母のけんちん汁と、おじさんが作ってくれるメンチやトンカツを天秤にかけなければなりません。親戚の皆さんには申し訳ないですが、私にとっての真の「おじさん」「おばさん」は、「とんかつ　フクちゃん」の〝おじさん〟と〝おばさん〟なのです。

これまで子どもたちにも何度も訴えてきたことですが、どんなにいきがっても、どんなに強がっても、人間には、「自分を愛し・応援し・励ましてくれる」人の存在が必要です。そして、そのためにも、周囲から「愛され・応援され・励まされる」人間を目指すべきです。

そして、そういう子どもたちを育てる我々教師も、多くの人生経験といろんな人間との出会いを大切にしながら、常に自己啓発に励み豊かな人間性を培ってもらいたいと願います。ブラックと揶揄され、教員のなり手不足が叫ばれる昨今ですが、教師を目指す皆さんには、自由になる時間がまだまだあるうちに、なおさらそう願うばかりです。

その集まりの翌日、おじさんにお礼の電話を入れました。

「今度新潟の温泉に、おじさんとおばさんを招待するから、必ず来てよ。新幹線代も宿泊代も俺が持つから。長生きしてよね」

私の学生時代を支えてくれた、おじさんとおばさんへの感謝の気持ちを込めた、私なりのささやかな「贈る言葉」でした。

83 R6（11／29）

ジュース1本の純情！

　若かりし頃、学校での勤務を終え自宅への帰途、学校近くのコンビニに立ち寄りました。買い物の後、雑誌コーナーでちょっと立ち読み。週刊誌を読んでいると、そこにちょうどクラスの教え子の女の子が寄ってきました。

「やだー、先生もそんなH な写真見るんですね」

　ちょっといたずらっぽい顔をして、私の顔をのぞき込んで話しかけてきたのです。ちょうど開いていたページが、何と見開きのヌードグラビア。そこは自他共に認める不良教師。決して動じず慌てませんでした。

「学校の先生が週刊誌を読んでは悪いという法律がどこにあるんだ？　オレのようなデタラメな人間になりたくなかったら、家に帰ってさっさと勉強しろ」

　そう悠然と構えて言うと、雑誌に目を戻しました。

　いやあ、それにしても何たる最悪のタイミング……。バツが悪過ぎた、の一言でした。気前のいい性格と自認する私は、その子にジュースをおごってあげました。断っておきますが、これは口止めや袖の下のつもりでは毛頭ありません。

　そしてあらためて彼女に一言。

「家に帰って、早く勉強しろ！」

さて現実の問題に話を戻します。「勉強しろ」――教師も親も、よく安易に口にする言葉です。昔も今も。その昔、ドリフターズの加藤茶も、毎週土曜日に「宿題やれよ」と全国のお茶の間の子どもたちに呼びかけていました。子どもの学力向上を思えばこその親心とは言え、何とも無責任な常套句です。「勉強しろ」「宿題をやれ」と連呼しても、子どもが素直に反応しないから困るのです。言っても聞かないから実力行使で手を出すようなことはもちろん御法度です。

とにかく今の子どもたちは理屈が先行するのが常ですから、何をするにもきっちり言葉で説明しないと納得しない傾向にあります。

以前、許せない大きな問題行動をした生徒に、「お前なんか、豆腐の角にでも頭ぶつけて死んでしまえ」と冗談で言ったら、「先生、豆腐の角で本当に死ねるんですか？」と真顔で返されたことがあります。今度同じ過ちを重ねたら、本当に豆腐をカチカチに凍らして頭にぶつけてやろうと思うほど、呆れてしまいました。

学力向上のためには、ひとえに「自己教育力」を身に付けさせなければならないわけですが、結論から言えば、そのためのマニュアルや特効薬などはないのです。その子の性格や個性や能力や発達段階等をよく見極め、手を替え品を替え、褒めながらおだてながら、叱りながら檄を飛ばしながら、試行錯誤の繰り返ししかないのだろうと思います。一言で表現すれば「あの手この手」の総動員。ただし、そのベースとして、子どもとのコミュニケーション、会話と対話を常に大切にしたいものです。数学の教師をしていて、方程式や関数などを教えていると、必ず毎年何人かの生徒が決まって「こんなこと勉強して、将来何の役に立つんですか？」と口にします。私は決まってこうハッタリをかませていました。

「俺は、数学を教えてるんじゃないんだ。数学を通して、人としての生き方を教えてるんだ。つまり、生きていくためのバランス感覚や、人間としての器の中身についてだ。詳しく説明すると2時間はかかる。説明してほしいなら放課後残れ。

何？　部活があるから残りたくない？　それなら話は早い。オレの授業を1年間まじめに受けていれば、その答えは必ず見つかる。世の中なんて足し算と引き算くらいできればとりあえず生きていけるだろう。それでいいなら、オレの授業はずっと寝ていても構わない。決して怒らない。今の時点で数学を勉強する必要がないと判断するなら、遠慮せずそうしてくれ」

こう言うと、実際に私に反旗を翻す子は皆無でした。ただ、実際放課後残って私に説明を求めてきた生徒が、教員人生でたった1人だけいました。

放課後にその子と向き合いました。中学校の履修教科が9つに分かれている理由や、その中の数学の位置づけ、学習することとの意義等々、いろんなことの問答を繰り返し繰り返し、生真面目で頭が固くて理屈っぽい子で、本当に2時間以上も話し続けて疲れ果てました。でも私も、自分自身が顧問である部活動指導をそっちのけにして、嫌がらずに時間をかけて相手したことで、それ以来その生徒は、私をとことん信頼して接してくれるようになったのです。

「教育」とは、教え育てると書きますが、「共育」の方がふさわしいのではと思います。つまり、「教師」とは、教え導く指導者ではなく、子どもとともに悩み共に考えともに成長しともに生きる「共師」なのでは、と。

教師の醍醐味、教師の生きがい、教師を続けている理由は、何事にも代えがたい、次の3つのかけがえのない喜びがあるからです。それは、

子どもたちと喜怒哀楽を共有できる喜び
子どもたちの成長を最も身近に感じることのできる喜び
子どもたちとともに自分もまた成長できる喜び

私たち教師もそして保護者も地域の大人も、単に年齢が上だということ、人生経験が長いというだけで、教え子や我が子等には、ある意味傲慢不遜な存在に映っているのではないでしょうか。

当然、威厳とプライドは保ちつつも、子どもの声に丁寧に耳を傾け、同じ目線で子どもに接しながら、上記の3つの喜びを甘受できる謙虚な人間であり続けたいものです。

放課後私と向き合ってくれた、当時中学校1年生だったあの子は、その5年後、某大学医学部に進学しました。中学校卒業式当日、

「先生のおかげで数学が好きになりました。医者を目指します。なれたら、今度はジュースじゃなくて、大好物のオムライスをおごってください」

そう言って学び舎を後にしました。

そう、あの日あの時、コンビニで私に話しかけてきたあの女の子なのです。今では、立派な女医さんとして活躍のことと、コンビニの書籍コーナーを目にするたびに想像しています。

オムライスの約束はいつ果たせるのでしょうか。

84 君の「幸せの物差し」は何なんだ？

R6（12／10）

「この場所の広さは、東京ドーム10個分に相当します」

テレビ番組等で、レポーターがよく口にする類の言葉です。毎回耳にして違和感を覚えます。なぜなら、東京ドームの広さを実際に知っている人間を前提にした言葉だからです。

東京ドームを見たこともも聞いたこともない人にとってはイメージのしようがありません。もちろんこれは、いかに大きいか、どれだけ広いかを伝えるためのベストな表現なのでしょう。この場所の広さは、何㎡です、何haです、何坪です、ではかえって大きさをイメージできないのも理解できます。

最近は、中学校の陸上の練習や大会、学校によっては体育祭などもデンカビッグスワン（新潟スタジアム）で実施することも多く、ハードオフエコスタジアム新潟球場等もプライベートでリーズナブルな値段で借用できることもあって、私自身、そのような大きな競技場に行く機会も当たり前になりました。

東京の国立競技場や各地の大きな野球場やサッカー競技場に足を運ぶことも、世間一般としては、決して特別で珍しくない時代だと言えます。

しかし、特に幼い頃、初めてそのような大きなスタジアムのような大きな場所を訪れると、味わったことのない感動や驚きを感じた、という人がほとんどではないでしょうか?

私が初めてプロ野球を観戦したのは、確か1970年(昭和45年)の小1の時だったと記憶しています。祖父に連れられて、小4と小6の兄と、東京で働いている祖父の弟である大叔父さんの案内で、当時の後楽園球場(東京ドームの前身)に巨人・阪神戦を観に行きました。田舎者の私にとって、東京の電車に乗ったのも初めてでしたし、あんな大きな施設を見たのも、そこにあんなにも大勢の人間をまとめて目にするのも初めてのことで、正直度肝を抜かれました。ここは別世界だと。

選手が米粒のようにしか見えない外野の一角での観戦でしたが、ナイター設備の光でこんな夜なのにスポーツが目の前で行われていることの不思議さを伴う、すばらしいショータイムでした。当時大ファンであったジャイアンツは、エースの堀内恒夫投手が先発し、世界のホームラン王の王貞治選手が2本のホームランを打ち快勝。憧れのスーパースター・長嶋茂雄選手のカッコいい雄姿にも酔いしれました。

同様に、幼い頃、初めて訪れた遊園地は、それが地方のそれほどメジャーな遊園地でなかったとしても、こんなに広い場所があるのか、と感じた人は私だけではないと思います。しかし、成長して大人になるにつれ、このような、いくつもの大きく壮観な箱物やテーマパークへ行く経験を経た今となっては、あの後楽園球場や遊園地の時のような感慨を覚えることはもうありません。つまり当たり前のものとして慣れてしまったのです。

さて、話は変わりますが、今回は、まず、学校教育段階で、ものの量の把握と測定の方法の理解とはどのように進むのかについてお話しします。私、これでも数学科教師ですので。

小学校の算数では、2年生から「測定」という指導領域があります。長さ、広さ、容量（かさ）、重さという、保存性と加法性のある量についての「測定」の指導では、4段階の比較・測定の学習活動を設定しています。それは、①直接比較、②間接比較、③任意単位による測定、④普遍単位による測定です。

例えば、AとBの長さを比べます。どちらが長いかは直接比べればすぐわかります。これが①直接比較です。でも、例えば、比べるものが別々の場所にあって直接比較ができなければ、別の同じ長さを有するCを媒介すればいいのです。AとBがそれぞれにCと比べた結果、「A＞C」「B＜C」であれば、「A＞B」であることがわかります。これが②間接比較です。

③の任意単位による測定とは、例えば、長さを図る単位として同じ長さの鉛筆を使って、Aが鉛筆5本分、Bが鉛筆4本分の長さだとしたら、「A＞B」となるわけです。③が①、②と違うのは、比較を数値化することで、大きさの違いを明確に〝数〟を使って表すことです。

つまり、こっちの土地が東京ドーム10個分、こっちの土地が東京ドーム8個分と測定できれば大小を比較できるわけですから、ここでは東京ドームが任意単位なのです。

しかし、人によって使用する単位が違ってしまえば、せっかく測定しても大きさを正しく伝え合うことはできません。そこで最終的に行き着くのが④の普遍単位なのです。

社会では、基本とする単位の大きさが的確にわかる必要があります。そのために、基にする単位として「普遍単位」があるのです。言わずと知れた〔㎜、㎝、m、㎞、mℓ、dℓ、ℓ、日、時、分、秒、g、kg〕などの国際基準の単位のことです。

このような測定領域は、算数の指導内容の中でも、日常生活に直結する内容です。しかし、日常生活で、ものを実測することとは別に、他人と比較したり比較されたり、何かを数値化されて測定されたり評価されたり、ということは、私たちにとって、どちらかというとネガティブなイメージがつきまとうものです。容姿も、性格も、成績も、生き方も、比べてほしくないものです。

先日、知り合いの保護者のお母さんから相談を受けました。内容は次のようなものです。

「息子が高校の工業科の3年生で、ある人気職種の就職難関先の内定をもらって親子ともどもとても喜んでいました。ところが、同じ中学から普通高校に進んだ友人が、東京の私立大学へ推薦で進学するという話を聞いて、『うらやましい』と本人が言うのです。これまでの進路も親子で話し合って決めてきたし、いい就職先が決まって安堵して喜んでいたのに、ちょっと切なくて複雑な気持ちになりました」

因みに、この子がうらやましいと感じた具体的な理由は把握していません。自分はすぐ働くのに友達はまだ4年もの間、ある意味自由でうらやましいということなのか、東京で暮らせるのがうらやましいということなのか、はたまた別の理由があるのか。ただ、客観的な判断で言えるのは、彼の友人がその大学を卒業した4年後に、この子の内定先に就職するのはかなり困難なことです。

その時は即座に説得力のある返答ができなかったのですが、彼の採る選択肢は2つです。1つは、友人のことをそんなにうらやましがるのだったら、即座に内定を蹴って友人と同じような道を再構築すること。もう1つは、友達は友達、俺は俺なのだと思って、自分の進むべき道を信じて、自分の人生を充実させることだけを考えること。

特に前者の選択には困難がつきまとい、保護者にとっても受け入れがたいものだとは思いますが、本人の人生は本人が決めること。後悔しない選択を本人が決断すべきです。


個人的には、他人の人生と比較してそれをうらやましがる暇や余裕があるなら、現在や将来の自分の人生を充実させるべきことを第一に考えるべきだと思います。幸せを測定する物差しは、人それぞれに違うのです。お金か、地位か、名誉か、権力か、自己実現か、家族の絆か、社会貢献か……。自分の考える「幸せの物差し」は自分だけの普遍単位として、他人と比べることのできない自分にとっての幸せのあり方を追求すべきです。

「井の中の蛙　大海を知らず」という諺があります。世間知らずを揶揄する言葉です。世の中には、大海を知る必要がない、知ろうにも知ることができない人だっているでしょう。狭い井戸の中だって、大海を知らなくたって、そこが居心地のいい場所だと考えている人も、そこがどこよりもすばらしい場所だと信じている人も、誰よりもそこが幸せだと感じている人もいるはずです。

それはそれですばらしいことだと思います。

私が好きな言葉に、「立って半畳、寝て1畳」という言葉があります。人間1人が生きるには、起きている時は畳半畳、寝る時は畳一畳分のスペースがあれば十分事足りる。富や地位や贅沢ばかりをむやみに求めることは愚かなこと、という意味です。私は、人間の欲望や業には限界があるのだから、羨望や強欲をむき出しにして、必要以上に、他人をうらやましがったり、嫉んだり、やっかんだり、無い物ねだりをしても、あまり利口な生き方ではない、と解釈しています。

とは言え、例えば、かの大リーガーの大谷選手の年俸の額には、また、大谷選手のご両親はさぞや幸せだろうとうらやましく思う自分は、まだまだ悟りが足りません。

以前一緒の学校に勤務した、あまり仲が良くなかった先輩の先生が何度も繰り返していた自慢話は、「学生時代に長嶋茂雄の引退試合を直に後楽園球場で見たことがある」というものでした。私もその感動的な瞬間に歴史の証人者として立ち会いたかったなあと、さすがにうらやましく思いましたが、その先輩の生き方をうらやましく思うことは一切ありませんでした。

因みに、我が人生の最大のスーパースター長嶋茂雄選手は、私の母親と同年同月同日の昭和11年2月20日生まれです。「我が巨人軍は永久に不滅です」という、あの引退の名言通り、私の中の長嶋茂雄は誰とも比較できない絶対的な存在、永久に不滅な存在です。

しかし、ジャイアンツのことはとうの昔に見放しました。

85
R6
（12／13）

流れは絶えずして 昔の学校ではあらず！〈私の出会った名物先生③〉

私の中学時代の国語教師のC先生。飄々としていて摑みどころがありません。訥々《とつとつ》としたしゃべりの合間にふと、親父ギャグや駄洒落が入ります。

「温故知新」を「うんこちしん」と言ったり、「春はあけぼの印のサバ缶」と言ったり、「藤原鎌足」を「ふじわらのかたまり」なんて間違えるのです。わざと。ただし、特に受けを狙ってやっている素振りもありません。だからこそ、またそこが自然体で面白いのです。

授業を進めていくと、すぐに話が〝脱線〟します。自分の身の上話、家庭・家族のこと、ご近所のこと、同僚の先生の話題、今までの教員生活のエピソード、時事問題、等々。実にくだらないことばかりですが、聞いていると妙に味があります。真面目な生徒はやや呆れていたところもありましたが、勉強が苦手だったり、いたずら好きな生徒は、脱線するのをむしろ喜んでいました。自分もその筆頭格でしたので、率先してわざとそっちの方に誘導しようとしたものです。

そんなわけで、教科書なんていっこうに先に進みません。

「まあ書いてあることはみんな日本語だから読めばわかるよ」

「勉強なんていうのは、人から教わるもんじゃなくて、自分でやるもんだ」

確かに自分もそう思っていました。いい加減と言えばいい加減でしたが、生徒や保護者からの人気は根強いものがありました。悠長な時代で、田舎の中学校でしたので、いろんな意味で寛容でおおかな雰囲気でしたが、今のこの時代、前述のような発言をしたら大問題でしょう。

「それだったら、学校はいらない、先生はいらない」
「もっとしっかり授業をしてくれないと困る」

と大いに目くじらを立てる保護者もいるはずです。白状をすると、私も自分の教員人生で、これと似たようなスタイルで授業を進めていたこともあると認めざるを得ず、大いに反省するばかりです。まず授業の冒頭で、昨夜のテレビ番組ネタや巷の噂話で笑いをとってリラックスさせて、ハイつかみはOK、それから本番。50分授業が40分授業になったことも度々ありました。あらためて申し訳ございません。

さて、〈私の出会った名物先生シリーズ〉を、断続的に今回を含めて計3回にわたって書いてきました。皆さんも、学校に通った経験が皆無ということはないでしょうから、中学校時代にいろんな先生に出会ってきたことでしょう。それこそ、先生の人物評だけでも、だれもが作文が書けるくらいなはずです。どこの学校にも、名物、豪快、型破り、天衣無縫、ハチャメチャな先生がそれなりにいたような気がします。それだけ個性豊かな先生が、ひと昔前は多かったのではないでしょうか。自分も含めて、今の先生は小粒と言われても認めざるを得ません。別な見方をすれば、授業であれ部活動であれ、自身の個性や指導スタイルを前面に出して、教師主導で思い切って勝負できた時代がかつてはありました。ある意味教師には幸せな時代だったのかもしれません。

現在でも、もちろん、教師が与える子どもへの影響力は少なくないはずですし、教師側からすれば先生という職業は大いなるやりがいがあることは変わっていないはずです。だからこそ、先生方には、授業力・人間力を磨くための、たゆまぬ自己研鑽に努めてほしいものです。また、常に周囲から最も批判や非難の対象にもなり得る宿命を負っているという覚悟の上で、教師を続けるべきだと思います。

さて、2021年（令和3年）6月3日に、国の教育再生実行会議から今後の国の教育施策の指針となる「第十二次提言」がなされました。

ここでは「ニューノーマル」における教育の姿として、「一人一人の多様な幸せと社会全体の幸せ（ウェルビーイング）の実現を目指し、学習者主体の教育に転換」「デジタル化を進め、データ駆動型の教育に転換と学びのデータの活用」が示されています。

「ニューノーマル」は、直訳すれば「新しき標準の」ですが、この言葉には、「変化の前には逆戻りしない」というニュアンスが含まれていると言われています。また、最近の使われ方としては、「変化に対応できない人間は時代に取り残されてしまう」という警告の意を含んでいるとも言われています。

これまで積み上げてきたこと、自分が長年培ってきたスタイルを大事にする姿勢もちろん大いに重要で、自身のキャラクターや人間的魅力は教師としての最大の武器です。しかし、時代を切り拓き、よりよい社会を形成していく生徒を育てるということを中心課題としている私たちには、単に、変化したことの対応に追われるのではなく、なぜこの変化が必要なのか、その本質を見極め、明確なビジョンのもと、具体的な方策をもって積極的な授業づくりや学校運営を行うことが求められています。そのための歩を止めることなく前進し続ける、生徒、保護者、地域とともにある学校でありたいものです。

中学時代、私の出会ったすべての先生方、もちろん、もう皆さん鬼籍に入られておりますが、その節はたいへんお世話になりました。おかげで私はこんなに大きくなりました。あの頃の先生方と同じ年代になりました。

漢字の書き順がデタラメな国語の先生もいました。自分の好きな古代史ばかりに時間を費やして教科書が終わらない社会の先生もいました。日本語にしか聞こえない英語の発音の英語の先生もいました。悪いことをして往復ビンタを何十発もお見舞いしてくれた先生もおりました。だからと言って、あの当時も今も、あなた方を、これっぽっちも恨んではおりません。個性的で「人間くさい」先生方に出会えたことを、とてもありがたく思っています。

ただ一つ言えるのは、もちろんそれは今の時代にあっては、全く通用しない、教師の姿としてはどうかなあと首を傾げる、あるいは体罰や不適切な言動等はどんな理由にせよ決して許せることではないということです。

C先生、天国はどうですか？

先生の数あるギャグやおもろい話も私の辞書に加えて、授業で何度も使用させていただきました。

今は全く受けません。

当たり前のことながら、生徒の笑いのツボも時代とともに大きく変化してしまったようです。

86 R7（1／23）

天国に捧げるRow and Row！〈「カッコいい」シリーズ①〉

これまで何度も子どもたちに訴えてきた「周囲から『愛され・応援され・励まされる』人間・集団」になってほしいということに加えて、「『カッコいい』人間になってほしい、『カッコいい』生き方をしてほしい」ということも繰り返し話をしてきました。

『カッコいい』という表現は、極々日常的によく使われていますが、人それぞれの価値観で異なり、対象が同じであっても、人それぞれで、『カッコいい』かそれほどでもないのか評価は分かれる場合もあります。『カッコいい』は正体不明で、百面相のような不思議な言葉なのです。

今号から連作で3号にわたって、『カッコいい』をテーマにした内容をお届けします。『カッコいい』人間、『カッコいい』生き方についての本質に迫ります。子どもたちの生き方の参考になれば。

休日に新潟市のやすらぎ堤付近を通りかかると、信濃川の水面を滑るようにボートが進んでいきます。市内の高校ボート部の漕艇練習の様子です。オールを動かす4人の漕ぎ手のリズムがピッタリ合っていて、見ているこちらの気分も心地良くなります。

昭和大橋、八千代橋、萬代橋の下をくぐり、ボートはどこまでもどこまでも真っ直ぐ進んで、そのまま日本海という大海まで漕ぎ出すような勢いです。そして、ボートの流れに連動する水しぶきが何とも言えない清涼感をもたらしてくれます。

教員になって折に触れて子どもたちに話をしてきた、ボート競技にまつわるエピソードがあります。私が教員になる前の銀行勤務時代の同期入社で特に親しかった仲間に、某私立大学のボート部出身のAとBの2人がいました。2人とも「エイト」という、8人の漕ぎ手とコックスという舵手からなるボート競技の、大学ボート界の花形選手でした。

Aは Bの1年先輩ですが、事情があって卒業が1年遅れたため、2人は同じ会社への同期入社となりました。Aは無口で謙虚でクールガイのイケメン。一方、一年後輩のBは、オリンピック候補選手にもなったほどの強靱な体力と精神力の持ち主であり、常に冗談を言って周囲を笑わせてくれる陽気なタフガイ。静と動、月と太陽、タイプは違えど、青春のすべてをボート競技に情熱を傾け、互いを認め合い敬慕し合う凸凹コンビの人間関係は、とても微笑ましく、周囲から見てもとてもうらやましくありました。そして、特に社交的なBの口から、折に触れてボートや大学時代に関するいろいろな話を聞くことは、実に楽しいものでした。

40年ほども前のことですが、その中で特に印象に残って覚えていることは、「ボートは、遊びで漕いでいると、まるで空を飛んでいるように夢心地のように気持ちがいいけど、競技として勝負かけて漕ぐと死ぬほど辛く苦しいんだよ」という言葉でした。

もちろん、ボートに限らず他の競技も同じようなことは言えるのでしょうが、一流スポーツの世界で、遊びと真剣勝負との体力及びメンタルの格差が半端ないことは、素人の私でも容易に想像がつきます。そして、漕ぎ手の人数が最も多い「エイト」は、ボート競技の中でも最もチームワークが必要とのことでした。

そして、それ以上に忘れられない話が、BがAのいない時にこっそり自分に話をしてくれた、Aにまつわる伝説的なエピソードだったのです。

Aが2年生、Bが1年生の秋、チームは全日本大学新人選手権に出場します。大会に臨む9人のメンバーは、それまでの過酷な練習はもちろんのこと、常に寝食をともにし、個々の体力・技術のみならず、勝利に不可欠なチームワークを必死に磨いてきました。3日間にわたる大会当日も、メンバーで同じ部屋に寝泊まりし、就寝も起床も揃えながら規律ある歩調で大会に臨んでいました。

大会初日の予選会で一敗地にまみれるも、2日目の敗者復活戦で勝ち残り、最終日の3日目、準決勝・決勝に勝利し、見事大学日本一の栄冠を勝ち取ったのです。

レース後、チームのみんなで喜びを爆発し歓喜に酔いしれる輪の中に、Aの姿だけはありませんでした。勝利の余韻に浸る間もなく、レースが終わるとAは自宅に帰っていったのです。

その時、唯一事情を知るクルーキャプテンからチームのメンバーに真実が明かされます。実は、Aの父親が大会初日に亡くなったのだと。

Aは、父親が亡くなった大会初日の夜、21：30の消灯後、みんなが寝静まってからこっそり抜け出し自宅に帰っていたのです。そして、みんながまだ寝ている翌朝5：00の起床前に宿舎の部屋に戻って静かに布団に潜り込んでいました。誰にも気づかれずに。

つまり、Aの父親が亡くなったことも、Aの心中も、Aがこっそり夜中宿舎を抜け出した事実も、誰も知る余地はなかったのです。そしてAは十分な睡眠時間がとれない状態で、2日目の敗者復活戦の大一番に臨んでいたということになります。

B曰く、

「大会中、まるで何事もなかったように、いつもと変わらぬ沈着冷静なカッコいいA先輩でした。そして、その後もA先輩から父親の死やその時の詳細について語られることは一切ありませんでした。あの人は僕らにとっての伝説の先輩なんですよ」

♪ エンヤコラ今夜も舟を出す Row and Row, Row and Row 振り返るな Row Row ♪（※）

※「黒の舟唄」＝歌：長谷川きよし（野坂昭如）作詞：能吉利人 作曲：桜井順 1971年

87 R7 （2／6）

先生　反省してください！〈「カッコいい」シリーズ②〉

私が以前顧問をしていた女子の部活動の3年生だったK子の話です。

その中学校は、伝統的に部活動がとても盛んで、県内屈指の部活動強豪校として県内にその名が轟いていました。私が赴任したのは30歳手前の頃でしたが、着任早々、先輩の先生方から様々な過去の逸話を聞かされました。

「昔は、部活動の大会の慰労会の宴席は、成績が良かった部活動の顧問から順に校長先生に近い席に座るのが慣例だった」

「昔は、全国大会から戻ってくると、町をパレードしたんだ」

「昔は、休日の練習を朝の5時ぐらいからやっていた部もあった。だから子どもたちは、3食分の弁当を持参していた。一日中練習をするわけだから、朝昼晩の3食分だ」

『昔』と言ったって、何も昭和初期の頃の話ではありません。その話を聞いた時から遡れば、つい10年前、20年程度の前の話のことです。保護者も含めて同じようなことを複数の人が言っていたので、本当のことだったのでしょう。今では考えられないことです。

私が赴任した当時は、ひと昔前のような部活第一というほどではありませんでしたが、それでも、全国大会・北信越大会出場歴の顧問の先生がたくさんいて、その学校を、「部活の○○中」と呼ぶ教育関係者も少なくはありませんでした。確かにそう呼ばれるだけの息吹や驚きの光景があちこちに垣間見えたのです。

例えば、女子バレーボール部の顧問は、修学旅行に部員に1つずつボールを持たせて、夕食前の宿泊ホテルの中庭でパス練習を課していました。柔道部の顧問は、修学旅行先である東京の班別学習の見学先に、必ず「日本武道館」を組み込めと3年生の部員に厳命しました。剣道部では、全国大会が近くなると授業間の10分休みごとに、教務室前の廊下にメンバーが集合してきては、静かにさっと円陣を組んで誰かが何かを囁くとさっと散っていく〝儀式〟が毎日続けられました。男子バレーボール部の顧問は、町の総合体育館の練習割当を勘違いして活動場所がないとわかると、その日の割当で既にバドミントン部が練習していたにもかかわらず、3面のコートで練習するバドミントン部員の頭越しに、サーブ練習を始めさせたこともあったのです。

もちろん、それらの部活動の顧問はその競技では名の通ったカリスマ的指導者であるにもかかわらず、それぞれ身勝手でわがままなことをしていたものです。ここまでやる必要があるのか？　こんなことまでさせるか？　と驚きの連続でした。今なら完全なブラック過ぎるブラックです。一方で、スポーツは当たり前のことをやっていては勝てないのだとも痛感したものです。部ごとに部室があって、校舎内はランニングの周回コースが取られるなど環境も整っていました。自校給食は巷の食堂並みにおいしい上に、牛乳の量は250㎖で、全体的に生徒の体格も良かったような気がします。

全盛期から比べれば部活動も下火になったと囁かれていたその頃でしたが、それでも、自分が3年担任だった年は、全国大会に4競技、北信越大会に7競技が駒を進め、県大会に出場できなかった部は1つくらいだと記憶しています。教務室前に、賞状、優勝旗やカップ、トロフィーが所狭しとずらっと並んだ光景は、まさに壮観でした。

今では考えられないような部活動事情の中、自分もそれなりに頑張っていたつもりでしたが、教職についてまだ間もない駆け出しで、競技経験もない運動部の顧問として、人間的にも部活動指導も未熟で悪戦苦闘の日々でした。

そんな学校なので、毎年4月の新入生勧誘にも熱が入ります。各部、あの手この手を使って、1年生を自分の部に引き込もうと躍起になっていました。

ある日、我が顧問をする部の3年生の何人かが、2年生のF子を厳しく注意してほしいと訴えてきました。

「私たちが一生懸命新入生の勧誘をしているのに、F子は1年生に、『うちの部なんか入らない方がいい。練習はきついし休みはないし、優しい先輩は少ないし、先生は怒鳴ってばかり』なんて言って、体験入部に来た1年生の面倒をしっかりみないでサボってばかりです。うちの部の評判が悪くなるばかりなんです。どうにかしてください」

その話を耳にした瞬間、自分も怒り心頭に発しました。その日の部活動の終わりにみんなが整列すると、F子を厳しく問い詰めました。大筋3年生の言っていた通りだったので、

「バカヤロー、ふざけるな！　そんな風に思ってんだったら、お前の方がこの部をさっさと出ていけ！」

と、体育館いっぱいに響きわたる大声で、F子を面罵したのです。


さて、その直後、F子はどうしたでしょうか？　いや、どうなったでしょうか？　実は、その場にバタッと倒れたのです。そして気を失いました。それればかりではありません。失禁したのです。私は正直あっけにとられて、初めは何が何だかわかりませんでした。非常にまずいことになったという感覚にとらわれました。


ところが、その時の3年生のK子の反応がすごいの一言。まさに、電光石火の如く、近くの清掃用具ロッカーからバケツと雑巾をたくさん持ってきて、自ら両手に雑巾を持ち、必死に床に広がった尿を拭き始めました。同時に、自分の手は止めずに他の部員に次から次へと指示を出しました。

「他の残ったバケツにも水を汲んできて！」

「F子をみんなで体育館の端まで運んで！」

「F子の荷物持ってきてあげて！」

「養護の先生呼びにいって！」

「男子生徒が来ないように見張って！」

自分が情けなくなるほど、彼女の采配は見事でした。

K子は、普段の言動を見てもリーダー中のリーダーと自他ともに認められる存在でしたが、人間の真の本性や能力は、不測の事態や危機に直面した時にこそ表出されるものだと痛感しました。そして、彼女のことを生徒ながら「カッコいい」と素直に思いました。

すべての対応が一段落した後、彼女に怒られました。

「先生、大きな声で怒鳴ればいいってもんじゃないと思います」

カッコ悪すぎる自分は、生徒から学ぶことが多い教員人生を歩んできたのです。

88 粗にして野だが卑ではない！

R7（2／20）

〈「カッコいい」シリーズ③〉

私の次兄は3歳年上です。小さい時からとても逆らえない存在で、私にとってはとても怖い存在でした。果敢に応じた兄弟喧嘩でコテンパンにやられて泣かされた回数は計り知れず、時には畳や床が血に染まったこともありました。

次兄は小さい頃から豪気なところがあって、小学校の時のある日の帰り道に、当時5年生だった彼が6年生と殴り合いの喧嘩になったことがあります。傍で不安そうに見ていた自分に、

「母さんに言うなよ」

と、念を押されました。でも、ほっぺたを真っ赤に腫らして帰れば、母親だって何かあったと気づきます。母親の圧力から仕方なく詳細を打ち明けなければならない立場に追い込まれた私は、その後兄貴から怒られました。

3歳違いで中学校は入れ替わりでしたが、私が中学に入学して初めて教務室に入ったら、いかにも怖そうな生徒指導主事の先生が話しかけてきました。

「お前、Oの弟なんだって？　兄ちゃん元気にしているか？」

その先生がそう言うと、他の何人かの先生方も呼応するように、

「えっ、Oの弟？」

「兄貴と全然雰囲気違うね」

「兄ちゃんは、なかなかだったからな」

などと一斉に反応したのです。

奴（兄貴）は有名人だったのか？　まあ、どの先生もものの言いように、それほどの嫌みは感じられませんでした。というより、どちらかと言えば、温かみが感じられる物言いでした。


しばらくして何度か教務室に出入りすると、教務室の入口に、「破損届」と題したノートが置いてあるのに気づきました。生徒が校内の造作物や備品等を壊したりすると、そのノートに詳細を記入して先生に申し出て、自分で用務員さんに頭を下げて直してもらうことになっていると知りました。当時は古い木造校舎で、特に窓ガラスは厚さ3～4㎜程度の薄っぺらい代物だったので、野球のボールなどが当たったり、悪ふざけしたりして体や物が当たると結構簡単に割れたりしたものです。

そしてそのノートを開いて驚きました。昨年度の窓ガラス等の破損で、うちの兄貴の名前がずらっと並んで溢れていたのです。どれだけのワルだったんだろう、恐るべしハカイダー。「こんな兄貴の弟ということで、この先の中学校生活は肩身が狭い」と憂鬱な気分になりました。

ところが、いわゆる不良っぽい3年生などから、

「O先輩にいろいろ良くしてもらったんで、よろしく！」

なんて向こうからあいさつされるし、いかにも優等生とおぼしき3年生の女子の先輩からは、「お兄さんは面白くて誰にでも優しかったから、みんなから好かれていたよ」なんて言われて、こちらも調子が外れたのでした。

そして、ある日、「破損届」ノートの真相をある先輩が教えてくれたのです。

「お前の兄ちゃんは自分の責任で窓を割ってなくても、自分と関係なくても、付き合いで友達についていって自分の名前も記入していたよ。本当に壊した当事者にとってみれば、1人で怒られたり謝ったりするより、気が楽だし心強いからかなあ。先生方も周りのみんなも、誰もが知っていたよ」

なるほど、何たるお人好し。でも何か嬉しい気分になったのです。うかつにも兄貴をちょっと見直したと言ってもいい瞬間だったかもしれません。

結局、中学校時代の次兄に関する情報を集めれば集めるほど、私が家庭で抱いていた兄貴のイメージと、学校での彼の評判は、どんどん乖離するばかりでした。そして最終的には「結構いい奴だったんじゃん」との結論に至ったのです。

私の好きな作家に、経済小説の開拓者で直木賞作家の城山三郎氏がいます。城山氏の代表作に、第5代国鉄（現JR）総裁を務めた「石田禮助」という人物の半生記の小説があります。その本の題名は『粗にして野だが卑ではない』です。これは、石田自身が、国会の答弁で国会議員に向けて発言した、石田本人のモットーです。

「粗にして野だが卑ではない」——これは、言動が雑で粗暴な面があっても、決して卑《いや》しい行いや態度を取ることはしない、という意味です。

石田は型破りの経営者として名を馳せ、経営難に陥って誰もなり手のいなかった当時の国鉄総裁を、火中の栗を拾う形で引き受けました。そして、どんな困難や障害にも屈することなく、私心を捨て、身を挺して、命を懸けて国鉄改革に辣腕を振るったのです。そして国会で自分たちの責任を棚上げし、他人事のように身勝手な発言を繰り返す国会議員を、自分は「粗にして野たる人間」ではあるがと自己開示した上で、正論を堂々と述べて、並みいる国会議員をたしなめたのでした。

「粗にして野だが卑ではない」

カッコいい生き方そのものです。歴史上の偉人と兄貴とを比べたら石田禮助公に大変失礼ではありますが、あの次兄にも、それと似た〝男気〟を感じたのは確かでした。

それでも一方で、彼に虐げられてきた暗黒史を、私は今でも決して忘れることはありません。私の頭のつむじの横にはV字のハゲがあります。次兄との兄弟喧嘩で負ったケガの治療で縫った痕です。当時、我が母校の男子は皆坊主頭。そのV字のハゲをみんなにバカにされるのが本当に嫌で嫌で仕方ありませんでした。「Vっパゲ」なんて渾名もつけられました。

俺の青春を返してほしい。他人に優しく身内に厳しい兄は、確かに「卑」ではない人間とは認めますが、あまりにも「粗」にして「野」過ぎたのではと思います。少しは私にも優しくしてほしかったと述懐します。

それでも、いつまでも愛してやまない相手であり、最高の反面教師、最大の永遠のライバルであると思っています。

89 R7（2／28）

出会うべくして出会った君がいる！〈3年生へ贈る言葉〉

来月3月4日に卒業式を迎えます。3年生とともに過ごす時間も残りわずかとなり、寂しい限りです。君たちが小学生の頃から新型コロナウイルスの混乱が始まり、学校でも感染防止を最優先に考えた取組や工夫がなされ、特に全校朝会等での校歌斉唱など、全校みんなで歌う機会等が減ったことは、個人的に残念なことです。

せめて卒業式は、保護者や来賓の皆さんの前で、全校生徒で3年生の門出を全校合唱で盛大にお祝いしたいのはやまやまですが、コロナの脅威が後退したとはいえ、卒業生のほとんどが翌日に公立高校受験を控えていることを考慮し、万全を期して、今年度も全校合唱を控えることにしました。

ある意味人生を左右するかもしれない新たな道への重要な時期にあたり、今回の対応もまた仕方のない選択だと受け入れてほしいと思います。その分、あとわずかですが、在校生徒や先生方も、卒業式に向けての感謝の気持ちを込めた企画や準備を、真心をもって進めていきます。

ただし、3年生の卒業合唱は昨年度に引き続き実施します。これまでの卒業式でも、卒業生全員によるラストソングを聴くと、卒業生との思い出が蘇って、何度も涙を誘われました。今でも、その曲を聴くとその当時の学校や子どもたちの顔が浮かんでくることがあります。

ひと昔前の卒業式の定番と言えば、「蛍の光」と「仰げば尊し」のどちらかでした。私が小・中学校の頃もそうでした。どちらも明治時代半ば頃に入ってきた外国の曲で、音楽の教科書に掲載されて全国的に広がった曲です。どちらもいい歌ですよね。ただ、言葉が古めかしかったり、内容が教育的に不適切だとの指摘も出てきて、今では卒業式で聞くことはほとんどありません。

1980年代になると、音楽の合唱曲としても有名な「巣立ちの歌」や「大地讃頌」が卒業式で歌われることが多くなりました。この2つの曲もとてもいい曲です。でも、「大地讃頌」など本格的な合唱曲は難しい曲も多いですし、ちょっと堅苦しいイメージがあるので、これらも次第に敬遠されるようになったような気がします。

そして、2000年代の定番に躍り出たのが「旅立ちの日に」です。この曲は、1991年（平成3年）に埼玉県の中学校の校長先生が作詞をし、音楽の先生が作曲をしました。当時荒れていた学校を立て直そうと、〝歌声の響く学校〟を目指して創られた曲でした。大人気だったSMAP出演のCMソングに起用されたのをきっかけに、全国で最も広く歌われる卒業式の歌となったのです。

その後、自分たちが歌う卒業ソングは自分たちで選ぼうと、特に有名な歌謡曲やポピュラーソングが歌われるようになります。『YELL』『桜』『3月9日』『ありがとう』……。思い出や思い入れは人それぞれで、人それぞれにそれぞれの卒業ソングがあるはずです。そのすべてが、皆さん一人一人の心の中では、かけがえのない名曲としてこれからもずっと生き続けるはずです。

私のお気に入りの卒業ソングは、柏原芳恵の『春なのに』（＊1）でしょうか。「記念にくださいボタンを一つ」という歌詞は、そんなときめきの瞬間がなかった自分にとっては憧れのフレーズでした。そして、一般的に定番な一曲は海援隊の『贈る言葉』。歌で皆さんの門出を送ることはできませんが、この学び舎を巣立っていく卒業生に向けて、私が好きな『贈る言葉』を捧げます。

◇自分のために輝くなら 灯台は船を導くことはできない！
◇夢ある者は『希望』を語り 夢なき者は『不満』を叫ぶ！
◇「さよなら」は別れの言葉じゃなくて再び逢うまでの遠い約束（＊2）

3年生とは、この新津第二中でたった2年間のお付き合いでした。真摯な態度で学校生活を送り、特にこの1年間全校を立派にリードしてくれた3年生の姿に、大いなる敬意を抱くとともに、そんな皆さんと出会えたことを人生の誇りに思っています。

学校の教師をしていると、卒業してからも教え子やその保護者・地域の皆さんと今でも連絡を取り合ったり、たまに会ったりすることも当然あります。新型コロナウイルスが一段落した数年前に、頃合いを見計らって、以前私が学年主任をしていた学校の懇意にしていたお父さん連中数名と、いわゆる「オヤジの会」を実施し、久しぶりに酒宴の席をともにしました。教え子である子どもたちの近況を酒のつまみに、とても懐かしいひとときを過ごしたのです。

宴が始まってすぐ、あるお父さんに「先生、うちの息子が今東京から帰省中なんですが、このコロナ禍で元気がないんで、ちょっと檄《げき》を飛ばしてくれませんか」と頼まれました。

アルコールもOKな年齢になったので、「じゃあ◯◯をここに呼んでください」と言うと、電話をかけた父親に、「先生に合わせる顔がない」と言っているというのです。すぐさま私が代わって電話口に出て、「来ないなら、もうお前と一生縁を切るぞ」と冗談めかして言うと、すぐさま母親に車で送られてやって来ました。

確かに、明朗快活な中学校の頃の様子とは異なり、明らかに元気のない様子でした。いろいろ話を聞くと、一浪して猛勉強の末、第一志望の難関大学に合格して喜んで入学したものの、新型コロナウイルスの影響で、授業はオンラインでキャンパスに通うことも一切ままならず、サークルに入って友だちをたくさんつくって旅行もして——などと思い描いていた夢の大学生活とはかけ離れた日々に悶々としているとのこと。1年時は勉強にも全く身が入らず、オンライン授業を受けずに留年。この2年目に期待していたが、あまり状況は変わらず……というようなことでした。

その場で、彼に具体的にどんな言葉を投げかけたか覚えていません。でも、横に座った彼の肩を抱き寄せながら、自分のありとあらゆる引き出しを開けて、硬軟織り交ぜて叱咤激励をしました。私にとっては強烈な〝檄《げき》〟のつもりが、彼にとっては単なる説教にしか聞こえなかったかもしれません。

その夜遅く、彼の父親からLINEが入りました。私とのやりとりが次の内容です。

「先生、今日はありがとうございました。息子は、大学での2年間を『漂流』しているだけで、何も語れることも誇れることもない自分を先生には見せたくなかったのだと思います。でも、結果的には先生から気合をかけられて、良い刺激を受けたのでは、と感じています」

「こちらこそ、楽しいひとときをありがとうございました。いやいや、『漂流』している人生も別に悪くないですよ。人生に無駄なことは何一つもないわけですから。『有』を生み出すには、長くて苦しい『無』の時間も時として必要です。

自分の誇れることを周囲に高らかに語れる人間になることより、何も語らずとも、知人や友人にニコニコしながら酒をつげる人間が、私は好きです。

教え子には、金持ちとか有名人になることや、人生の勝ち組と呼ばれる人間になってほしいとは望んでいません。金メダルやノーベル賞を獲ることよりも、もっと大切なことはあるはずですから。

まあ個人的には、『みんなで集まってワイワイやっているから、今から来い』と言った時に、どんな立場や状況でも喜んで駆けつけてくれる、そんな人間になってほしいと思います（笑）。私が愛してやまない○○に、いつまでもエールを送っているからと、くれぐれも宜しくお伝えください」

「ありがとうございました！　このままそっくり伝えます」

結局、彼は大学を中退しました。人によっては、そんな一流大学を何ともったいないことを、と思うかもしれません。私は決してそう思いません。極めて勇気ある決断だと評価しています。

今尚、新たな自分の進むべき道を模索しもがき苦しみ漂流している彼は、確実に必死に生きていると思います。これからもエールを送り続けようと思います。

今彼に言葉をかけるとしたらこう言います。

「――『先生、一緒に飲みませんか』――そう誘ってくれる日を待っているよ。

俺は、地球の裏側にいようといつでも駆けつけるからな」と。

どのような道を選択しようとも、どのような人生を歩もうとも、これだけは彼にも、そして卒業していく君たちにも忘れないで肝に銘じていてほしいと思います。

人と人は偶然に出会うものでなく、出会うべくして出会う運命の存在だと。家族や学校の仲間も含めて、これまで出会ったすべての人間をいつまでも大切にするように。

そして、これから出会うべくして出会う人間と、縦と横の糸をしっかり紡いでかけがえのない絆を創り上げていってほしいと。

私が望むのは、この一点のみです。

3年生の皆さん、心から『卒業おめでとう』――そして、これからも日々粛々とひたむきに生きていくように。

（＊1）「春なのに」＝歌：柏原芳恵、作詞・作曲：中島みゆき　1982年　フィリップスレコード
（＊2）「夢の途中」＝歌：来生たかお、作詞：来生えつこ、作曲：来生たかお　1981年　キティレコード

あとがき

株式会社 鷲尾　代表取締役
前新潟県長岡市教育委員（教育委員長職務代理者）
元長岡市立東中学校　ＰＴＡ会長

鷲尾 達雄

ついに、ついに、日本一教師らしくない教師が、教師でなくなる日が来てしまいました（涙）。今年、私の最大の関心事は、貝塚先生は成仏するのか？　であります。この度、教員人生の集大成をおまとめになる本書の「あとがき」を光栄にも託され、激しい緊張感の下、今、筆を執っております。

貝塚先生との出会いは、時を遡ること12年前、新年度の第1回ＰＴＡ役員会に、ＰＴＡ会長として出席した時でした。先生方は皆、背筋をピンと伸ばし清楚な佇まいで着座している。そんな中、やたらとふてぶてしいオーラ出しまくりのオッサンが目に留まりました。腕を組み、テーブルの下の脚を前方に大きく投げ放ち、不機嫌な気持ちを隠すどころか、あえてアピールしているが如く。会が夜遅くまで進むにつれ、尚更その面相は不快感に満ち溢れ、誰が見ても、とっとと終わらしてくれ！　俺は腹が減って死にそうなんだと言ってるが如く（笑）。

何者なんだ！　この人は？　それが、私の貝塚先生とのファースト・コンタクトでした。その時は、後に兄者として慕い、一生涯のお付き合いになるとは知る由もありません。

私は最近まで、長岡市教育委員を仰せつかっておりましたが、その原点はPTA活動にあります。昨今PTA活動は、もはや絶滅危惧種との悪評を耳にしますが、私は子ども3人が中学校に在籍している間、8年間、全力でPTA活動に没入しました。一宿一飯の恩義のある先輩からノーは無いからと引っ張り込まれて、嫌々渋々PTA活動に引き込まれたものの、後に、PTAは趣味！　PTAのプロ！　と自己紹介するほどのめり込んだ8年間でした。

その最大にして唯一の理由は、素晴らしい教員の皆さんとの出会いであります。子どもたちのために、全身全霊、夜討ち朝駆け、彼らと向き合っている先生方の姿を見て、全力で応援をしたい！　と心に火が付いた8年間でした。

そしてその間、後にも先にも、圧倒的な言動で私の心を鷲掴みにした教師。他の追随を許さないダントツの存在感で私の脳裏に焼き付いた教師。貝塚敦なる者は、そんな教員とはとても思えない教員でありました。

貝塚先生の魅力とは何か？　と問われて、私は何と答えるか？

私の答えは、「教師である前に1人の人間であることを隠さない！」です。これは、あらゆる職業人に通じることでありますが、仕事の質は、その人の人格を上回ることはない！　と私は考えます。読者の皆さん、あなたは、自分が何者であるか？　何を大切にしているのか？　何が譲れないのか？を明確に誰かに伝えていますか？　問題から逃げたり、妥協したり、忖度していませんか？　貝塚敦という人間は何を信じ、何が正しいと考えるのかを、茨城弁まるだし（ここが大事）で、捲し立てる発信力。これが貝塚先生の最大の魅力だと私は思います。

ただ喋るだけ、語るだけの教師はたくさんいます。説明の上手な教師もたくさんいます。自らやってみせる教師もたくさんいます。しかし、貝塚先生ほど、生徒の心に火を付ける教師には出会ったことがありません。

小学生には建前論が通じるし、高校生は建前論を受け止めますが、中学生という生物は、本音本気でぶつからない教師を、ただただ冷徹冷酷に蔑みます。時には教師を舐めてかかります。でも、彼らは皆知っています。普通の教師とはひと味もふた味も違う貝塚敦という男の厚みを、懐の深さを。その厚み・深みは、ＰＴＡでの親達との飲み会でも炸裂しました。本音・本気でぶつかり合う相手は子どもたちだけではありません。親をも圧倒してしまいます。圧倒された保護者は、こう考えます。「この人は信用できる！」と。

教員は学校という閉鎖社会しか知らない未熟な存在である！　と感じている親は少なくないのでは

ないでしょうか？　かく言う私も、そう思っていました。しかし、貝塚先生は、教師という立場である前に、貝塚敦という1人の人間として、自らをさらけ出し、子どもにも親にも、とことん向き合い、とことん付き合ってくれるのです。

ついに教師らしくない教師が、教師でなくなります。彼は何処へ向かおうとしているのか？　全く想像がつきません。が、あえて想像してみます。教師らしくない言動が彼を希少生物として差別化してきたということは、教師でなくなると、「教師らしくない」という称号が効力を発揮しません。見えた！　きっと逆張り戦略を仕掛けるな！

次なる彼の目指す「峠」は、「元 教師らしい貝塚敦」になっているかも。知らんけど（笑）。

著者プロフィール
貝塚 敦（かいづか あつし）
昭和39年 茨城県かすみがうら市（旧新治郡出島村）生まれ
実家は霞ケ浦湖畔（歩﨑国定公園）で代々水産加工会社（佃煮屋）を自営 男3人兄弟の三男
出島村立佐賀小学校、出島北中学校、茨城県立土浦第一高等学校、早稲田大学卒業
昭和63年 安田信託銀行株式会社（現みずほ信託銀行株式会社）入行
平成5年 新潟県公立中学校教員として採用され、水原中学校、吉田中学校、関屋中学校に教諭として勤務後、文部科学省の在外教育施設派遣教師として管理職（教頭）でニューヨーク補習授業校に4年間勤務
帰国後、巻西中学校、長岡東中学校、臼井中学校で教諭、新津第二中学校で主幹教諭、岡方中学校で教頭、山潟中学校、新津第二中学校で校長として勤務

〈趣味〉トライアスロン、フルマラソン、映画・演劇・落語等鑑賞、読書

峠　そこに子どもがいるから登るんだ
～はみだし校長の学校だより～

2025年4月15日　初版第1刷発行

著　者　貝塚 敦
発行者　瓜谷 綱延
発行所　株式会社文芸社
〒160-0022 東京都新宿区新宿1－10－1
電話 03-5369-3060（代表）
03-5369-2299（販売）

印刷所　株式会社フクイン

ISBN978-4-286-26314-4　JASRAC 出 2500712－501